F1 MODEL LIBRARY "Senna ERA"

Mclaren MP4/6
Japanese Grand Prix 1994
FUJIMI 1/20

Model Graphix ARCHIVES

エフワン モデルライブラリ
"セナの時代"編

モデルグラフィックス編

Williams FW16
San Marino Grand Prix 1994
FUJIMI 1/20

FERRARI 641/2
Japanese Grand Prix 1994
FUJIMI 1/20

Williams FW14B
British Grand Prix 1994
FUJIMI 1/20

All those model kits on this book does not include Tabacco sponsor decals.
Those were created and used on completed model by the modelers.

1988
McLaren Honda MP4/4
TAMIYA 1/20 Injection-plastic kit
Modeled by Hiroshi NISHIZAWA

1989
McLaren Honda MP4/5
FUJIMI 1/20 Injection-plastic kit
Modeled by Mokei Shop R Chief

1990
McLaren Honda MP4/5B
TAMIYA 1/20 Injection-plastic kit
Modeled by Shigeru NAKASONE

1991
McLaren Honda MP4/6
TAMIYA 1/20 Injection-plastic kit
Modeled by Yoshinori HAYASHI

1992
McLaren Honda MP4/7
TAMIYA 1/20 Injection-plastic kit
Modeled by Youji TSUKIJI

All those model kits on this book does not include Tabacco sponsor decals.
Those were created and used on completed model by the modelers.

ターボから空力／電子制御の時代へ——。'90年前後、セナの見せた煌めきよ永遠に、あの狂騒を模型でいま一度！

プラモデルで愉しむF1 GP史を飾った名車たち～「第二次F1ブーム」前後の時代

模型専門誌『月刊モデルグラフィックス』誌上にて毎月掲載されてきた膨大なプラモデル作例のなかから、テーマを絞ってアーカイヴする『ModelGraphix アーカイヴス』シリーズ、本書はそのF1編です。年代ごとそれぞれに魅力を持つF1マシンですが、本書では'80年代後半から'90年代前半まで、"音速の貴公子"アイルトン・セナが忘れ得ぬ煌めきを見せた時代のマシンの作例をピックアップしています。

'80年代後半から'90年代前半といえば、日本はバブル経済まっさかり。いわゆる「第二次F1ブーム」が巻き起こり、日本人初のF1フルタイムドライバーとなった中嶋悟の参戦や地上波中継での古舘伊知郎実況、そしてなによりセナ人気などにより、モータースポーツファンやモデラー以外の一般層にもF1ブームが広がって、『月刊モデルグラフィックス』でも1冊まるごとF1特集などということが起きた「狂騒の時代」でした。

いっぽうでマシンに目をやると、'80年代後半から'90年代前半はテクノロジーが大きく変化した時代でもあります。'88年のターボエンジンの終焉、そして'91年のFW14Bで瞭然となった空力／電子デバイスの時代の到来……この間たった5年足らず、マシンやレースの概念をも変えるほどの変革が起きた激動の時代でした。刻々と変化を遂げるマシン、移りゆく覇権。そんな激動の時代を模型でじっくりとご堪能ください。

最後にもうひとつ。本書では編集部お蔵出しの特別企画として、『モデルグラフィックス』誌上にて'91年～'93年に掲載されF1モデルファンの間で"伝説"となった、タミヤ1/12作例3部作をついに再掲載します。「究極のワンオフミニチュアF1モデル」と呼ぶにふさわしい驚きの作り込みとリアリティー。いまもF1モデルを製作するうえで参考になるアイディアとパッションが詰め込まれた1/12、とくとご覧あれ!!

＊本書では基本的に雑誌掲載当時の記事表記に準じるようにしています。そのため、「本誌」＝『月刊モデルグラフィックス』の略となっています。また、記事中にあるマテリアルやキットに関する表記は掲載当時のものになっているため、現在は名称が変更になっていたり価格が改訂されていたり販売が停止されていたりする場合があります。なお、本書掲載の作例ではタバコスポンサーロゴを再現していますが、キットにはデカールは付属しません

Contents;

McLAREN MP4/6 HONDA Japanese GP 1991
FUJIMI 1/20 Injection-plastic kit
[McLaren Honda MP4/6 Japanese Grand Prix 1991]
Modeled and described by Yoshinori HAYASHI.

All those model kits on this book does not include Tabacco sponsor decals.
Those were created and used on completed model by the modelers.

マクラーレンMP4/6 ホンダ '91年 日本GP仕様
フジミ 1/20 インジェクションプラスチックキット
「マクラーレン・ホンダMP4/6 1991日本GP」
'09年発売　税込4860円
製作・文／**林 良訓**

激闘を制した"第二次F1ブーム"の立役者 マクラーレンMP4/6ホンダを1/20で。

'87年に日本に再上陸をはたしたF1は、アイルトン・セナや中嶋 悟といったスタードライバー、パワーでライバルをねじ伏せたホンダの参戦などにより日本全土を熱狂の渦に巻き込む社会現象となった。この“第二次F1ブーム”が最高潮に達したのが'91年、この年のセナはウィリアムズFW14ルノー／ナイジェル・マンセルの猛攻をからくも退け鈴鹿で王座を獲得する。この激闘の記憶はいまなお多くのファンの脳裏に焼き付き、MP4/6はメモリアルなマシンとなったが、タミヤが1/12をリリースしたことにより永らく1/20プラモデルが存在しないマシンだった。ようやくフジミから1/20が発売となったのが'07年、ついに1/20でコレクションすることができるようになったメモリアルなマシンを作り込んでみよう。

Model Graphix
2010年3月号
掲載

迫り来るライバルの足音を振り切り……

FUJIMI 1/20 McLAREN MP4/6 HONDA

グランプリに最後の輝きを見せた セナ／マクラーレン／ホンダの"三位一体"

'91 JAPAN GP "AYRTON SENNA"

●幅広のスリックタイヤ、当時のマシンのなかでもとりわけ大柄なボディワーク、カウルを開ければ巨大なホンダのNA V12エンジンが顔を覗かせる……現代のF1マシンとはまるで異なる迫力を持ち、同時に華やかさをも感じさせるMP4/6。このマシンを見てバブル全盛の「あのころ」に想いを馳せる方も多いだろう。作例はチャンピオンシップを決した日本GP仕様として製作している

グラマラスな外観とコンサバティブなテクノロジー、MP4/6

フェラーリの空力エンジニアであったアンリ・デュランの加入により、MP4/4、MP4/5とは異なるグラマラスなボディラインとなったMP4/6。日本におけるブームが最高潮に達したのと時を同じくしてセナがタイトルを獲得したこともあり、日本人にとっては「F1マシンの代表格」として認識されているが、F1マシンとしてはテクノロジーの潮流から遅れたものだった。

同年、ライバルであるウィリアムズやティレル、レイトンハウスらは空力性能を徹底的に考慮したマシンを開発、さらにウィリアムズやフェラーリはセミ・オートマチックトランスミッションなどの電子デバイスを投入する。対するMP4/6はフェラーリ640系の空力デザインにマニュアルシフトという"アナログ"なマシン設計で、よく言えば保守的、悪く言えば時代遅れ。頼みの綱であるホンダのエンジンは、第一期参戦のとき以来23年振りとなったV12エンジンが圧倒的な優位性を引き出すほどのポテンシャルを得ることができなかった。

MP4/6は、開幕戦アメリカGPからモナコGPまでセナにより4連勝を遂げる。しかし新しいテクノロジーを搭載したライバルたちがマクラーレンをそのまま見送ることはなく、'91年シーズンのチャンピオンシップは混戦模様となっていく。

ライバルのなかでもマクラーレンを苦しめたのがマンセル／パトレーゼが駆るウィリアムズFW14ルノー。エイドリアン・ニューウィーによる先進的な空力パッケージ、セミオートマチックトランスミッションを搭載したFW14は、マシントラブルでリタイヤすることも多かったが、シーズン中盤よりその速さははっきりしていた。対するマクラーレン／ホンダは、シーズン中での新スペックエンジンや軽量化シャシーの投入といった対応策をとり、コンサバティブで信頼性の高いマシンにより優勝できなくともポイントを重ねていく。決着は最終戦鈴鹿GPまでももつれ、最終的に空力性能を向上させた新仕様MP4/6によりダブルタイトルを獲得することとなる。しかし、これがセナ／マクラーレンによる最後のタイトル獲得となり、翌年はFW14Bがグランプリを席巻することとなる。

HAND
BOOK
'91
SPRING
SPECIAL
Senna
BOSS
Marlboro
POWERED by
HONDA
1
SHOWA
GOODYEAR
EAGLE

●16年を経てようやく1/20プラモデルとして発売を果たしたマクラーレンMP4/6ホンダ。近年のフジミ製1/20 F1の例に漏れず非常にこまかいパーツ分割になっており、とくにモノコック／エンジン周辺は1/12もかくやという高い再現度だ。1/20では最高クラスのパーツ数だけに組み立てには相応の手間が必要で、本作例のように清潔感と精密感を両立させて完成させるには相当なテクニックが必要とされるだろう
●本作は実車リサーチに基づき、シーズンの勝敗を決した日本GP仕様として製作。ノーズの延長やウイングの小型化などの改造工作を施した。MP4/6は日本におけるF1ブームが最高潮に達した'91年の一番人気マシンだっただけに資料が大変豊富に存在する。展示されているタイミングであればHonda Collection Hallなどで実車を直接見ることも可能だ。考証面では作りやすいマシンだが、逆に言うと作例の考証の粗がバレやすいということでもある。それだけに本作例では「'91年日本GP決勝セナ車に対するリサーチ」にこだわり、細部のディテールアップもできうる限り施している

16年を経てついに1/20となったMP4/6を作り込む。

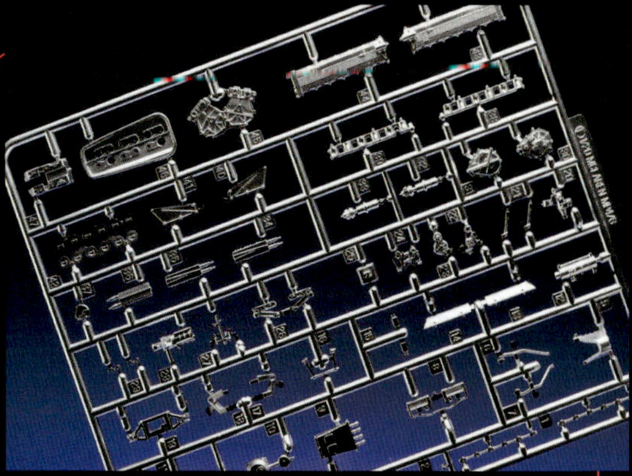

▲補器類等はほぼすべて別パーツで再現される。ラジエーターの配管もパーツ化されているが、ミッションクーラーやオイルキャッチタンクへの配管はなく、電装系の再現はコネクターまでなので、このあたりのパイピングはオススメ工作だ

▲モノコックやリアウイング、アンダーウイングなどのカーボン地は数種類のパターンを使い分けたモールドで再現されている

▶スライド金型によりRA121Eエンジンとミッションケースの基本形を一体成型で再現。パーツ数を抑えつつ再現度を上げている

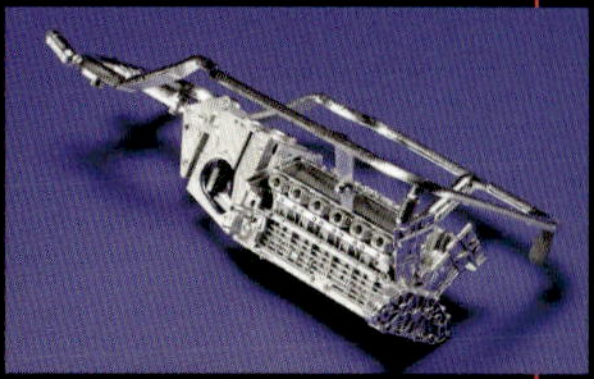

◀フジミからは専用パーツとして、エッチングパーツセット（税込2592円）とカルトグラフ製デカール（税込1944円）が発売されているほか、"スケルトンボディ"仕様（税込4860円）もリリース

1/20でも内部をここまで再現！

マクラーレンMP4/6といえば、セナファンや第二次F1ブーム直撃世代に未だ絶大な人気を誇るマシン。タミヤの1/12という決定版があるだけにキットの評価も辛くなろうというものだが、1/12と同等のパーツ分割が1/20になることで圧縮され密度感を増した本キットは、かつてのフジミ製1/24エンスージアストシリーズを彷彿とさせる、同スケールのF1モデルでは類を見ない密度感を持つ「スーパーディテール」な内容となっている。

なお、キットでは本来マールボロのロゴが入るべき場所に“マクラーレン”のロゴデカールを貼る指定になっているが、この仕様は第9戦ドイツＧＰで実際にレースに出走している。ちなみにこれは、当時マクラーレンと模型化の独占契約を締結していたタミヤがタバコ広告問題をクリアして製品化するために、ロン・デニスに対し「タバコロゴが入れられないのは仕方がないとしても、あの味気ないストロボストライプはちょっと……」と直談判した結果から生まれた、対モデラー向けの心憎い演出だった。

なお、パッケージイラストではノーズのマールボロカラーの塗り分け部分の白／赤の角が丸めてあるが、これもまた対タバコ広告問題対策としての「大人の対応」なのは言うまでもないので、製作する際は尖らせよう。

●この時代のマシンの印象を大きく左右するタイヤは、ホイールごとタミヤの1/20 MP4/7のものを流用。ウィングは日本GPの仕様を再現するために市販アフターパーツの翼端版を使用して改造した。そのほかは基本的にキットのパーツを活かしつつパイピングなどを追加してディテールアップしている

Shell
Marlboro
POWERED by HONDA
HONDA
1/20
MP4/6

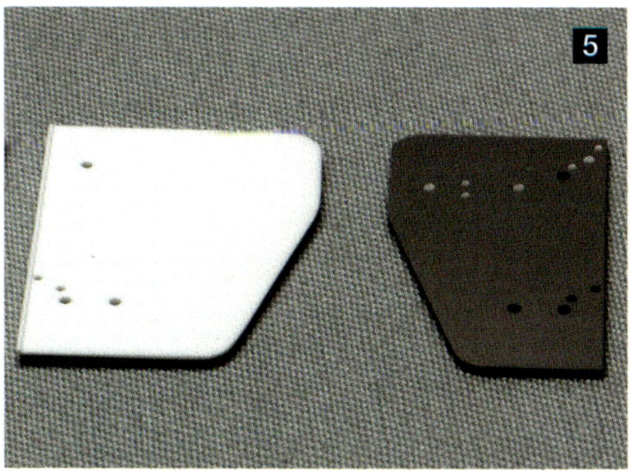

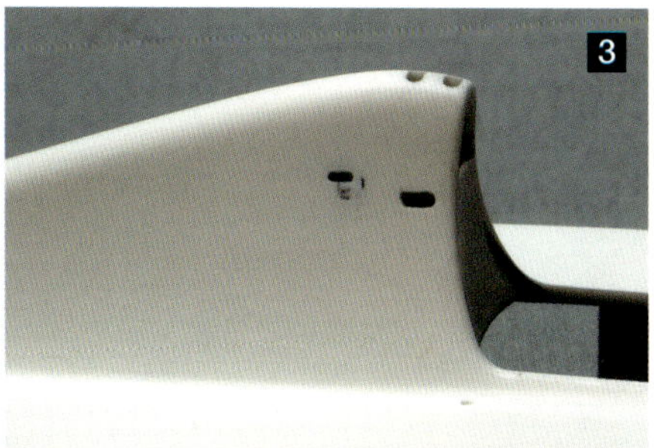

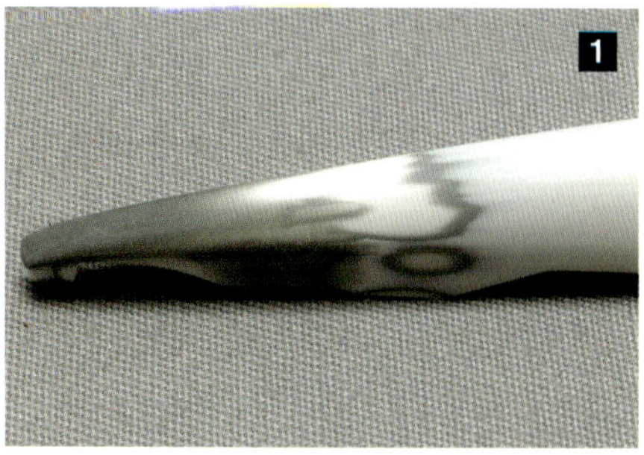

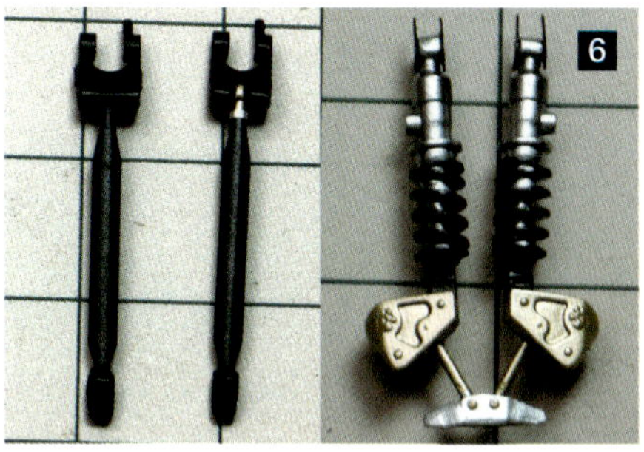

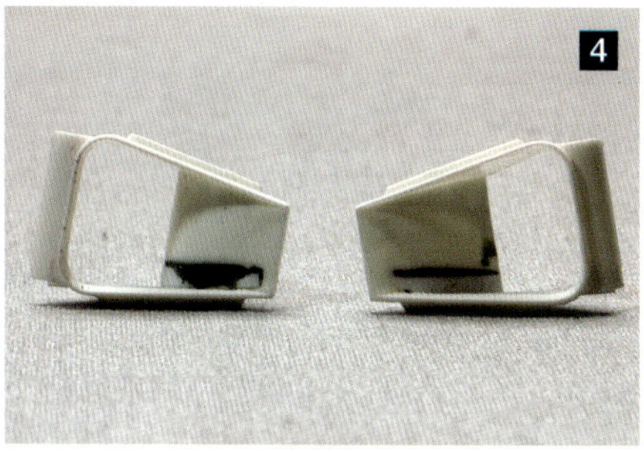

1 8㎝延長されたという日本GP仕様のノーズを再現。フロントウイングの取り付け位置も前方に移動している
2 この時代特有の空力デバイス、ボーテックスジェネレーターには、内側にもカーボンファイバーコンポジットのパターンを再現するデカールを貼っている。ボーテックスジェネレーターと翼端板、モノコック（フロントサスペンションのアッパーアームの付け根）を繋ぐテンションワイヤーは0.2㎜の銀線（手芸用）を使って再現している
3 カウルにも小変更を施した。オンボードカメラの取り付け位置を移動して、キルスイッチの穴を開けている
4 サイドポンツーン側面のエアアウトレットは日本GP決勝の仕様に準じて全開に変更。パーツの下側を縁だけ残すようにしてプラ板で改造している
5 リアウイングは前後長の短い小型タイプに変更。翼端板はスタジオ27のエッチングパーツ（写真右側）を使い、フラップを追加。ウイングステーはフジミ製エッチングパーツをピンで固定
6 ダンパーの基部やサスペンションのプッシュロッドをディテールアップ
7 8 9 10 プラスチック成型パーツのウィンドシールドは、成型の都合上どうしても厚くなってしまう。そこでキットのパーツを使って型を作り、ヒートプレスで作り直した。ただし、薄くすると取り付け部分に隙間が生じてしまうので、擦り合わせの後、カウル側にパテを盛って調整している。カウルにはさかつう製の「0.5㎜極小埋め込み(ピン穴付き)」を使って固定した

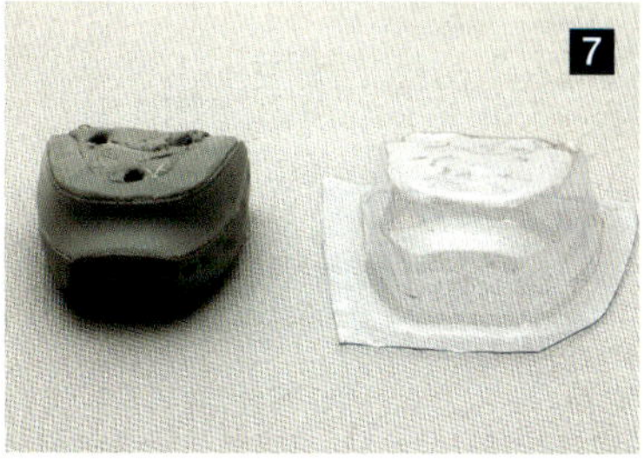

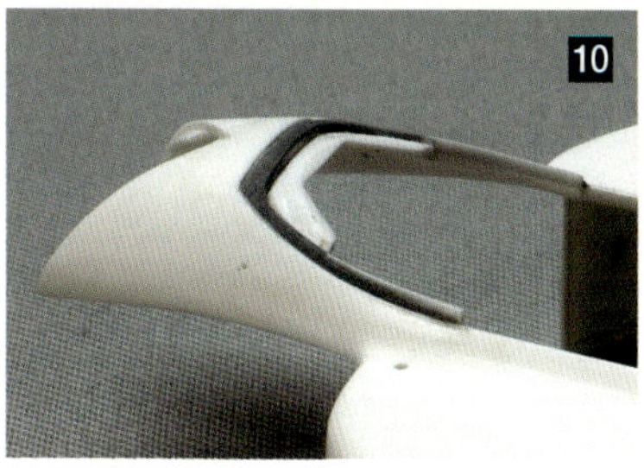

大量の資料を用意し "91年日本GP仕様"を再現

作例を誌面で発表させていただくと、後になってリサーチ不足だった部分の資料を見せていただいたり、思い違いを教えていただき不明だった部分が判明してたいへん勉強になることが多い。しかし雑誌作例は、その性質上修正して再掲載することは事実上不可能なのでいつも残念に思っていた。そんな部分を少しでも少なくするために、今回はこの時代のF1に詳しい知人のF氏に実車リサーチの協力をお願いしている。1／20のスケールで可能なこと、そして私の力量で表現できることには限界があり完璧とは言い難いかもしれないが、いつもの「カッコよければイイじゃ～ん」的な勢いに任せた作風ではなく、今回はリサーチ面を重視した緻密な作例を目指してみたのだがいかがだろうか。

◆ロングノーズ仕様の再現

ＭＰ４／６は、第15戦日本ＧＰから先端を８㎝延長したロングノーズタイプになっている。１／20の模型に換算すると４㎜だが、全体のバランスを見つつまずノーズ先端を２㎜延長することにした。日本ＧＰ仕様そのままの姿だとされているHonda Collection Hallの収蔵車両の写真をメインの資料として仕上げていったのだが、デカールを貼る段になって問題発生。'91年当時のレース写真を見ていたら「ジャンプ」のロゴがフロントウイング前端より前にあることに気付いてしまったのだ。そしてそれを正確に再現しようとしたところ、２㎜延長ではロゴがきれいに収まってくれない。形状の煮詰めが甘かったのだ。泣く泣く塗装を剥し、エポキシパテで修正した。資料がたくさんあるときはときどき混乱が起きるのだが、できるだけたくさんの資料を見たあとは、いちばん信頼できる写真に絞ってそれを「基準」にしていかないとこういう悲劇が起こってしまうのだ。

◆追加工作の数々

タイヤはキット付属のものがイメージより小さく扁平な感じがしたので、手持ちのタミヤ製ＭＰ４／７よりホイールも含めて流用。これにより若干タイヤ径が大きくなり車高が上がってしまうので、それぞれのサスペンションに０・４㎜の洋白線を入れて補強するとともに車高調整を可能にした。コクピット／シートベルトはジャンクパーツを加工して製作。「BOSS MEN'S FASHION」のデカールは自作。ステアリング部分にはデカールでパーソナルのロゴとのマークを追加し、白い縫い目も再現した。

ブラックボックスの配線は、伸ばしランナーを使って再現、留め金はフジミのエッチングパーツを使用。アンテナはさかつう製１／24アンテナGを使用した。

エンジンのカムカバーのホンダのロゴは、インレットに置き換えた。オルタネーターはカバーを装着した状態に変更。排気管には接続用金具蝶追加後、塗装で焼けを表現している。配線類はかなり追加したが、それらは写真にてご確認いただきたい。パイピングをする場合、このキットはパーツ同士のクリアランスが相当にシビアな設計になっているのでご注意を。作例でも仮組み立て時にモノコックとエンジンが接触する部分を０・６㎜ほど削って隙間を作っておくなどの対策をしている。

リアウイングは翼端板をスタジオ27の小型タイプに置き換え、フラップを追加し、ウイングステーは、フジミ製のエッチングパーツをピンで固定した。

◆難関、マールボロレッド

マールボロレッドの再現は、赤系やオレンジ系、はたまたピンクっぽいもの、蛍光感の強弱など、まず最初に何パターンかのカラーチップを作って多くの方々に意見をうかがった。難しい色だけに票が割れたが、「'91年日本ＧＰで実車を見た」人たちの票があるチップの色に集中したのでそれに決定。Ｆ氏曰く「正確かどうかはともかく、あの日、真っ青な快晴の鈴鹿で見たＭＰ４／６の印象はこんなカンジ！」だそうで、ＧＳＩクレオス Ｍｒカラーの蛍光レッド（No.１７１）とシャインレッド（No.79）を１対１に混ぜたものに、「色の源」のマゼンタを少々というレシピである。■

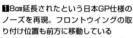

ターボ車最後の年となった'88年のF1といえばマクラーレンMP4/4ホンダの16戦15勝の印象が強烈だが、その影で異彩を放ったマシン、それがこのベネトンB188 フォードだ。のちのフェラーリ黄金期を支えたデザイナー、ロリー・バーンによる、空力を極端に重視したマシンデザインと鮮烈なベネトンカラーを纏ったB188は、常にNA勢のトップを走行、ホンダターボ搭載のロータスを上回るコンストラクターズ３位を獲得した。非常に細く縦長なノーズ、サイドポンツーン上に配置されたインダクションポッド、リヤアクスルより前に配置された縦置きミッション……その個性溢れる姿を、タミヤの名作キットでいまに蘇らせてみよう。

ベネトンB188 フォード
タミヤ　1/20　インジェクションプラスチックキット
「ベネトン フォードB188 」改造
'88年発売　税込4725円
製作・文／**小田俊也**

本書新規
作り起こし
作例

BENETTON B188 FORD
FUJIMI 1/20 Injection-plastic kit
[BENETTON FORD B188]
Modeled and described by Toshiya ODA

強烈な印象を残す前衛的デザイン
エキセントリックなアプローチで
"極限の空力性能"を求めて……

88 FORD 1/20

●ロリー・バーンがこだわったフロントベンチュリーを実現するための、フラップがなく吊らないと保持できないほど巨大なウイング、ドライバーの足はどこに入るのか心配になるほど絞り込まれたノーズ、上から見ると個性的な有機的曲面を描くインダクションポッド……B188は非常に立体映えするデザインだ。本作例では、タミヤの往年の名作キットを使用し適度なディテールアップで個性溢れるB188ならではの魅力を引き立てている

BENETON B

N B188 FORD 1/20

◆車体の製作

'80年代のF1マシンは、現在と違って各チームごとにクルマ作りのこだわりの特色がはっきり違っていておもしろいですね。今回は、キットを活かして製作していきますので、組み方に関しては基本的にいつもどおりです。ある程度組んでから塗装する部分と、塗装後に組み立てる箇所を注意して見分けながら製作を進めていきます。

まずフロントの足周りですが、組み立て説明書の組み立て順のとおりに先に組んでしまうと、モノコック実車にはない合わせ目ができて消せなかったり、あとで表面を磨きにくかったりしますので、サスペンションアームを後ハメできるように加工しました。アーム付け根からパーツを切断し、0.3㎜の洋白線でジョイントを作っています。サスペンションアーム取り付け部周辺にできてしまうノーズパーツの合わせ目については、はじめは実車にはない合わせ目のところだけパテで埋めて消そうかと思ったのですが、周辺のパネルラインも太い感じだったので、いったんすべて埋めてスジ彫りを彫り直しました。

次にサイドポンツーンですが、ここはモノコックにカウルパーツを接着することになるので、組み立て後にマスキングで塗り分けることとなります。ここも車体側のカウルパーツを接着するところに、実車にない合わせ目ができます。パーツの上下の中心にラインができますので、下側半分をパテ埋めして形状を整えました。

キットのドライバーズシートにはシートベルトがモールドしてあり、塗るだけで手軽に再現できるようになっています。これはこれでありがたいのですが、今回はモールドを削り落とし、フィニッシャーズ製のシートベルトセットを使用しました。

続いてリヤカウルの加工をします。B188のリヤカウルは、サイドポンツーンから一直線に熱を抜くためか、カウル後面に切り欠きがあったレースもあるので、これを再現してみます。この部分は、開いてない仕様より開いていたほうが多かったみたいで、形状もいろいろ。今回は、大きく全

●B188は、アイレベルを下げると上から眺めたときとはまったく様相を変える。直線的なノーズのライン、低く抑えられたサイドポンツーン……くさび形に整えられたフォルムは、いかにも「空気を切り裂いて走る」といった力強い印象を見る者に与える。非常に個性的でエキセントリックな外見だが、なにより空力を重視するコンセプト、リヤアクスル前方配置の縦置きミッションなど、'90年代以降に大ブレイクすることとなるトレンドを一気に先取りしたパイオニア的な名車、それがこのB188だ

BENETO

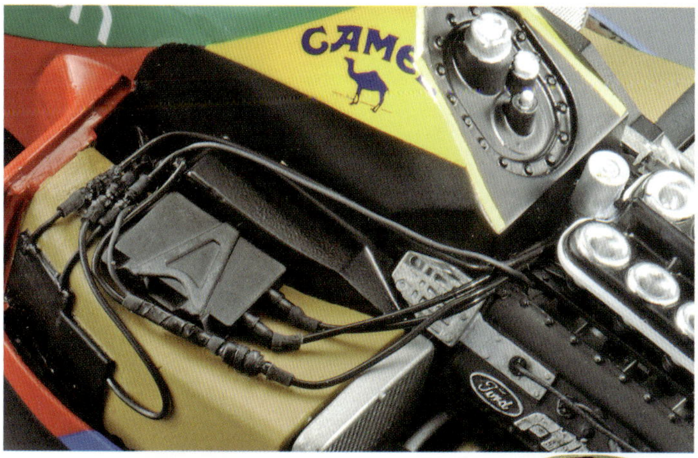

●サイドポンツーン後面に切り欠きをつけたほかは、基本的にタミヤのキットを活かして製作している。ブラックボックスとエンジン周りにはほどほどにパイピングを施している
●B188のキモとなるベネトンカラーは、黄→緑→青→赤の順で塗装し、毎色ごとにクリアーコートすることで色ごとの段差をなくしつつ滑らかな塗面を実現。B188の有機的な曲面とベネトンカラーを艶やかに再現することに成功している
●この時代のF1マシンのプラモデルでは基本工作となる、フロントサスペンションアームの後ハメ工作をすることで、特徴的なノーズ側面のラインをきれいに整えて製作している
●特徴的なノーズでフロントウイングを支えるロッド、リヤウイングを支えるロッドは、付属品では太めな印象だったので、0.3㎜径の洋白線に置き換え。一気にシャープな印象となる
●タイヤのロックナットは、キットに付属しているビスだとプラス頭なので、タミヤのほかのキットから六角ボルト状の形状になっているものを流用してタイヤを取り付けている

開ではない「中開」状態で再現してみました。この切り欠きは左右とも同じ形にするので、まずプラ板でガイドを作ります。そのガイドを基にパーツにラインを描き、描いた線に沿ってピンバイスで1㎜の穴を開け、穴と穴の間を切り離して整形しました。

次にそのままではさびしいエンジン周りを少々ディテールアップします。まず三つに分かれているラジエーター／オイルクーラーからエンジンへの配管を追加。ラジエーターからの配管基部は1・6㎜と1・2㎜のハンダを0・3㎜の洋白線で固定し、エポキシパテで三角状の形を作ります。エンジン本体はギヤボックス上の配管を3か所追加。シリンダーヘッドカバーのプラグコードの接続部分は穴のみモールドされていますのでカバーを丸棒の輪切りで追加しています。左側サイドポンツーン周辺の配線／コネクター類も少し追加しました。

◆塗装

鮮やかな色ばかりのベネトンカラー。濃い色から塗ると、薄い色を重ねたときに隠蔽できず色味が変わってしまうので、基本的に色味が薄い色から重ねていきます。

塗料は、私がいつも使っているフィニッシャーズ製塗料を使用しました。まずピュアイエローを塗り、いったんクリアーでコートしてからマスキングしてコクピットより前側のグリーンを塗ります。グリーンはパークグリーンだと個人的には明るすぎるような気がしたので、フォーミュラーグリーンを使用しました。ここでマスキング塗装の段差を消し、エッジを保護するためにもう一度クリアーでコート後、マスキングしてブルーを塗ります。ブルーは同社のスカイブルーをベースにピュアブルーを足して調色しました。次は赤。ここまで同様にここでもう一度クリアーコートし、マスキングして同社のピュアレッドを塗り重ね、さらにもう一度クリアーコートしてベネトンカラーの基本塗り分け終了となります。このあと、デカール貼り付け後にもクリアーコートして磨いてから、マスキングしてモノコックの黒を塗っています。■

ロータス97T ルノー
フジミ 1/20
インジェクションプラスチックキット
「ロータス97T ポルトガルGP」
'10年発売 税込4860円
製作・文／**小田俊也**

LOTUS 97T RENAULT
FUJIMI 1/20 Injection-plastic kit
[LOTUS 97T RENAULT PORTUGUESE GP 1985]
Modeled and described by Toshiya ODA.

'85年、新進気鋭の若手ドライバー アイルトン・セナはいよいよ名門チームのロータスに移籍する。ターボ先駆者であるルノーのV6エンジンや、ディフレクターをはじめとする空力デバイスのパッケージングの良さで一級の速さを得たロータス97Tは、第2戦、雨のポルトガルGPでセナが初優勝。結局このシーズンは、デビュー2年目の若者が瞬く間に7つものポールと2度の優勝を飾り、年間ランキングでも堂々の4位に輝き、その後セナは一気にF1グランプリの主役の座へと躍り出していくこととなる。セナを語る際に欠くことのできないこのマシンを、フジミの1/20で、JPSカラーのロータスらしい美しい仕上げで製作する。

セナの大いなる飛躍を助けた 漆黒のターボマシン

TUS 97T RENAULT

Model Graphix
2011年4月号
掲載

All those model kits on this book does not include Tabacco sponsor decals.
Those were created and used on completed model by the modelers.

John Player Special
12
GOODYEAR
elf
GOODYEAR

John
John Player
RENAULT
OLYMPU
CAMERAS
GOODYEAR

F1の「模型としての美しさ」を徹底的に追求する。

97T RENAULT

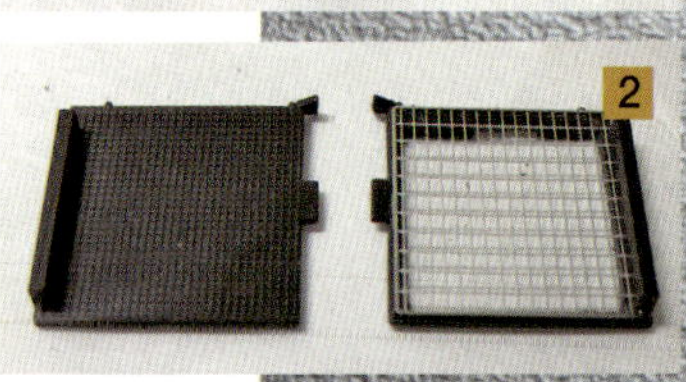

❶フロントサスペンション付け根のカバーは、本来はシャシー側に付くパーツ。ビニールテープで切り取り線のアタリをつけてからエッチングソーで切り離して実車どおりの構成に変更している。なお、ボディパーツは、あて木をした800番程度のサンドペーパーで全面をひと皮剥いて面を整えている

❷サイドポンツーンの吸気口には異物混入防止用の金網のモールドが施されているが、サイドポンツーンにフタをしているように見えていまひとつ……。この部分は金属製メッシュがフジミ純正別売エッチングパーツセットのなかにあるので、パーツをくり抜いて置き換える（工作難易度は若干高め。くり抜くとパーツの強度が著しく下がるので破損に注意しよう）。また、このメッシュのすぐうしろに筋交い状のステーが確認できるのでそれを再現するとよい

❸モノコック前部の穴がふさがっているので開口し、内部にはブリーザータンクを再現した。モノコックのノーズ上面には本来ならJPSマークがあるのだが、今回はどうしてもドンピシャなサイズのデカールを見つけられなかったのでやむなく断念してなしとした

❹前後のウイングにはCFRPのパターンを塗装で再現。パーツにナイロンメッシュを当ててガンメタルを吹き付けている。本来ならCFRP地がむき出しになっている箇所なので半ツヤぐらいの仕上げにするほうが正しいのかもしれないが、カウルをはめたときにも外側に見える部分ということで、模型的な見映えを優先してあえてクリアーを重ねグロス仕上げとした

LOTU

◆**キットについて**

待望の1/20ロータス97Tが、ついにキット化されました。新作ごとにチャレンジ精神がうかがえるフジミの1/20シリーズ。今回はターボ車ということもあって密度感のあるものとなりました。部品点数は多めで、かつランナー枚数も多め。各パートで使う部品が数枚のランナーに分散しているので、部品を探すのに少々手間取ったりすることもあるかも。組み立て時の注意は、位置決めのダボがキツいことが多いので、仮組みし具合を調整して奥までキッチリ収まるようにしましょう。

◆**ボディ**

漆黒グロス塗装+ピンストライプのカラーリングは大きな魅力ですが、逆に大きなハードルでもあると思います。これに躊躇してなかなか作れないという話も聞きますが、一歩踏み出してみましょう。ボディ表面はヒケも少なく概ね良好。あて木をしたサンドペーパーでわずかなウネリも均しておくと仕上がりがさらによくなります。

黒塗装は、作例はGSIクレオスのウィノーブラックを使用。なるべく塗膜が均一になるよう、数回に分けて塗り重ねます。

キットのデカールは例によってタバコロゴがなく寂しいので、市販のものを使用しています。ピンストライプは「コ」の字や「口」の字状のものは、台紙から移しづらいですので、切れたり捩れたりしないよう落ち着いて注意深く作業します。ボディに移したデカールは適宜水分を加えつつ指定の位置に置き、斜めから見たり遠目で見たりしながら、縁から一定間隔でまっすぐになるよう調整します。最初は翼端板のような小さなものから進めてみるとよいでしょう。

作例は、仕上げにガイアノーツのEXクリアをオーバーコートしています。こちらも数回に分けて吹き付けます。途中に目の細かいサンドペーパーでホコリや小さな凸凹を取りながら、徐々に薄め希釈したクリアー塗料を吹き重ねることできれいなツヤを出していきます。乾いてからコンパウンドで磨きますが、とくにボディ上面を念入りに磨くようにすると効果的です。

◆**シャシー**

97TはCFRPモノコック初期のマシンで、折り紙のような無骨なモノコックを滑らかなカウルが覆う2重構造。エンジンはターボの草分けであるルノー製。ブーストの高い予選用（EF4）と、燃費の良い決勝用（EF15。第3戦から投入）の2種類を用意していたようです。決勝前に毎回乗せ換え作業してたのでしょうか。ちなみにキットは第2戦仕様なのでEF4です。

エンジン周辺は構成部品が多く、左右で微妙に部品形状も異なります。右用/左用と部品を分けて保管するとよいでしょう。

ターボチャージャーは組み立てながら位置決めする指示となっています。エンジンや排気管/インタークーラーなど、確実に位置が決まっている部品を基準にして組んでいきます。接着は流し込みタイプが便利です。

キットはアイルトン・セナが初優勝したポルトガル仕様ということで、レインタイヤが装着されています。ファンにとっては外せないポイントでしょう。しかし今回は思い切って特定の仕様とせず、スリックで勝負することにしました。使用したのはタミヤのMP4/5Bのもの。サイズもほぼ同一なので無改造で装着できました。

フジミ純正のディテールアップパーツも一部取り入れてみました。効果の高そうな目立つ部分のみ使用しています。インタークーラーの内側に付ける部品はラジエーターホースと少々干渉するようです。ラジエーターホースの下側を削るなりの対応をしないと、カウルが閉まらないなど思わぬところで影響が出るので注意。

些細ですが、このキット最大の問題点はリアウイングの取付け角度。ビックリするぐらい迎角が付いてしまったので、ウイングステーの上部差込角度を修正しました。

◆**最後に**

このキット、少々手強い部分もありますが、手をかけるほどに満足度の高い仕上がりになる秀作だと思いました。■

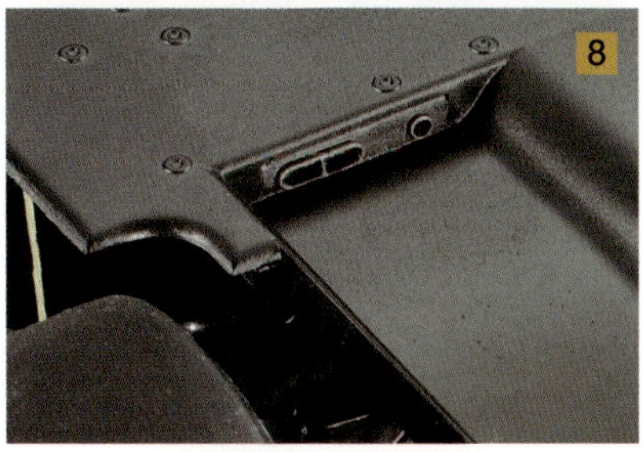

5 フロントブレーキダクトのパーツはスライド金型が使われ、キットパーツのままでも開口済みとなっているのがうれしい。ホイールを付けると見えなくなってしまうが、ブレーキディスクに別売の純正ディテールアップ用エッチングパーツを使って、放熱孔まで再現

6 コクピット内部はキットのままでも充分な再現度だが、質感にこだわって色のトーン、ツヤをコントロールしてきれいに塗り分けることで格段に見映えがよくなる。シートベルトは初回限定版に付属するものを少々ディテールアップしつつ使用した

7 ミッションケース周りはオイルクーラーなどのパイピングを施すとグッとリアリティーが増す

8 アンダーパネルの独特な形状の排気口は開口した

9 キットはセナが初優勝した雨のポルトガルGP仕様ということでレインタイヤがセットされている。しかし今回は、「ポルトガルGP仕様」の完全再現というよりは、「セナの乗ったロータス97T」の一般的なイメージを優先し、あえてスリックタイヤにすることにした。タイヤとホイールはタミヤの1/20キットから流用するという定番の手法。レギュレーションで仕様が決まっているF1だからこそのテクニックだ

10 ターボエンジンというとごちゃついたイメージだが、模型としての美しさを優先してポイントを押さえた最小限のディテールアップで製作。なかでも配管留めの再現は効果的な工作なのでおすすめ

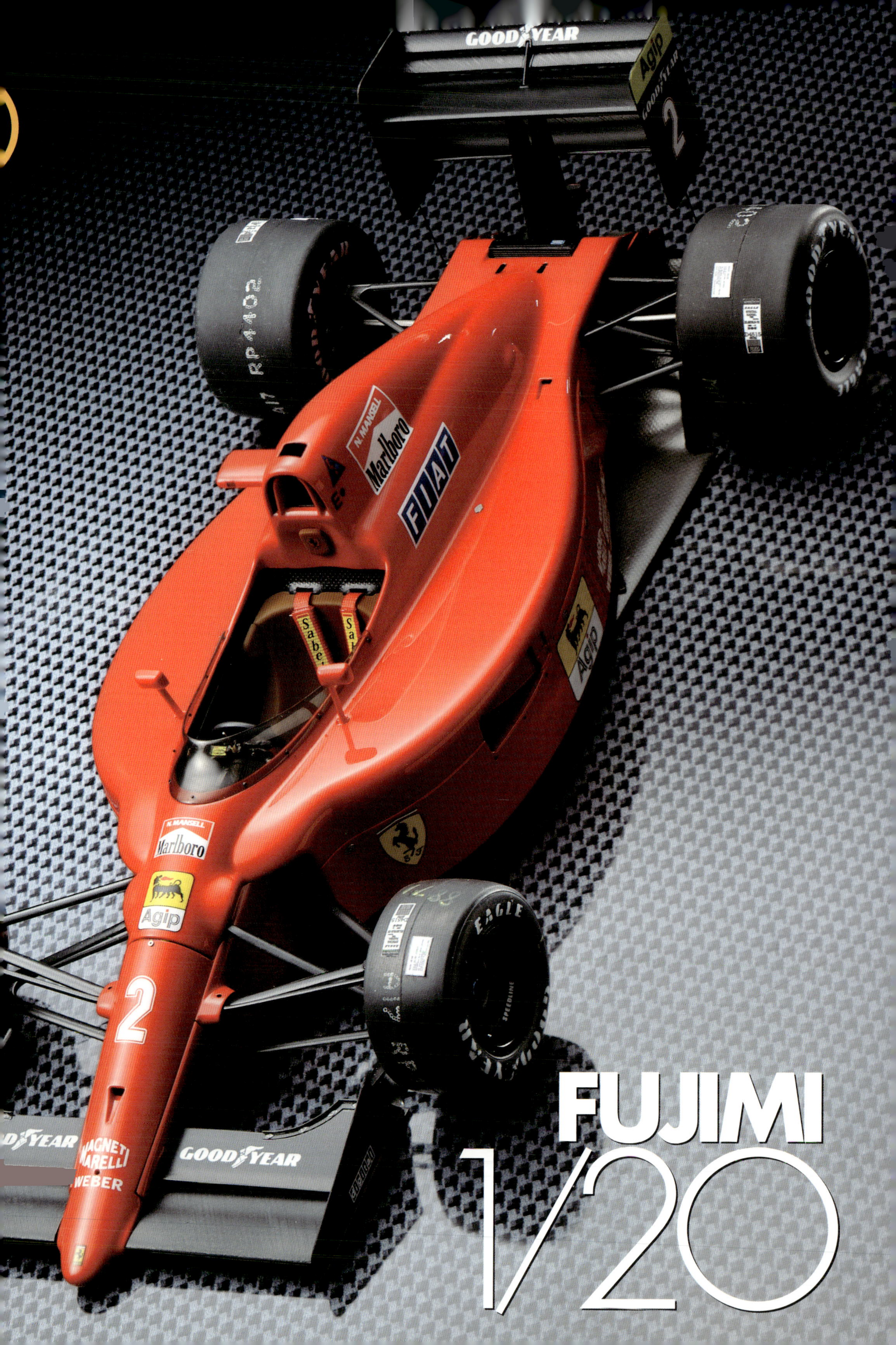
FUJIMI
1/20
GOODYEAR
Agip
N. MANSELL
Marlboro
FIAT
2
EAGLE
MAGNETI MARELLI
WEBER

Remember 1990

FERRARI 641/2

JAPANESE GP 1990

フェラーリ復権を目論み 進化した華麗なる跳ね馬—— 639系の到達点、641/2。

フェラーリがふたたびグランプリを席巻するという野望のために生み出されたフェラーリ639（F188）は、結局実戦に投入されることはなかったが、その639系の後継としてもっとも成功を収めたマシン、それがこのフェラーリ641（F190）だろう。'90年にはタイトルこそ逃したものの、アラン／プロストが5勝を果たし、セナ／マクラーレンMP4/5Bに肉薄するポイントを獲得。フェラーリの復権を印象づけた。フェラーリ641/2は「もっとも美しい"跳ね馬"」と称されることも多い"名馬"。そんなマシンだからこそ、その流麗なる真紅のボディーワークを立体物で堪能してみるのはいかがだろうか？　フジミから'08年に発売された1/20キットを元に個性的で美しい641/2をその内側に至るまで作り込んだのが本作例である。

Model Graphix
2009年4月号
掲載

フェラーリ641/2 '90年 日本GP仕様
フジミ　1/20
インジェクションプラスチック　キット
「フェラーリ641/2 1990 フランスGP」
'08年発売　税込4104円
製作・文／林 良訓

FERRARI 641/2 Japanese GP 1990
FUJIMI 1/20 Injection-plastic kit [FERRARI 641/2 French Grand Prix 1990]
Modeled and described by Yoshinori HAYASHI

FERRARI 641/2

JAPANESE GP 1990

愛すべき"マンちゃん"がしでかしたあの日、
日本GP仕様で作る1/20 フェラーリ641/2。

GOODYEAR
Agip
GOODYEAR
2
EAGLE
N. MANSELL
Marlboro
FIAT
EAGLE
SPEEDLINE
GOODYEAR
SKF
speedline
arexons
MAGNETI MARELLI
WEBER
Agip

Agip
GOODYEAR
2
EAGLE
Agip

Agip
MAGNETI MARELLI
WEBER
speedline
arexons
SKF
Agip
GOODYEAR
2
EAGLE
GOODYEAR

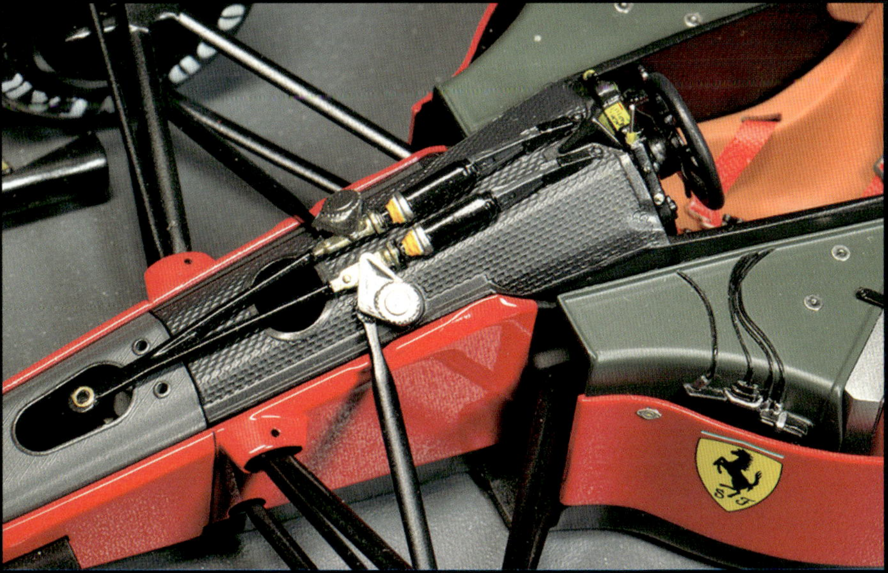

●「で、なぜシーズン2位のプロストのマシンじゃなくてマンセル車」かって？　だってマンセルが最高に「マンセルらしかった」のがこの'90年。サンマリノGPで300km/hオーバーのスピンから　回転してコースに復帰してみたり、シーズン途中で引退表明してみたり、独断で棄権してみたり、引退撤回してみたり……バカっ速くて気分屋でハチャメチャだけど憎めない、そんなあの愛すべきマンちゃんがシーズンでもっともやらかしてくれたのが今回製作した仕様の日本GPだからだ。セナとプロストの1週目の接触／リタイヤでマンセルが難なく独走状態に――しかしピットアウトの際にドライブシャフトをねじ切って26周でリタイア。これによりフェラーリは念願のコンストラクターズタイトルを逃すこととなる……って、こんなことマンちゃん以外誰がやれるの!?（褒めてない／笑）というわけで、今回は同スケールで英国旗をモチーフにしたナイジェル・マンセルのヘルメットも製作。いかにもマンセルらしいエピソードへのオマージュだ

●タイヤにはタイヤタグを追加し、チョークの書き込みを再現してみた。パーティングラインを消さずバリを残しているが、これは手抜きということではなく、実物も新品状態ではタグが貼られパーティングラインが残ったままの状態で走り出すので、それを再現しているということなのだ。サイドウォールの「GOOD "靴" YEAR」のマーキングは実車どおりステンシルを使いエアブラシで吹きつけ塗装している

●639系の細いノーズを生んだ横置きベルクランクやそこから伸びたアンチロールバーもきちんと再現されている

●元々内部もスッキリとした構成のマシンなので、パイピングなどは最小限で清潔感ある仕上がりとした。ラジエーターダクト上の配線などはキットのモールドをそのまま活かしている

FERRARI 641/2
JAPANESE GP 1990

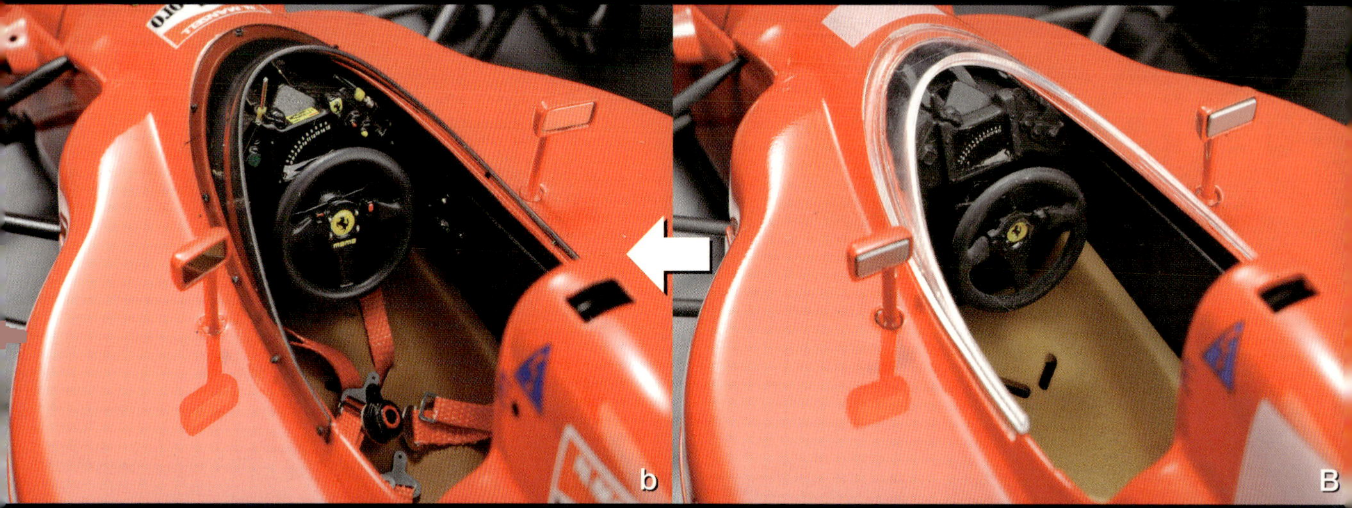

仏GPプロスト車から、あの日本GPマンセル車へ仕様をコンバートするならポイントはここだ!

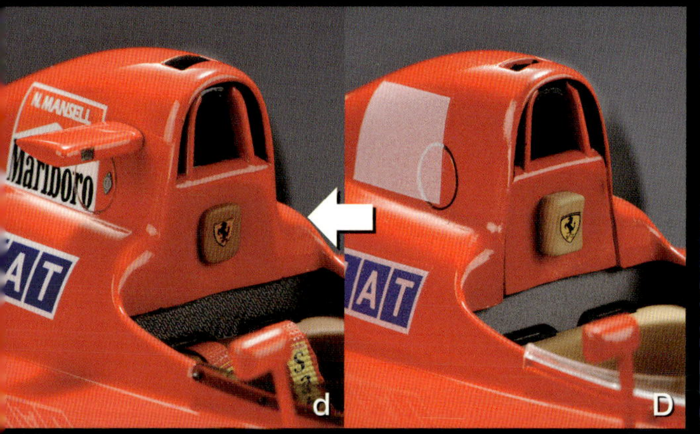

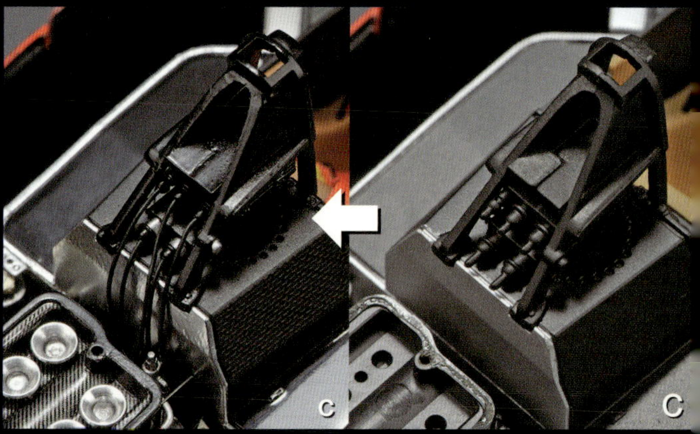

近年のマシンは空力パーツがすごすぎて
私などは色の違いでしか車種を判別できな
くなってしまった。個人的にはただ「赤い車
が最初にチェッカーをくぐれば満足なのだ
が、それを模型にとなると難しいのがいま
のF1だろう。いっぽう昔のF1は、いま
のマシンみたいにこまかいエアロパーツが
ゴチャゴチャついておらず、かなりシンプ
ルなスタイリングだった。'90年頃は、凝っ
たエアロダイナミクスパーツがチラホラ出
はじめてきたころだけど、641/2は比
較的シンプルなスタイリングだから好き。
最初はキットの設定どおりフランスGP
仕様のプロスト車を製作していたのだが
まんまじゃつまらんなどと思っていたと
ろ、「やっぱアグレッシブだったのはプロス
トじゃなくマンセルでしょ! '90年鈴鹿に
行った人ならあの事件は忘れられないよね
という世間話に乗ってしまい、下地処理が
終わりサーフェイサー吹き直前の状態から
仕様を変更することにした(注/これがな
ければ、あんなに締め切りに追われること
はなかったんだけどね)。
改造点はオンボードカメラ、ウイング
サイドポンツーン、シールドスクリーンを
はじめ挙げれば切りがないが、雰囲気重視
で製作したところもあるので、本当にコア
なファンの方から見れば間違いだらけかも
しれない……が、それはそれ。「そこはマン
セル車だし、カッコよければいいんじゃね
!?」仕様ということでお許し願いたい。
また、フジミより別売されているエッチ
ングパーツを使用してディテールアップを
したが、こちらも同様に雰囲気を大切にし
たので、セットに入っていても取り付けて
いないパーツがたくさんある。もちろん最
終的な良否は読者諸兄の肥えた目で判断し
ていただくのがベストだろうが、ディテー
ルアップパーツはただ闇雲に付ければよい
というものではないはずだ。全体のバラン
スを考えて取り付けないとちぐはぐになっ
てしまうのでよく考えたいところだ。
そして、このキットに付属しているデカ
ールはもちろん、フジミから別売されてい
るカレ、グラフ製のデカ　レにも、残念な

キットストレート組み×作例で見る、日本GP仕様への改修ポイント

Aキットのエンジンのディテールは秀逸なので、パイピングを1本追加したのみ。セミオートマチックトランスミッションのギアシフトを制御するソレノイドスイッチ（ミッションラジエーター前方の4本の筒）もバッチリ再現されている。ステーとボルトなどは削ってエッジを立てメリハリをつけた。なお、本車サスペンションアームはCFRP製ではないので注意！

Bガッツリ塗り分けを施しているのでかなり印象が違うように見えるが、キットのままでも無線スイッチ、液晶パネル切り替えスイッチ、キルスイッチなどはバッチリ再現されており、ディテールはかなりこまかい。作例では、アンテナを金属に換え、ステアリングの「MOMO」、液晶パネル横のフェラーリマークのデカールを気合いで自作した（こまかい！）

Cロールバーとフューエルタンクのあいだに収まってるのはミッション／エンジン制御用のコンピュータ（ういわゆる"ブラックボックス"）。キットのままでは配線は省略されているがコネクターはモールドで再現されているので、先端部を削り落とし穴を開けてパイピングをするだけで簡単に再現できる

Dプロストとマンセルの体格差により641/2はヘッドレスト形状がマシンにより異なり、マンセル車は薄いヘッドレストを装着していた。また日本GPでは、マンセル車はインダクションポッド右側にオンボードカメラを装備している。作例ではパテで自作しているが、タミヤ 1/20 F189後期型に同型のカメラパーツが入っているので流用するのも手だ

Eフロントウイングは、キットのハイダウンフォース仕様のままだが、リップの金具などを追加。イエローマーカーはプロスト車のみのものなのでマンセル車の作例にはつけていない

F第11戦ベルギーGP以降、カウルの上面後部にショックアブソーバー冷却用のNACAダクトが設けられたので再現

Gハイダウンフォース仕様のリアウイングにはフラップが1枚増える。黄色い「Agip」のデカールは、当初は追加するフラップ部分だけ作り起こしたのだが、キットのデカールと黄色の色味が合わなかったため、追加するフラップのものだけでなく左右の翼端板のAgipのデカールも改めて作り直している

Hプロストに比べ大柄なマンセルはシールドスクリーンも大型のものを使用していたので、キットパーツをベースに型を作り、ヒートプレスで作り起こした。ボルトは虫ピンで再現

Iハイダウンフォース仕様のリアウイング翼端板は長方形に。実車写真と照らし合わせつつプラ板からの作り起こしで再現。キットのパーツにはウイング上下面にCFRP調のモールドが施されているが、すこしメリハリが利きすぎな感があったので、削り落としたあとCFRP模様のデカールを貼った。テンションワイヤーはフジミ純正エッチングパーツにセットされているものを使用。ウイングステーも同エッチングパーツを使用した

Jモノコック両サイドのラジエーターコアは、フジミ純正エッチングパーツを使用。このパーツは、ただの金属製の編み目状ではなく、実物のラジエーターコアと同様に目のこまかな波状ディテールがリアルに再現されているのでおすすめだ。ラジエーターコアとインテークをつなぐベルトもエッチングパーツで再現している。ラジエーターダクト上には、補機類から伸びる電気系ケーブルがあるが、これはパーツのモールドをそのまま活かしている。ここに限らず、モールドをきちんと塗り分けるだけでもかなり見映えが良くなるのでやってみてほしい

＊大文字アルファベット（A、B、C……）の写真がフジミのキットをストレート組みした完成品、小文字アルファベット（a、b、c……）の写真が林氏が今回製作した作例

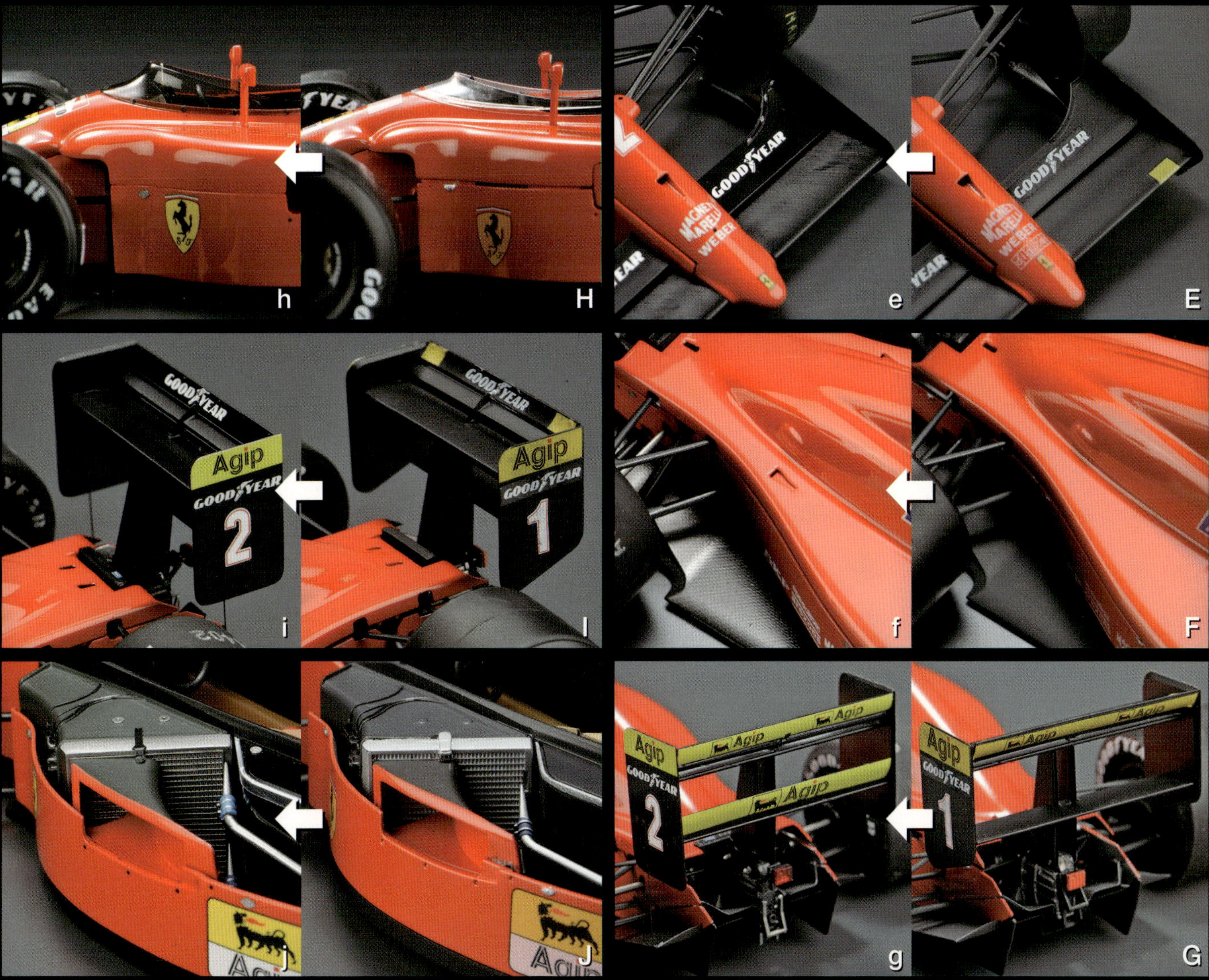

がらマールボロデカールは入っていなかった。このご時世、タバコ広告問題の余波をモロに受けているメーカーのみなさま、痛み入ります。マールボロマーク、かっこいいのにね……ってそういうことじゃないか。

ところでボディカラーなのだが、そもそも、フェラーリレッドって何色？　という問いに答えるのは難しい。仮に実車を直接見たとしても、その日の天気、時間（太陽の角度）、周りの風景の写りこみ、屋内と屋外で色味は変化する。本の資料にしても、カメラマンの好みや、編集、版元の好みで色味が加工調整されている場合も多々あるので、正確な発色とは言えない。そして、古い資料の場合、誌面が変色していることもしばしばあるので参考程度にしかならない。ＷｅｂサイトやＤＶＤ、テレビ中継などは発信サイドの色調整と受信サイドの色調整の違いが大きく、参考にするには論外とも言える。さらに言えば、実車を間近に見ることで色合わせが可能だったり、本来プラスチックモデル用ではない実車の塗料を無理して使ったとしても、実車と１／20のキットを同じ色に塗ったら印象が違うのは明白であろう。また、サードパーティーより発売されている「～用」と謳われた塗料を使ったとしても、どうやら調色した方の感性がそれぞれ違うようで、どれも微妙に色味が異なる。やはり、自分の感性を信じて自分が満足できる「自分色のフェラーリレッド」を調色するしかないのだろう。

注意したいのは、通常販売されている模型用塗料の多くは、隠蔽力を増すためや塗りやすさを向上させるために赤以外に別の色の顔料を混ぜてあることが多く、色味を調整しようとちょっと違う色を混ぜるととんでもない赤になることがあること。今回ＧＳ−クレオスのスーパーイタリアンレッドを元に調色を試みたが思ったとおりの色味が出ず苦労していたとき、目の前にあったのが、開発中の「色ノ源 マゼンタ」の試作品（現在は発売中／編注）。禁じ手ではあるが、「近日発売され読者諸兄にも簡単に入手ができるようになるはず」という言い訳で使わせていただいた。いい赤ですぞ。■

1987-2007
Twenty Year Reunion with the
LOTUS 99T Honda

TAMIYA's 1/20
Grand Prix Collection
"LOTUS 99T Honda"
Modeling Manual

【巻頭特集】20年ぶりのロータス99T

ひさしぶりにF1モデルを本気で作ってみよう!
タミヤ1/20「ロータス99T Honda」2007年なりの徹底工作ガイドブック

企画協力／株式会社タミヤ、本田技研工業株式会社　special thanks to TAMIYA, INC. ,HONDA MOTOR Co.,LTD
写真／金子 博　photographed by Hiroshi KANEKO

本特集のタイトルを見て、おそらく多くの方が「なにゆえいまさらロータス99Tを……!?」と首をかしげたことだろう。新規パーツが加わり、キット名も変更されたリニューアル版とはいえ、20年前に生まれたキットをいまさら大々的に採り上げる必要はあるのか? ならば、ここではっきりと宣言してしまおう。この特集は最新F1の代替としてのF1特集ではない。「ロータス99Tだからこそ」なのだ。そして2007年のいまだからだからこそ、あえて採り上げたのである。

作例は「99T作るならこの2台!」ということで、タミヤ1/20リニューアル版キットをフルに活用したフランスGPセナ仕様、カウルパーツを切った貼ったの大改造にて「日本人ならばやはり!」という日本GP中嶋仕様を同時に製作。あらゆるF1キットの製作に応用のきくディテールアップ方法も解説していく。そして、現存する実車の取材も敢行。膨大かつ詳細な実車写真とともに、ロータス99Tとはいかなるマシンだったのかを大串 信氏に解説していただいた。また、同マシンが'87年シーズンをどう闘い、どのように改良されていったかについても、小倉茂徳氏に執筆していただいた。さらに、あさのまさひこ氏にはこのタミヤ1/20「ロータス 99T Honda」というプロダクツに込められた意義と同社1/20グランプリコレクションシリーズの歴史の解説をお願いした。もちろん、それぞれのページに「あえていまこのF1マシンを特集する」意志と意義を込めたつもりだ。

20年目のタミヤ1/20 ロータス99T Honda特集、最後までじっくりとご覧いただきたい。

「20年ぶりのロータス99T」

『月刊モデルグラフィックス』'07年8月号掲載巻頭特集

そこであえての99T大フィーチャー
丸ごと完全保存版特集を一挙再掲載

ここから61ページまでは『月刊モデルグラフィックス』の巻頭特集をまるっと再掲載。本企画は、タミヤのリニューアルをきっかけに、'87年当時ではできなかったモデラーによるモデラーのための濃ゆ~いロータス99Tオンリー特集だ。往時より積み重ねられてきたF1モデルのテクニック満載で製作された作例の詳細なHow to解説、膨大な写真点数に及んだモデラー視点の実車取材、全戦解説などなど、99Tを作るなら必携の内容となっている。

CAMEL
RACING SERVICE
LOTUS
12
12
olivetti
LONGINES
elf

DeLonghi
elf

タミヤF1モデル史を踏まえて検証する

1/20グランプリコレクションシリーズNo.20

「ロータス・ホンダ99T」と

1/20グランプリコレクションシリーズNo.57

「ロータス99T Honda」

文／あさのまさひこ
text by Masahiko ASANO

'83年4月発売の1／20ルノーRE30Bターボ以降、じつに3年半にも及んだ「タミヤ製F1モデル冬の時代」に終止符が打たれたのは'86年10月のことだった。同年のコンストラクターズタイトルを勝ち取ったウィリアムズFW11ホンダが1／20にてキット化されたことで、我が国の模型業界は第二次F1ブームという熱病に向け一気に加速しはじめる。

件の1／20グランプリコレクションシリーズNo.20ロータス・ホンダ99Tは、そのウィリアムズFW11ホンダに続くかたちで'87年8月にリリースされた。

総パーツ数が「激減」した意味

タミヤ製ロータス・ホンダ99Tの全貌を解き明かすためには、まずはやはりその前作にあたるウィリアムズFW11ホンダについての検証が必要となるだろう。

F1モデル冬の時代のあいだに、タミヤはあるひとつの結論を導き出していた。マニア向け1／12ビッグスケールモデルのダウンサイジング版として'77年よりスタートした1／20グランプリコレクションシリーズだが、エンジンまわりなどは1／12にも引けを取らぬ精巧なものであり、初心者が取り組むには少々手強い存在であった。

そのため、ウィリアムズFW11ホンダでは1／20F1モデル初となる設計思想の全面的な見直しが図られる。

いちばんわかりやすいポイントはやはり総パーツ数の変異だろう。冬の時代以前は120強で推移していたパーツ数が、ウィリアムズFW11ホンダでは一気に81点にまで削減されたのである。当時、本誌編集部でうだつのあがらない編集者を務めていた筆者が、段ボール箱に入ったウィリアムズFW11ホンダのテストショットを受け取ったときの感想は「……あれ？　まだランナー2枠分ぐらいパーツができあがっていないのかな？」というじつにマヌケなものであり、パーツ数が40点以上削減されたことに気付いた際には相当なショックを受けたことを思い出す。冬の時代以前の精巧な1／20F1モデルに惚れ込んでいた人間からすると、ややもの足りない内容へと〝デチューン〟されてしまっていたからだ。

この件に関し、当時タミヤでF1モデルの設計を担当していた木谷真人氏（現エブロ／有限会社エムエムピー代表）は、かつてのインタビュー内でこう語っている。

「冬の時代以前のヘビーユーザーに向けたキットを開発したら、ホンダの活躍によって第二次F1ブームから入ってきたF1ファンの人たちのなかにキットを組み立てきれない人が続出したと思うんです。

それと、冬の時代以前のF1モデルは足まわりが非常に折れやすく、いたるところでタイヤが付いていないF1を目撃していまして（苦笑）、それをなんとかしたいという思いもありました」

以前の状態のままF1モデルの開発を再開しても、その先はないかもしれない――そうした思いが、じつに1／3にも及ぶパーツ数の削減と、サスペンションアーム周辺にABS樹脂を用いるという新たなアイディアに繋がっていくこととなった。

ちなみに、ロータス・ホンダ99Tのパーツ数は79点。その後の1／20F1モデルは'90～'00年代になるとややパーツ数が増えていくが、かつてのような120強に及ぶようなことはなく、ほぼ90強のパーツ数内にてまとめられ続けていく。

「強度×ディテール」のせめぎ合い

ウィリアムズFW11ホンダで初採用されたサスペンションアーム周辺のABS樹脂化は、ロータス・ホンダ99Tにてさらなる進化を遂げる。前作ではサスペンションアームのみが試験的にABS化されたのだが、ロータス・ホンダ99Tではサスペンションアームと接続されるアップライトもABS化され、強度的な意味での完成を見た。

ただし、ABSを用いたならではの問題が同時に露呈することになる。

ABSはモデルガンなどに使用される高剛性プラスチック樹脂だが、通常のスチロール樹脂用接着剤では接着することができない。サスペンションアーム周辺にABSを用いれば組み立て後の強度を確保するこ

4

1

6

2

7

5

3

1 記念すべき1/20グランプリコレクションシリーズNo.1、タイレルP34。初期1/20モデルはモーター走行仕様にて組み立てることもできた
2 No.18 ルノーRE30Bターボ。本キットを最後に「冬の時代」が訪れる
3 パーツ数の大幅削減に誰もが驚いたNo.19ウィリアムズFW11ホンダ
4 No.20ロータス・ホンダ99T。初版時にはキャメルのデカールが付属したが、'90年代に入りタバコロゴ問題が勃発、写真の仕様に変更された
5 '91年シーズン、タミヤがロータスをスポンサードした際のマシンであるタイプ102Bも1/20にてキット化された（No.30/'91年10月発売）
6 「完全なる新製品」という意味では最近作にあたる、No.55ウィリアムズBMW FW24。1/12モデルと見まちがうほどの内容だが、逆の見方をすると、このあとに続くべきF1モデルにプレッシャーをかけてしまった感もある
7 "リニューアル再販"の先駆け、No.53タイレルP34 1977モナコGP

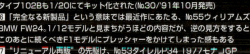

とができる反面、接着剤によるパーツ固定ができなくなることも意味するわけだ。

　結果、アップライトまでもがABS化されたロータス・ホンダ99Tは、サスペンションアーム周辺に十二分な強度を得られたことと引き替えにアップライト内にポリキャップを仕込むことができなくなり（アップライトが通常のスチロール樹脂製の場合は、左右分割されたアップライトパーツ内にポリキャップを挟んで接着固定することができた）、ホイールをプラス頭ネジで固定するという実際のF1マシンにおけるセンターナットとは著しくディテールが異なる姿を強要されてしまうことになった。

　なお、この問題はマクラーレン・ホンダMP4／4（'88年11月発売）まで3作続き、ディテール重視派のマニアを悩ませることになるのだが、続くフェラーリF189前期型（'89年11月発売）からは六角頭ネジが用いられたために見た目の印象は大幅に改善される。同方式はティレル・ヤマハ023（'95年9月発売）まで継続されるが、ホンダRA272（'96年12月発売）以降はパーツ強度が再検証されサスペンションアーム周辺パーツが通常のスチロール樹脂製に戻されたため、ホイールの固定方式はアップライト側のポリキャップ＋ホイール側のピンとなり、ディテール重視派はここでついに胸をなで下ろすのである。

　話がABSに偏ってしまったので、ロータス・ホンダ99T本体に視点を戻そう。

　タミヤのキットは87年シーズン序盤3戦、開幕戦ブラジルGP～第3戦ベルギーGPでのスタイルにてモデライズされており、序盤3戦仕様として組むならば、ストレートに組み上げるだけでほぼ完璧なルックスのロータス99Tが完成する。

　じつの話、実車のロータス99Tはたび重なるモディファイによりシーズン後半に向けて加速的に醜さを増していってしまい、「99Tらしさ」という意味ではこの序盤3戦での姿がプレーンでもっとも美しい。アイルトン・セナの二度の優勝や中嶋 悟の4位入賞といった華々しいリザルトとは無縁の仕様ではあるが、序盤3戦仕様にてキット化したタミヤの判断はある意味において確実に正しかったと言えるだろう。

「リニューアル」という新提案

　久しく生産休止状態となっていたロータス・ホンダ99Tが、1／20グランプリコレクションシリーズNo.57 ロータス99T Hondaとして生まれ変わったのは'07年3月のことである。商品名称が変更された理由はホンダ側の意向によるものだそうだが、名称の変更はじつのところどうでもよく、注目に値するのは〝リニューアル再販〟とでも呼ぶべきそのスタイルだろう。

　前述したように旧製品は序盤3戦仕様であったわけだが、今回の再販にあたり、タミヤは「少々手を加えれば、開幕戦～第8戦ドイツGP仕様までを組める」内容へと改変してきたのだ。

　改変箇所を具体的に言うと、小型ランナー1枠分の新規パーツ（大型の前後ウイング翼端板、中嶋車用オンボードカメラ、アンテナ2種）に加え、セナと中嶋の形状の異なる2種のヘルメット（セナはベル製で中嶋はアライ製）も新たにパーツ化。これにより、パーツ数が79から92へと増しただけでなく、第4戦モナコGPと第5戦デトロイトGPでのセナの優勝を記念したマーキング（2勝仕立て）のデカールが追加され、さらに、雄型モノコック表面の銀色リベットをデカールで手軽に再現することができる工夫が盛り込まれるなど、'87年発売時のロータス・ホンダ99Tとは「似て非なるもの」へと進化したのだ。

　確かに、1／20グランプリコレクションシリーズNo.1 タイレルP34シックスホイーラー（'77年4月発売）がNo.53 タイレルP34 1977モナコGP（'02年4月発売）としてリニューアルされた前例もあるにはあるのだが、タイレルP34の場合は年式が'76年型から'77年型に改められて商品名が明確に変わり、ブルー一色からブルー＋ホワイトのツートンカラー仕立てへと見た目も大きく変化した。つまりは「完全な別商品」と化したことが誰の目から見ても容易に判断できるわけだ。

　これに対しロータス99Tの場合は、新規パーツはオプションパーツ的位置付けで、商品名の変更もホンダの意向に基づくものでしかなく、F1マニア以外には旧製品とどこがどう違うのか判別するのが難しい。

　こうして比較してみるとタイレルP34とロータス99Tのリニューアル化は少なからずその性質を異としており、ロータス99Tのそれはタミヤからの新たな提案と受け取ることができる。「既存キットをちょこっといじるだけでもおもしろいものを作ることができますよ」というメッセージだ。

　ただしこれは、'03年5月にリリースされたウィリアムズBMW FW24以降、1／20グランプリコレクションシリーズの完全なる新製品がじつに丸4年以上にわたり発表されていない（冬の時代の3年半をすでに半年も超えてしまっているのだ！）がゆえの「お茶を濁す」行為とも受け取れるわけで、リニューアル再販という提案自体は歓迎するものの、既存キットのバリエーションモデル化のみが続くここ4年ほどのタミヤのF1モデル展開には、歯がゆい思いが募るばかりなのだが……。

　ちなみに新規追加パーツを使用してこのロータス99T Hondaをストレートに組み上げると、第6戦フランスGP、及び第7戦イギリスGP仕様に極めて近い仕上がりとなる。ただし、かねてからのタバコロゴ問題からキャメルのデカールが付属しないため、キット付属のデカールで製作すると、必然的にタバコ広告禁止国仕様（イギリスGP仕様似）になるというわけだ。

　最後に触れておくべきは、今回のリニューアル再販にあたり、契約上の諸事情からタバコロゴのみならずグッドイヤーのロゴまでもが取り除かれることになってしまった一件だろう。いまの時代ならば、サードパーティーによる別売デカールの利用やパソコン＋プリンターを駆使した自作デカール等による対処が可能とは言え、こうした契約上の縛りでレーシングカーの再現性が削られていくのは残念で仕方がない。

　無論、「そういう時代なのだ」と言ってしまえばそれまでの話なのだが――。■

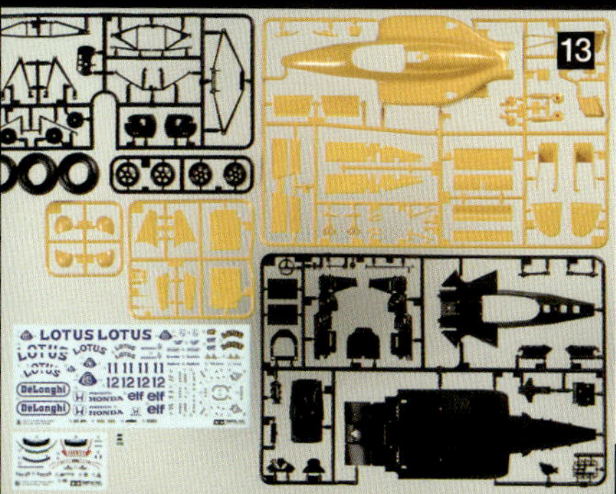
13

11

8

14

9

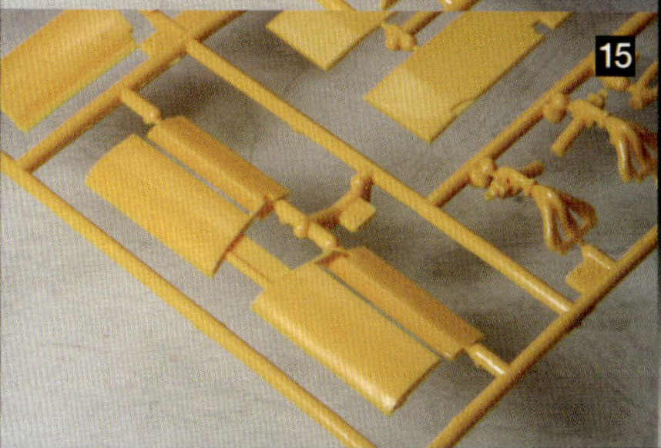
15

12

10

8リニューアル再販化された、No.57ロータス99T Honda
9No.57版99Tのデカール。キャメルとグッドイヤーのロゴは付属せぬが、リベット再現用デカールの存在がうれしい
10No.20版99Tの、再生産時版(と思われる)デカール。タバコ広告禁止国仕様用デカールも付属する、至れり尽くせりな内容
11No.20版99Tの、タバコロゴ問題勃発以降のパッケージ
12No.57版99Tのパッケージ。暗めの背景処理が印象的
13No.57版99Tのパーツ展開図。左側にあるキャメルイエローの小型ランナー×2が、新たに追加されたパーツである
14No.20版99Tのフロントウイングは翼端板まで一体成型
15No.57版99Tではフロントウイングが金型改修され、翼端板を別パーツ化。No.20版では成型の都合上モールドすることのできなかった側面のリベットがきちんと再現された

LOTUS 99T Honda
French GP 1987 /Ayrton SENNA"
TAMIYA 1/20 Injection-plastic kit
[Lotus 99T Honda]
Modeled and described by Tetuji MATSUO.
special thanks to SAKATSU,Masahiko KATO.

20年めの「新作」タミヤ 1/20 ロータス99T

including;
他のマシンを
製作するときにも役立つ
みるみるうちに
ロータス99Tを
カッコよく
作る方法

大型の前後ウイング翼端板、中嶋車用オンボードカメラ、アンテナ２種などが新たに付属して新仕様で発売されたタミヤ1/20 ロータス99T。まずはキット仕様を活かしたフランスGPセナ車の作例をご覧いただこう。

ロータス99T ホンダ
'87年 フランスGP アイルトン・セナ仕様
タミヤ 1/20
インジェクションプラスチックキット
「ロータス 99T Honda」改造
'07年発売 税込2808円
製作・文／**松尾哲二**（Boo's）
協力／さかつう、加藤雅彦

●新規パーツが追加され改めて発売された99T（キットについての詳細は34ページの解説参照）、そのキット仕様を活かすならフランスGP仕様のセナ車として製作するのがおすすめ。このあと詳しく製作法を解説していくが、まずはその雄姿をじっくりとご覧いただこう。なお、大きな改修箇所は、フランスGP時にはキットの仕様より前方に移動しているサイドポンツーンのターボ吸気ダクトの再現など。20年ぶりに発売されたキットに敬意を表し、今回はあくまでキットを活かした工作に留めているので、ポイントを絞ったディテールアップ工作とていねいなグロス仕上げをこころがければ、アナタもカッコいいロータス99Tを手に入れることができるはずだ

TAMIYA 1/20 LOTUS 99T Honda 1997

タミヤ 1/20ロータス99Tを みるみるうちにカッコよく作る方法

ロータス 99T Honda
タミヤ 1/20 インジェクションプラスチックキット
発売中　税込2808円
製作・文／松尾哲二、林 良訓（Boo's）　協力／さかつう、GSIクレオス

ここからは、前ページまでに掲載したタミヤ1/20ロータス99Tの作例を題材に、99Tのディテールアップ法とそれ以外の車種にも応用できる1/20F1モデル工作テクニックを解説。項目ごとに基本工程と工作のコツを詳しく解説していきますので参考にしてみてね！

新規追加パーツを使って作ってみよう！

せっかくのリニューアルキットなのだから、今回はできるだけその新規追加パーツを使ってみようと思う。そこで、まずはキットのパーツをを活かして、なるべく改造をしなくても作れる仕様を考えてみよう。

追加された前後ウイングの翼端板形状は、中〜後盤に使われたものであるが、ハンガリーGP以降のものはボディに大きく変更を加えなければならないので付加。キットのボディを可能なかぎり利用しつつ、ということになるとフランス、イギリス、ドイツGPの「夏の高速3連戦」が候補に挙がる。しかし、イギリスGPの決勝から（セナ車は金曜から）リアウイングのマウント方法が変更されているので、結構な改造工作を行なわなければならない。ということで消去法的に残ったのが、第6戦フランスGP仕様というわけだ。

もっとも、新規追加の翼端板を使うと決めた時点でサイドポンツーン上のターボインレットダクトの形状と位置の変更作業は必須工作となってくるし、例によってタバコロゴデカールやグッドイヤータイヤロゴ問題がつきまとうので、何にせよひと筋縄ではいかないが、そこも解説していこう。

F1はタイヤで走るモノ タイヤを極めるものはF1を極める

ポイントその1

タイヤ

F1が箱車ともっとも異なるのは、タイヤがむき出しになっているところ。非常に目立つ部分ですので、きっちりと工作して見映えをアップしましょう！ とくにバリ取りは必須工作なのでマスターしちゃいましょう。

ゴムってヤスれるの!?

クルマはタイヤで走るもの。タイヤにこだわることで模型を「生きたマシン」として見せることができます。いくらほかの部分がよくできていてもここがおざなりでは興ざめなので要注意のポイントです。

実車のタイヤは、まだ走行していないまっさらの状態ではキットパーツのように真んなかにパーティングラインとバリがありますが、走行するにつれ路面で削られてきます。キットのタイヤパーツはゴムですが、適正な番手の紙ヤスリを使って作業すればヤスって整形することができますので、まずはその方法を解説しましょう。

1
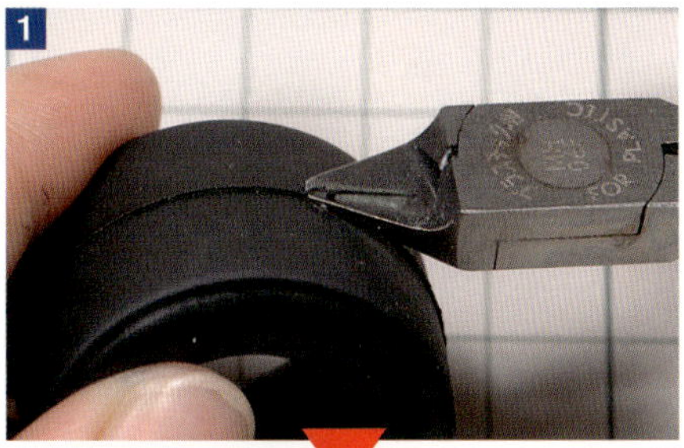

2

3
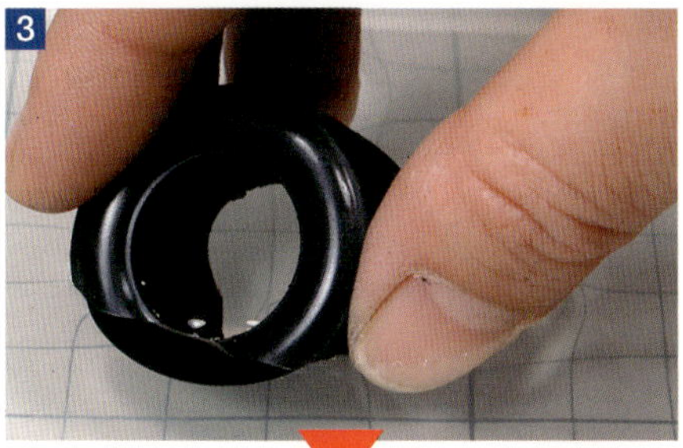

4
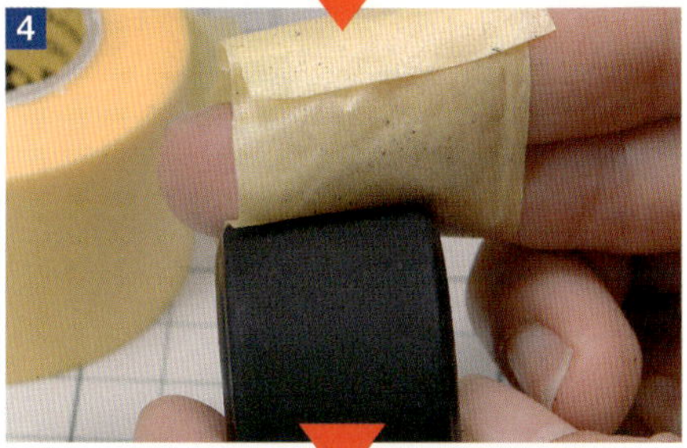

よく切れるニッパーを押し付けるように、なるべくバリの根元付近を切り残しがないようにていねいに切る（❶）。ただし、あまり深く切りすぎると走行面に傷が付くので若干バリを残そう。切り残しは、600番程度のサンドペーパーに押し付けながら引っ張るように削る（❷）。偏りが出ないよう少しずつ転がしながら均一に仕上げる。削りカスや手脂は水で洗って除去（❸）。こまかい粉はセロハンテープを貼って剥がせば取れる（❹）。パーティングラインは全部消してしまわず若干残して、走行前のタイヤの状態を表現するのもおもしろいだろう。また、走行後のタイヤを表現したい場合は、削る方向を、横方向にブレないようタイヤの回転方向だけになるよう注意して、少し荒めに削ってサンドペーパーの目を残すとそれらしくなる

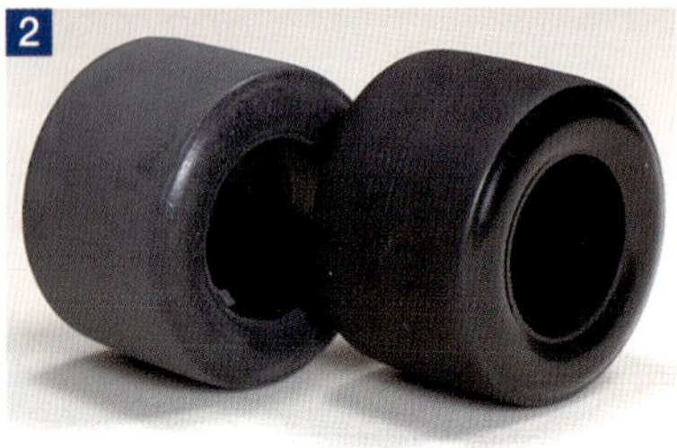

こだわりポイント!

トレッド面は雄弁に物語る

走行前には左右を示す書き込みがあったり、走行後はトレッド面が削れてきますので、これを再現してみましょう。

自分なりの表現をしたい方は、さらにひと工夫するのも楽しい。走行後のトレッドを表現するにはサイドウォールをマスキングし、グレーに塗装するとリアルに見える（❶❷）。水性アクリル系塗料（水性ホビーカラー）で塗装をすると比較的剥がれにくくなるが、乾燥するまでに時間がかかる。ラッカー系の塗料（Mr.カラー等）で塗装したい場合はメタルプライマーを塗布してから塗装すると剥がれにくくなる。乾燥後、好みに応じて600番程度のサンドペーパーで表面を荒らすと、よりリアルな表現になるだろう。トレッド面のマーキングは水性アクリル系塗料で筆書きで行なってみた(❸)。元々メカニックがチョークで書き込むものなので少々ラフに書いたほうがリアル。また、白で書くより少し黒を混ぜてグレーにしたほうがリアルに見える。なお、新品の状態を表現するのならアーマオイルなどで磨けば自然な光沢を表現しタイヤ自体も保護できる。

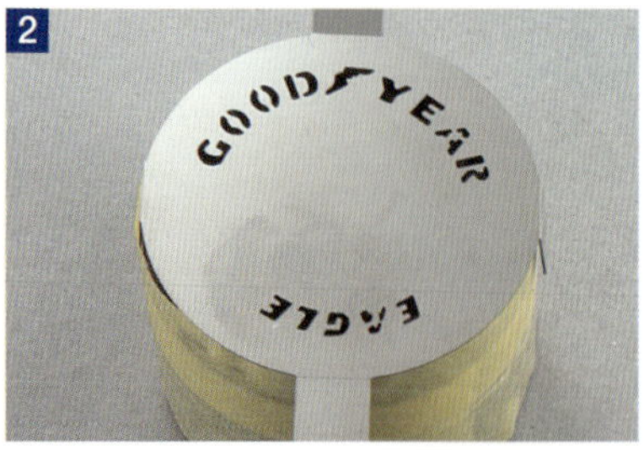

こだわりポイント!

タイヤのロゴに拘る

この新キットのウィークポイントなのですが、タイヤロゴのデカールが入っていませんので再現してみましょう。

タイヤロゴはデカールもしくはステンシルによる塗装、という2通りの表現方法がある。本キットにはデカールは付属していないので、デカールが付属している昔のキットが押入れのなかに眠っている人は、一丁奮発してタイヤデカールだけ使っちゃおう（❶）。タイヤデカールは貼り方が普通のデカールとちょっと違うので注意。文字が反転しているので、切り抜いたデカールにたっぷり水を含ませ、位置決めしたら台紙ごとしっかり押しつける。さらに、水を含ませた綿棒で台紙越しに水分を補給すれば転写完了。ステンシルを使う場合はタイヤにしっかりマスキングをして、ステンシルに対して垂直方向から塗装する（❷）。ステンシルとタイヤのすき間を極力狭く保つのがコツ。エアブラシの空気圧は低めにし、塗料がタイヤに到達した時点で乾いているくらいの感覚にしよう。デカールは、はっきりした文字が、ステンシルはぼけた感じが特徴だ（❸）

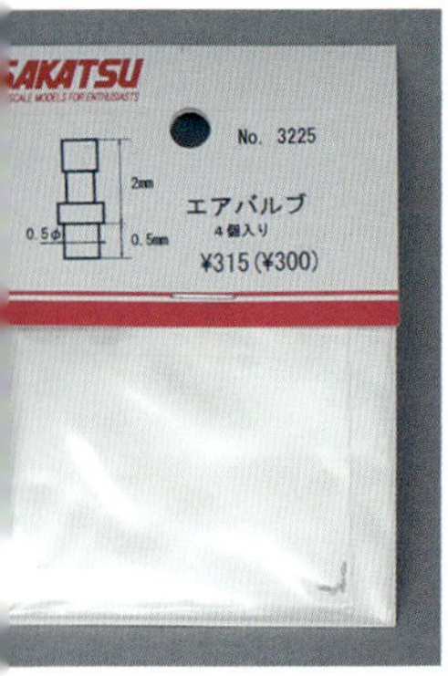

こだわりポイント!

エアバルブを追加しよう

タイヤは空気を入れて走るもの。当然、空気を入れるためのエアバルブが存在しますので再現してみましょう。

写真はさかつうのディテールアップパーツ、「エアバルブ」。さかつうからはカーモデルのディテールアップに便利な、繊細な金属挽き物製メタルパーツ群が販売されている。供給があまり安定していない悩みの種だが、せっかくホイール周辺のディテールにこだわったのだからこのくらいのパーツは奢ってあげたい。商品としては1/24用のパーツだが、ただの洋白線を差し込むよりは格段に密度感が上がり、金属ゆえのシャープでこまかい表現が魅力。昨今のカーモデルはホイールにエアバルブのディテールが彫り込まれたものも増えてきたので活躍の機会も減りつつある。

Photo by Masataka SHINOBE (ENTANIYA)

百聞は一見に如かず! その1

タイヤのお話

文／大串 信

ロータス99Tホンダが走っていた1987年当時、F1で用いられるタイヤは、接地面にミゾのないスリックタイヤだった。

新品のスリックタイヤは型から抜いたらそのまま搬入されていたため、トレッド面を含め表面が滑らかで、しかも離型剤が付着したままだったから光沢すらあった。さらに、工場出荷時にスペックや運送管理のためにタイヤのスペックやロットを表す文字がトレッド面にプリントされたり、タイヤタグと呼ばれるラベルが貼り付けられたりしていた。これらをモデル製作時に自作して追加すると、よいアクセントになるであろう。

ちなみに、実戦時にはタイヤタグが貼られたまま走り出すことも多かったが、1周するかしないかのうちに自然に剥がれ、トレッド表面の離型剤も落ちてゴムが発熱し溶けて、ようやく本来の性能を発揮しはじめる。この過程を「皮むき」などと言う。こうして臨戦態勢に入ったタイヤは、側面のタイヤウォールには光沢が残っているが接地するトレッド面はざらつき光沢がなくなる。

キットに同梱されているタイヤは、まさに型から抜いたばかりの新品状態なので、光沢のあるトレッド面をヤスリで削り、走行後の状況を再現すると、いかにもグリップを発揮しそうな風情になり、これもまたモデルのよいアクセントになる。ただしこの状態にタイヤタグやらプリントまでを盛り込むと理屈に合わないオーバーデコレーションになる。それにつけても、いまどきのグルーブドタイヤの格好悪さったら……(泣)。

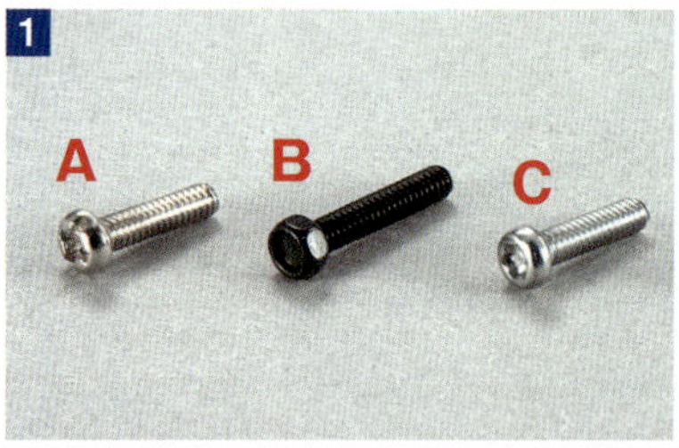

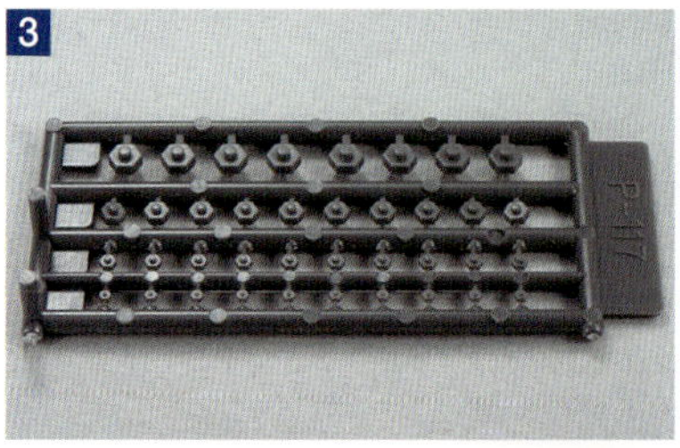

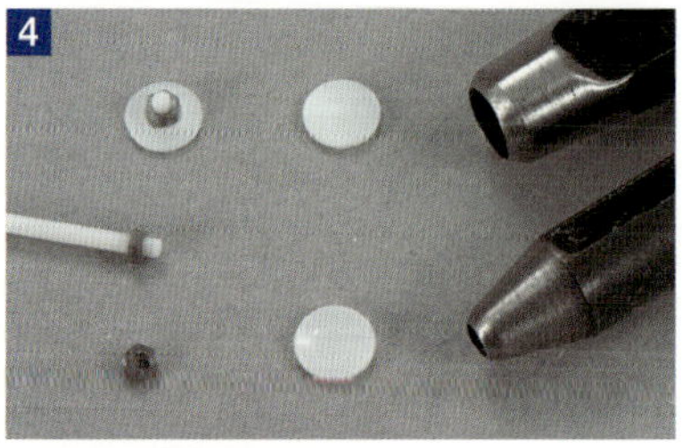

こだわりポイント!

ロックナットの形状にこだわる

キットでは、タイヤは組み立ての都合上普通のビスで留まっていますが、ここもディテールアップしてみましょう。

意外と気になるのがホイールセンターロックナット。新キットは旧キットと同様、＋－併用のナベビス（❶A）なのだが、これは少々いただけない。比較的新しいキットには六角頭のビス（❶B）が入っているが、実車のこの時期のセンターロックナットは「強度は大丈夫？」と心配したくなるほど小さなナットが使われていて、形状が少し異なる（❷）。手元にあったPCのHDDを固定するHLビス(❶C)は六角のディテールが似てはいるが、雄と雌が逆。どれもいまひとつ……ありもので悩むならいっそ自作してみよう。

0.3㎜のプラ板を皮製品用のポンチ／5㎜で丸く抜き、さらに小さなポンチ／2㎜を中央に当てゴムマットの上に押しつけると円錐状のパーツができる。その中央にコトブキヤのプラユニットの六角ナット（❸）を接着してみることにしたが、このコトブキヤのパーツはボルトの径が少し小さいので、モールドを削り中央に1㎜のプラ棒を差し込んで太くした（❹）。ホイールを固定したのは皿ビス（❺）。頭が平らなので、締め付け後作っておいたパーツをゴム系接着剤で取り付ける。ホイールにはバイスでテーパー（円錐形の凹み）を付けておく。ちなみにタミヤの1/20タイレルP34（6輪車のアレ）のセンターロックナットは99Tのものと形が似ているので流用するのもありだろう。ただし、そのままでは付かないので少々の加工は必要となる。

▲普通のデカールには透明な余白部分（ニス）がある。いくらキレイに貼ってもても、写真のようにデカールの厚みぶんの段差ができてしまい、グロス仕上げではけっこう目立つ

キレイなグロス仕上げのために"研ぎ出し"をマスターしよう

ポイントその2 デカール～研ぎ出し

昔の実車は汚れてそんなにピカピカではなかったりもしますが、 模型としての見映えを考えるとツルピカのグロス仕上げは捨てがたいものがあります。ここではデカールの段差を消す「研ぎ出し」の方法を解説。

塗面を削って段差を消す

Ｆ１模型を作る際は、デカールを使わないわけにはいきませんが、デカールを貼るとフチのところにどうしても微妙な段差ができてしまいます。この段差を消すためには、上にいったんクリアー塗料の層を作り、塗面の段差部分をヤスったり磨いたりしてなだらかにするテクニックが有効で、これを「研ぎ出し」と言います。「塗面をヤスるなんて……（怖）」と思われるかもしれませんが、適切な番手の紙ヤスリで水研ぎすれば、手間はかかるものの、非常にキレイな塗装面で仕上げることができます。

デカールの上をクリアーコートし鏡面仕上げを成功させるための秘訣は「いかにデカールを塗面に密着させるか」。凹凸が目立つときやメタリック系の塗料を使用した場合は、一度クリアーコートして（1）コンパウンドで仕上げてからデカールを貼ると密着させやすい。デカールはよく切れるハサミで台紙ごと透明部分を極力残さないように切り取る（2）。のりの粘着力が低いものは、木工用ボンドを水で2倍程度に希釈したものや市販ののりを使うと充分な粘着力を得られる（3）。のりを変える場合は、水のなかでデカールと台紙を完全に分離させてしまい、分離したデカールを裏返しに指の上に乗せ、筆で糊を洗い落してからボンドやのりを使おう。のり成分が入ったGSIクレオスのMr.マークセッターを使用してもよいが、これはデカールを軟化させる成分を含んでいるので注意が必要だ。

デカールを貼る際は、あらかじめデカールを貼る部分に筆で糊を塗布しておき（4）、その上にデカールを置き筆先で位置を調整する（5）。綿棒で丹念にデカールと塗装面の間の空気を追い出すつもりで定着させる（6）。凹モールド部分は無理に定着させるのではなく、一度表面が乾燥するのを待ち、Mr.マークソフターを少量塗布して待つ（7）。このときデカールは非常に柔らかくなっているので、綿棒などで擦ると切れてしまうから絶対に触れてはいけない。乾燥しても定着していない場合は再度Mr.マークソフターを少量塗布して待つ。これを数回繰り返せばたいていのものは定着させることが可能だろう。デカールを完全に定着させたら乾燥させたあとに、水のなかでデカール表面に残った糊やはみ出した糊を洗い落しておこう（8）。

デカールを完全乾燥させたら上からクリアーを塗装する。クリアーは一度に厚塗りせず、4回程度に分けて乾燥／塗装を繰り返さないとデカールを侵してしまう。最初の1～2回はいきなり塗膜が厚くなるよう塗るのではなく、低圧かつ遠吹きで塗料がざらっとした感じでのるようにし、デカールを定着させるつもりで塗装しよう（9 10）。今回使用したＭｒ.カラーＧＸ・スーパークリアーⅢは乾燥速度が速くデカールを侵しづらく、硬い塗膜が形成されクリアーコート後の研ぎ出しに向いている塗料。ただし、タレにくい性質は、塗りやすい反面厚塗りになりやすくもあるので注意が必要だ。

クリアーの塗膜が完全に乾燥したら、1500～2000番程度のサンドペーパーでまんべんなく、表面が曇ってスリガラス状になるように磨いていく（11）。ヤスリの番手を替えるごとに水洗いをしよう。段差が見えなくなったら（厳密にたいらにする必要はない。段差部分をなだらかにすれば平滑に見える）丹念にコンパウンドで研磨（12 13）。このような手順で写真のようにきれいな鏡面仕上げとなる（14）。

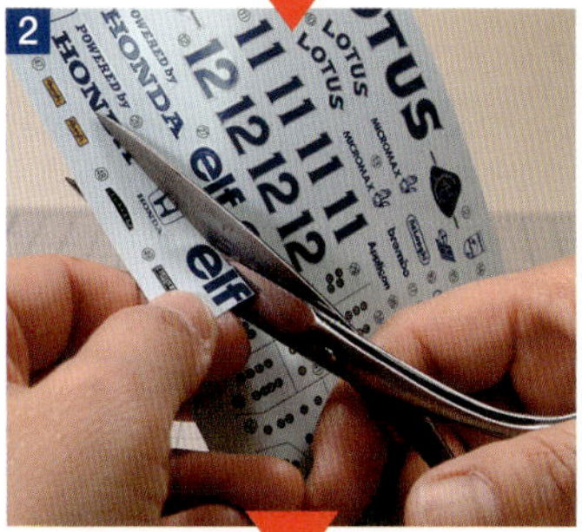

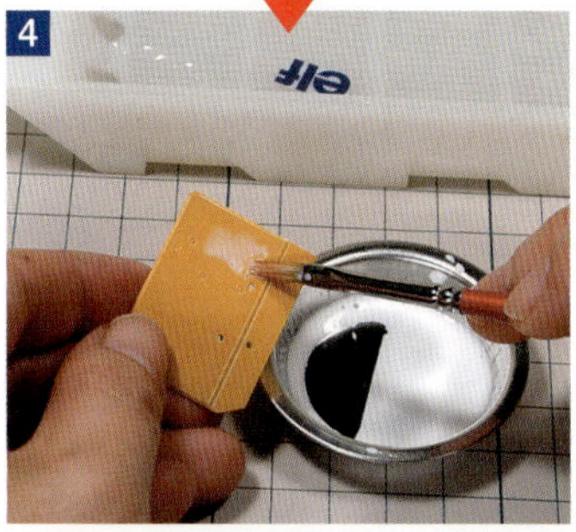

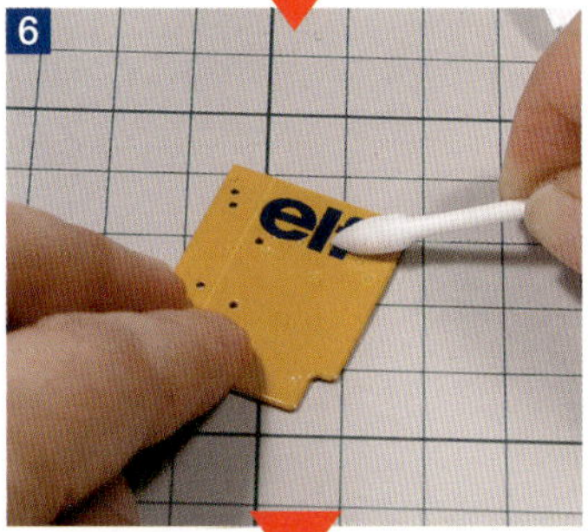

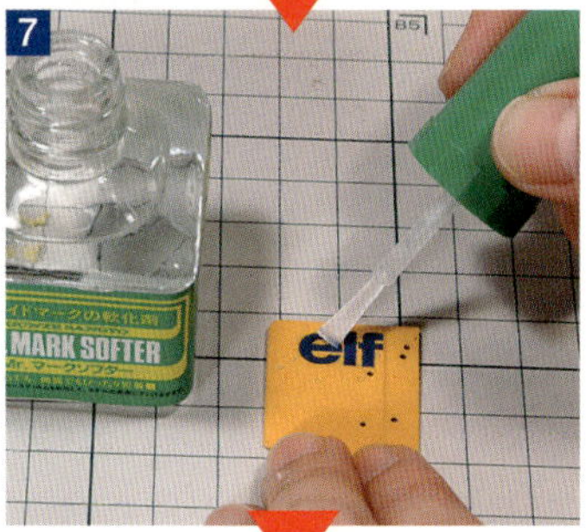

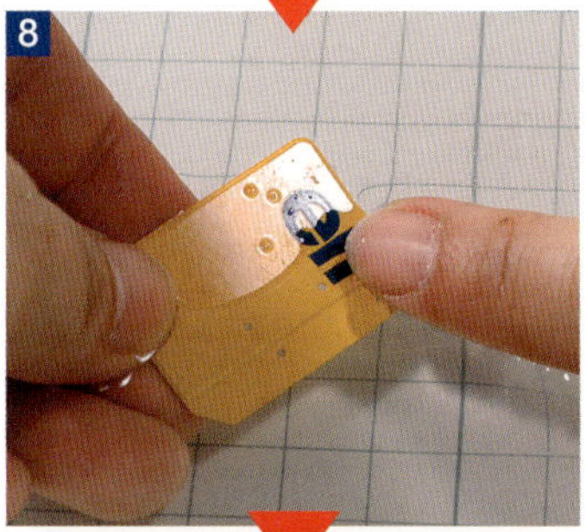

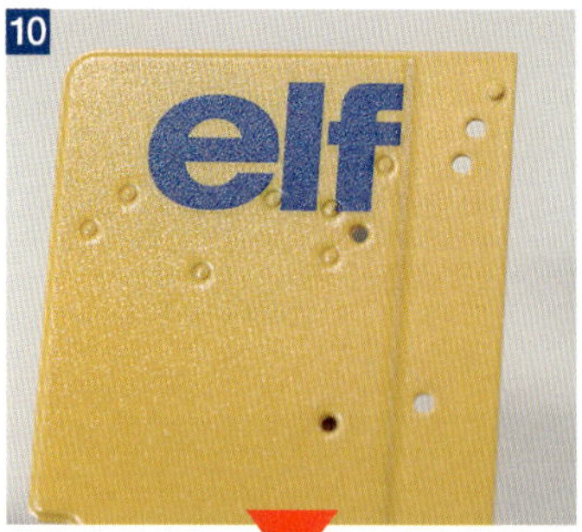

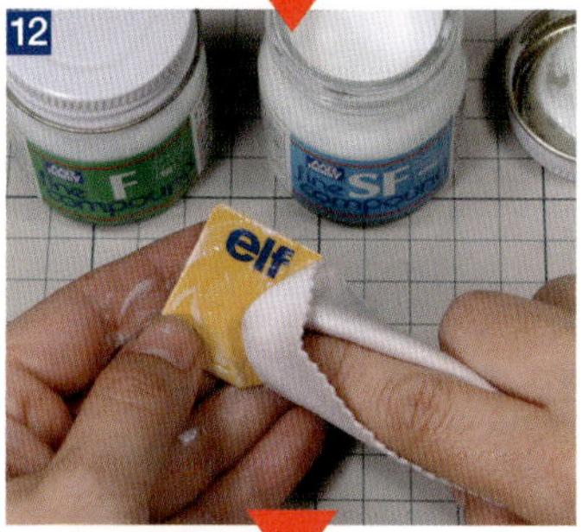

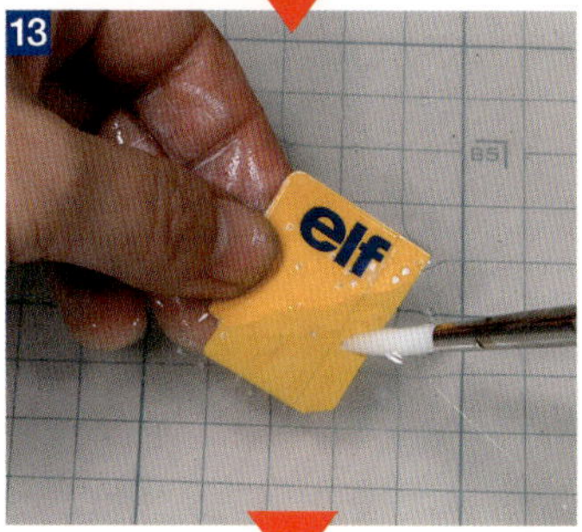

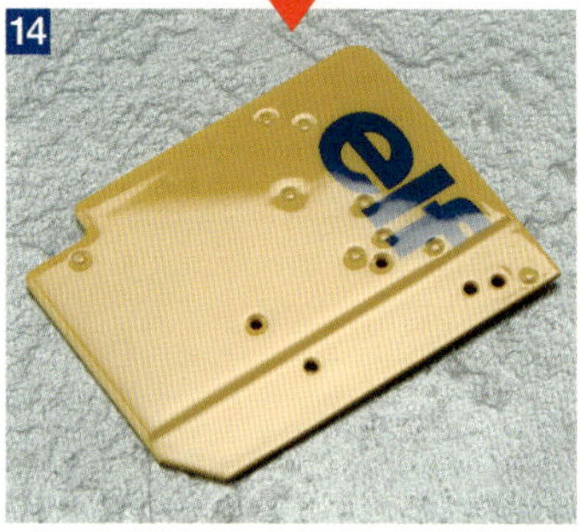

違いを知ってます？

デカールを密着させるためのＭｒマークソフターとＭｒマークセッターは性質が異なります。

マークソフターはデカールを軟化させるための軟化剤で、セッターよりもより軟化効果が強く基本的にデカールの上から塗ります。マークセッターは軟化効果は弱く、糊が入っているのでデカールの下に塗るとより密着させられます。

▼マークセッター、マークソフターともに水で薄めることができるので、軟化効果が強すぎると思ったら適当に希釈して使うとよいだろう

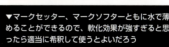

模様をどうやって再現するか？ それが問題なのだ！

ポイントその3 カーボンモノコックを再現しよう！

現在のF1もそうですが、99Tのモノコックはカーボンコンポジット製。独特の編み目模様を模型でどう表現するかは悩みどころです。ここでは代表的な方法を4つ紹介しますので、好みに応じてやってみよう！

再現方法はアナタ次第 カーボン模様に挑戦しよう

ある時期以降のF1を作り込むうえで避けては通れないのが、カーボンコンポジットの素材の質感表現。カーボンコンポジット製モノコックは遠目に見ると真っ黒のようですが、近くで見るとこまかい編み目が見えますので、それをどう再現するかがモデラーの腕の見せどころとなります。

その代表的な再現法は大ざっぱに分けると4つ。いちばんオススメなのはデカールでの再現ですが、少々手間がかかるのが難点でしょうか。どの方法を採るにせよ、ただ単に真っ黒く塗ったのとはひと味もふた味も違う質感が得られるはずです。ここではそれらいわゆる「カーボン地」の再現法を詳しく紹介していきましょう。

▲カーボン地を再現するパターンデカールは各社からさまざまなものがリリースされている（写真は今回使用しているスケールモータースポーツのデカール各種）。パターンの形や大きさは好みによって使い分けるとよいだろう。また、ケブラー繊維パターンのデカールなどもリリースされているぞ

デカールで再現

実物は透明な樹脂層のなかにカーボン繊維が埋め込まれているが、もっともそれに近い雰囲気を再現できるのがデカールをクリアーコートする方法。少々手間はかかるが完成後の見映えはかなりいい感じになりますぞ！

カーボン地デカールはあまりスケール感を重視しすぎると、模様が小さすぎてただの黒に見えてしまうことがあるので。オーバースケール気味のものを選ぶと模型映えがする。

貼る際は、きちんと型紙を作って貼り付けたほうがデカールを馴染ませやすく、カーボンの目の方向を揃えやすい。型紙は、太めのマスキングテープをなるべくテンションをかけないようデカールを貼る場所に貼り付けて作る。そのままではツルツルなので、少し荒めのサンドペーパーをかけてテープ表面を荒し赤鉛筆の腹の部分で擦るようにマーキングをする（1）。型紙はなるべく変形しないようにテンションをかけず注意して剥がし、デカールの裏面に貼り付ける（2）。今回はひとつのパーツに貼り付けただけだが、左右対称なパーツの場合はトレーシングペーパーなど再度剥がせる紙に貼り付け反対側にマスキングテープを貼り付けて切れば型紙を反転することもできる。

デカールは、のりしろや回り込ませる部分を考えて少し大きめに切断し（3）、水に浸けて台紙と分離させる（4）。デカールを水没させたらあらかじめデカールを貼りたい部分に木工用ボンドを水で希釈したものを筆で塗布しておく（5）。デカールが台紙の上を抵抗なく滑って動くまで充分に待たないとデカールが切れてしまうので注意（6）。デカールを台紙ごとパーツに近づけて滑らせるようにパーツにのせ、だいたいの位置に置いたら、デカールを切らないように注意して位置を調整する（7）。位置が決まったら綿棒を若干水に濡らして、転がすようにデカールとパーツのあいだに入った空気や余分な糊をデカールの中心部より外側に向かって丹念に追い出し密着させる。どうしても気泡が抜けない場合は針などで気泡の中央付近に小さな穴を開けて綿棒でその穴から追い出す（8）。使用する綿棒は巻きの硬いしっかりとしたものを使用するとよい。凹モールド部分やスジ彫り部分は無理に密着させようとするとデカールが切れてしまうので、表面が乾燥するのを待ちMr.マークソフターを少量塗布して待つ（9 10）が、綿棒などで擦ると切れてしまうため絶対に触れないこと。乾燥しても定着していない場合は再度Mr.マークソフターを少量塗布して待つ。これを数回繰り返せば大抵のものは定着するはずだ。納得するまで密着させられたら完全に乾燥するまで待ち、開口部に良く切れるカッターで切り込みを入れ（11）のりを筆で塗布し（12）、デカールを折り返す感じで密着させる。密着しない部分はMr.マークソフターを使用して同様に密着させる（13）。もしデカールが切れてしまったり穴等があいてしまった場合は最初からやり直すのがいちばんなのだが、小さくデカールを切りカーボン目を合わせて上から貼ればそれほど目立たないだろう（14）。デカールを完全に定着させたら完全乾燥させたのちに、水のなかでデカール表面に残った糊を洗い落とそう（15）。好みの問題なのだが、ツヤがありすぎると感じた場合はスーパークリアー半光沢をエアブラシして半光沢になるよう調整するとリアルになる（16）。

1

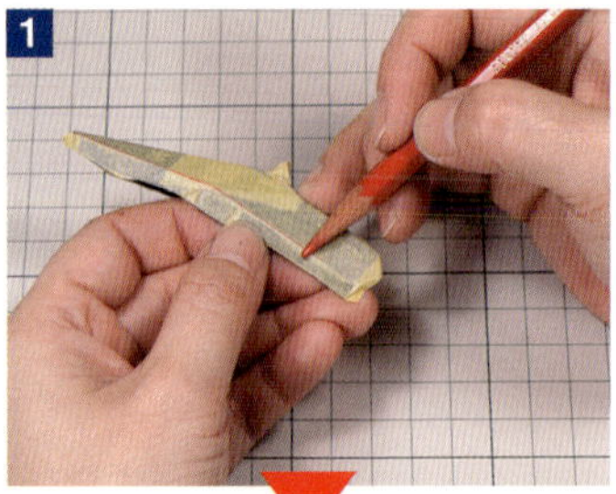

2

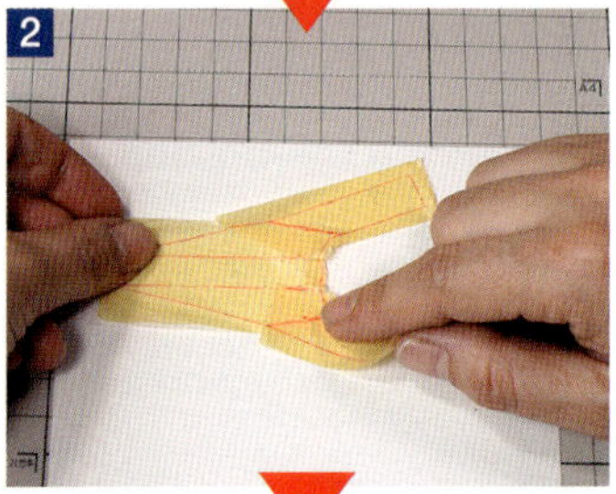

3

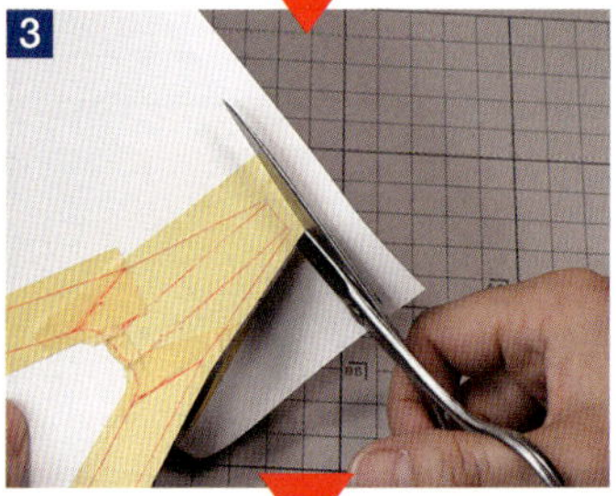

4

5

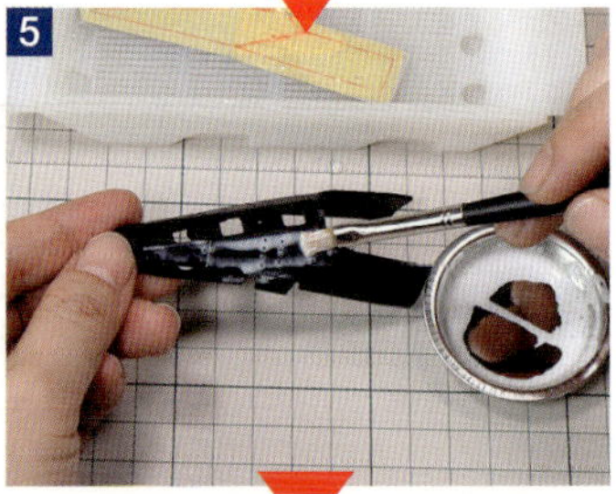

6

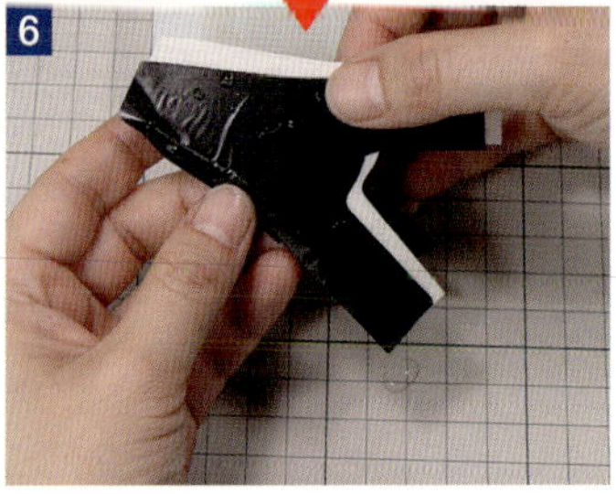

7

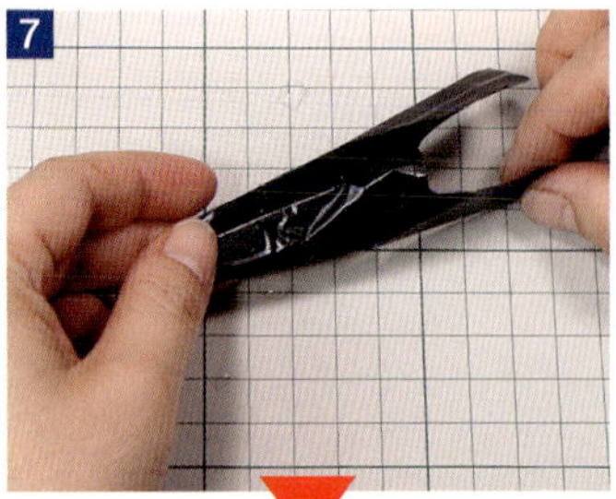

8

9

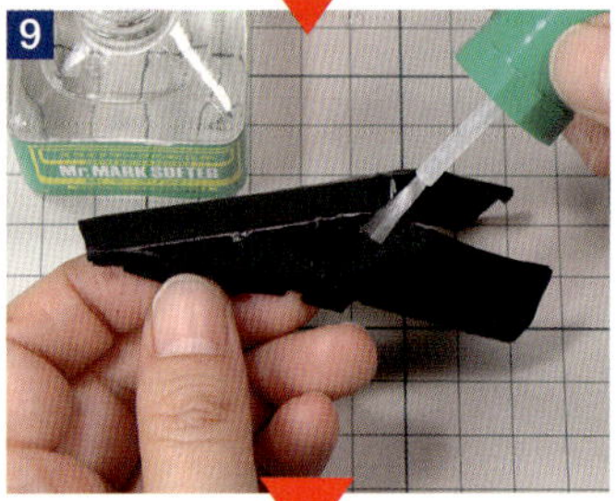

10

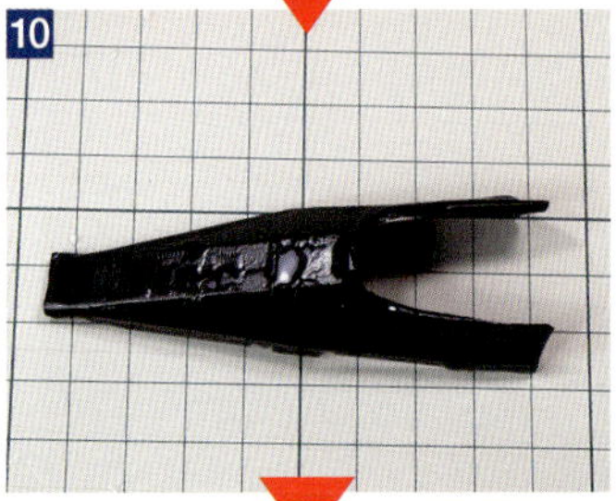

11

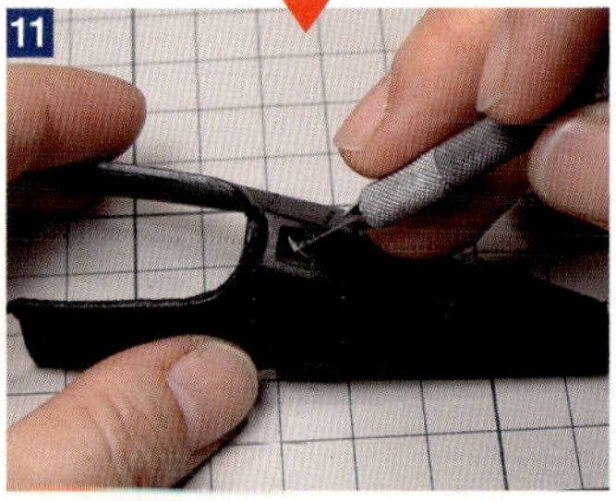

12

13

14

15

16

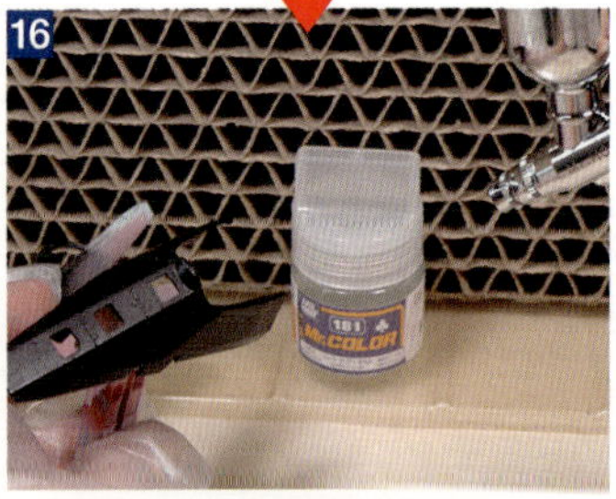

Photo by Hiroshi KANEKO

百聞は一見に如かず! その2

カーボンのお話

文／大串 信

別稿でも説明があるが、「雄型」の上に樹脂を含浸させたカーボンファイバー布=プリプレグやアルミハニカム材あるいはケブラーハニカムなどをサンドイッチして積層し型を抜いて残ったものが雄型モノコックだから、その表面には、積層の段差や繊維の細かい凹凸が生じるばかりか、厳密な設計寸法を出すことは困難だった。いっぽう、雌型成型したモノコックは、プリプレグに含浸させた樹脂が雌型の表面になじんでなめらかな表面を作ることができたうえ、正確な外形寸法を出すこともができた。ただし膨張率の違いなどを考慮しなければ、型から製品が抜けなくなるなるなどの問題が生じるので高度なノウハウが必要だった。

ロータス99Tはもちろん、マクラーレンMP4/4など雄型成型のモノコックを持つ車両の場合、模型製作時には表面を木綿豆腐、雌型成型のモノコックの車輌の場合は絹ごし豆腐の表面にすると実感が出た（笑）。

ちなみにカーボンファイバー素材を直接太陽光にさらすと紫外線で劣化すると言われているが、半分本当で半分ウソだ。カーボンファイバーそのものは紫外線に対して安定した物質だが、それを固めて成形する樹脂や接着剤が紫外線に弱く、さらに水に濡れたりすると接触している金属部品との間に電位差が生じ金属を腐食させる場合もある、というのが正しい。そういう意味ではモノコックを直射日光に当てない雄型成型のマシンは、保存には適している、と言えるかもしれない。

金属色塗装で再現

調色した金属色の粒子をうまく使うことで、単に黒やグレーでベタ塗りするのとは違った質感を得ることができます。調色さえマスターすればあとは塗るだけなのでお手軽な方法。

金属色を調色して塗るというのも、手軽で意外にリアルに見える方法。Mr.カラー 78番メタルブラックを元に92番セミグロスブラックと159番スーパーシルバーで調整した色を使う（1）。好みでメタリック粒子の大きな90番シャインシルバーを159番スーパーシルバーの替わりに添加すると粒子がはっきりする。メタリック系塗料は一度に厚塗りすると粒子が流れて偏ってしまったり、粒子が寝て輝きが鈍くなるで、若干エアブラシを離して空気圧を高めにし、塗料がすぐ乾くような感覚で塗布するとよい（2）。ツヤの具合が気になるようなら乾燥後に半光沢のクリアーを塗布してツヤを調整する。

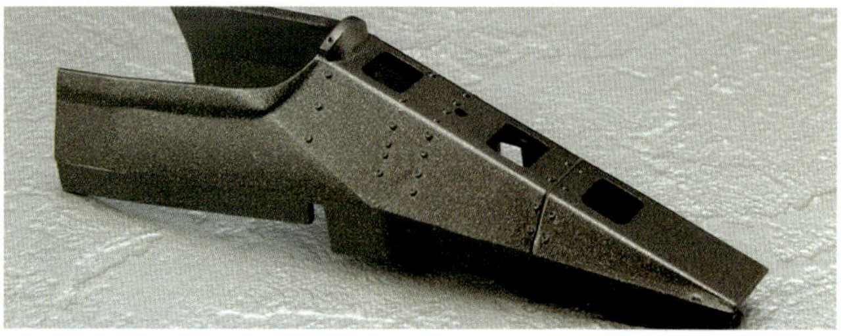

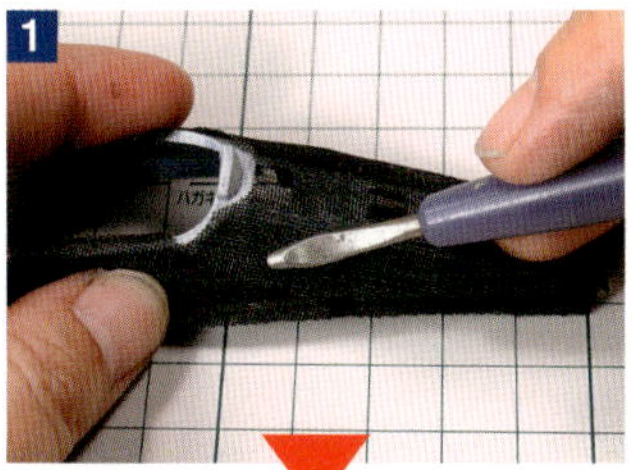

金属メッシュを押し付けて……

最近はあまり見かけないが、ほかの方法にはできない味のある表現ができるのがこの金属メッシュ押し付け法。お世辞にもリアルとは言いがたいが、模型表現としてはおもしろいぞ

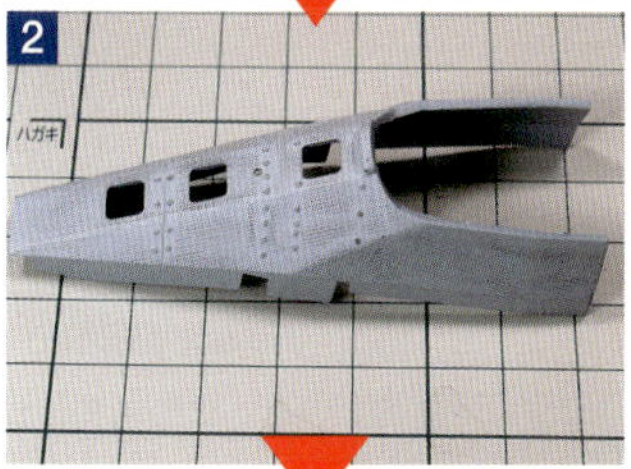

これは、サーフェイサーが固まる前に金網を押し付けて網目でできた凸凹で表現する方法。ムラが出ないようにサーフェイサーを均一に塗るのがコツ。また、一度に厚吹きすると溜まったところだけ乾きが遅くなってしまうので、薄吹きを何回か繰り返す（今回は3回）。表面のツヤが消え、ちょっと触っても塗料が手に付かないくらいが作業タイミングだが加減が難しい。使用した金網はマスキング法と同じ「黒い金網」の50メッシュ。塗装する前に型紙を作って切り出したが、網目の向きを揃える手間さえ惜しまなければ端切れでも充分用は足りる。肝心なのは、指で押さえつけるのではなく、バーニシャー(インスタントレタリングの転写用)などの硬い物でしっかりこすって金網を押し付けること（1）。ビスなどの突起のある部分は、均一に網目を付けることはできないが、うまくいけばそれなりに味のある表現ができる。剥がしてみて網目の付いていないところはもう一度押し付ければ大丈夫（2）。気に入った網目ができたら、乾燥させてラッカー系塗料のセミグロスブラックを塗る。銀の表現には、エナメル系塗料のクロームシルバーを使用。スミ入れの要領でいったん全体を塗ってからエナメル系うすめ液を付けた布で拭き取る（3）。網目のへこんだ部分に銀色が残るので、拭き取り加減を調整して好みの模様に。反対にドライブラシの要領で網目の飛び出した部分だけをハケで擦って着色するのもおもしろいだろう。仕上げに半光沢クリアー、フラットクリアー、スモークを混ぜたものを塗り重ねてツヤと色味を調整する（4）。

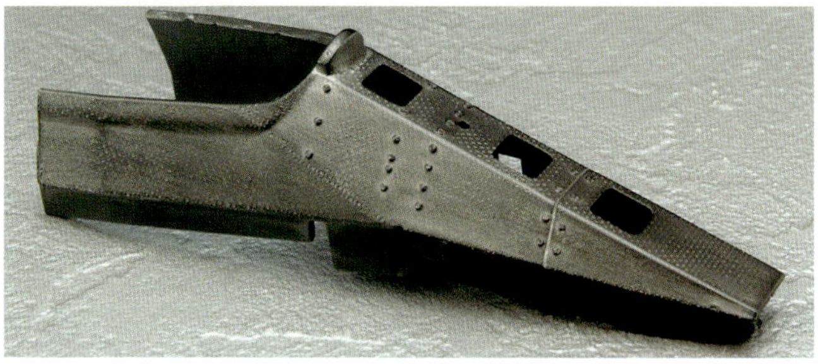

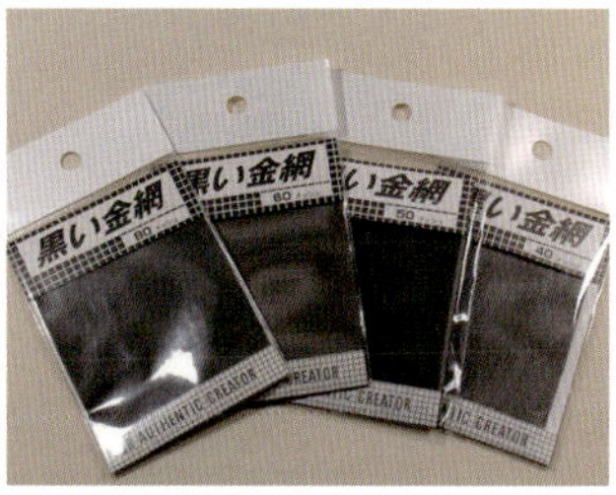

マスキング+金属製メッシュで塗装

「あまり手間をかけずに編み目は表現してみたい！」という方にオススメなのがこのマスキング＋金網メッシュ法。デカール同様、カーボン模様の大きさは好みで決めましょう。

この方法も塗装による表現のひとつなのだが、金属色を塗るだけの方法と違いカーボン地のパターンが表現できる。

まず、下塗りとしてセミグロスブラックを全体に塗り、金網でマスキングした上から銀を塗装する。この方法のキモとなるのは、いかに金網とパーツを密着させるかというところ（1）。金網が浮き上がっていると輪郭がぼやけて網目の模様が出ない。今回は、形状や時間的なことを考えて一回のマスキングで塗装する方法を採っている。使用したメッシュは「黒い金網」の50メッシュ。金網をパーツに押し付けるとき、下地の塗装を傷つけてしまわないように、塗装前に形を作っておく。エッジのところはあらかじめきっちり折り目をつけてからかぶせたほうが浮き上がりを防ぐことができる。マスキングテープを貼る余白のないところは端を折り込むなどして固定する。ここまで準備ができたらセミグロスブラックを塗装し、完全に乾かす。上から塗装する銀色には粒子のこまかいスーパーファインシルバーを使用したが、若干セミグロスブラックを混ぜたほうがカーボンの感じが自然かつきれいに表現できる（2）。塗装の際は空気圧は高めでやや離し気味にし、ふわっと2～3回吹き重ねる要領で。注意点は、一度マスキングを剥がしてしまうと網目がずれてしまって吹き重ねできないところ。こう言うと難しそうに感じられるかもしれないが、失敗した場合はもう一度上からセミグロスブラックを吹き重ねてやり直してしまえばいいので、リカバリーは簡単。仕上げに半光沢のクリアーでツヤを調整したり、スモークで色味を調整すればいろいろな質感やトーンを再現できる

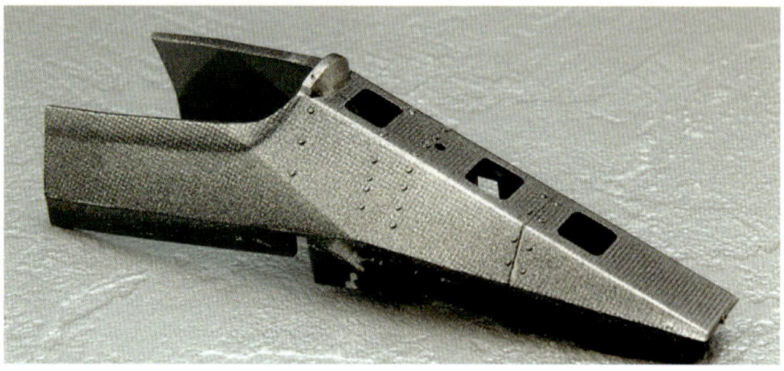

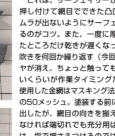

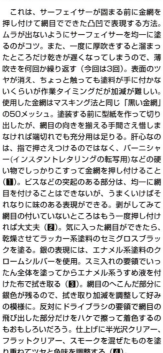

どうせ作るんですから、なるべくホンモノに近づけたい!!

ポイントその4 フランスGP仕様を再現するポイント工作

一戦ごとに必ずと言っていいほど細部形状が異なっているのがF1。今回はタミヤの新キットを活かせるフランスGP仕様を選択しましたが、そのままでは厳密には形状が異なるので、そこを改修してみましょう。

99T、ここだけは作ろう!

キットのまま、ほぼ無改造でOKなのは第2戦サンマリノGPと第3戦ベルギーGP仕様ぐらいなもので、いかに改造箇所が少ない仕様を選択したといっても、この2戦以外の仕様で作るとなれば必ず何らかの追加工作や改造が必要となってくる。

フランスGP仕様でいちばん目立つのは、ターボインレットダクトの位置／形状が変更されているところ。ここの改造だけはなんとかがんばってクリアーしたいところだ。

フランスGP仕様の特徴を列挙しておくと、ピトー管は変更前のもの、エキゾーストパイプとウェイストゲートは集合1本タイプ、リアウィングのテンションワイヤーはなし、ディフューザーのスプリッタープレートは小型、といったあたりとなる。

Photo by Hiroshi KANEKO

▲'87年当時のフランスはタバコ広告禁止国でなかったが、メインスポンサーロゴは「CAMEL」ではなく「CAMEL RACING SERVICE」になっており、ほかのGP仕様と識別するためのポイントとなっている。(写真／金子 博)

ターボのダクトを前方に……

ここで紹介する改修ポイントのなかでいちばんやっかいなのが、このターボインレットダクトの改造工作。目立つポイントだけに、あきらめずにチャレンジしてみましょう!!

1

2
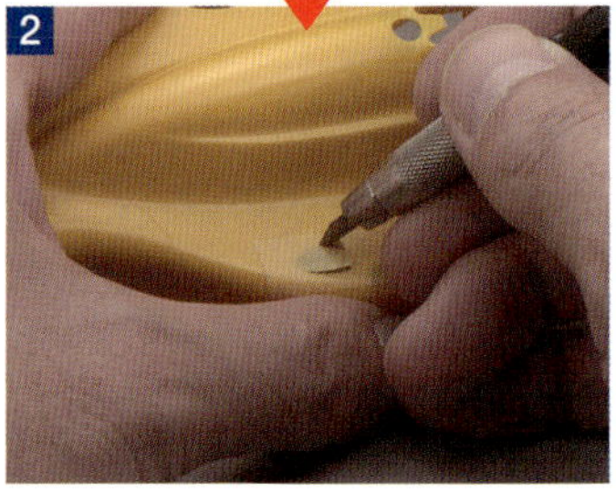

3
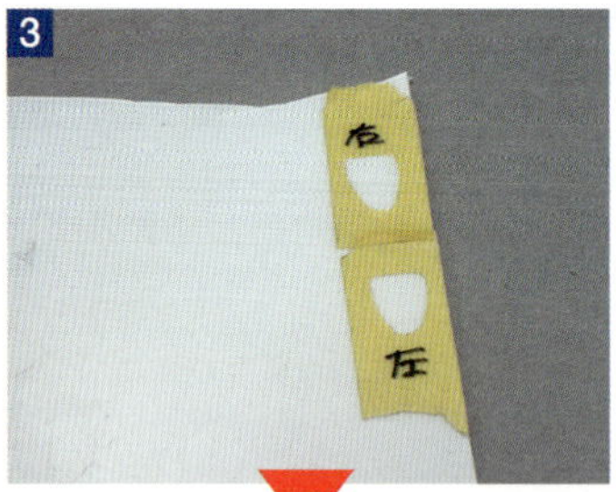

4

5

6

7

8

9
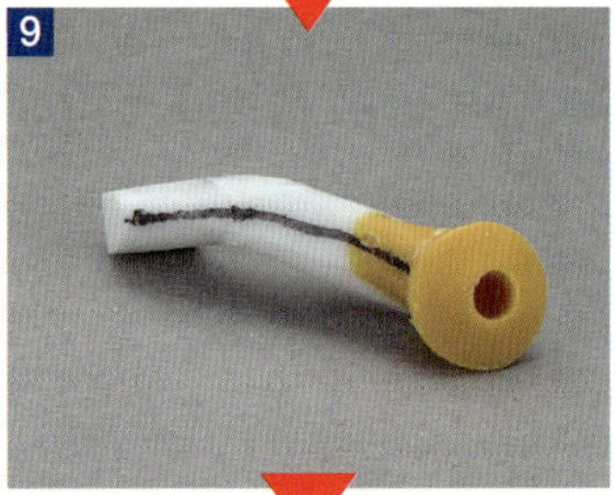

10
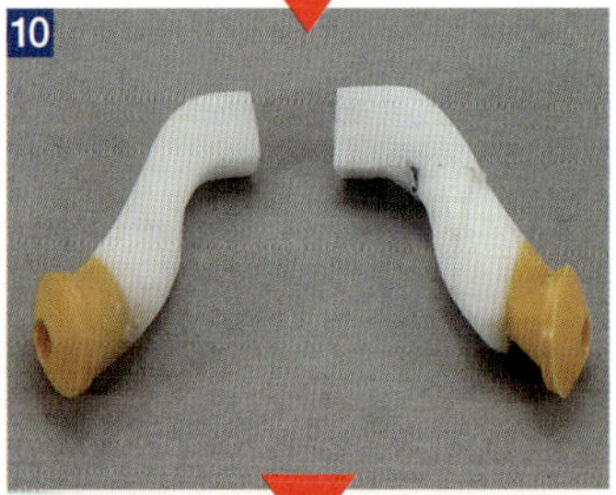

11
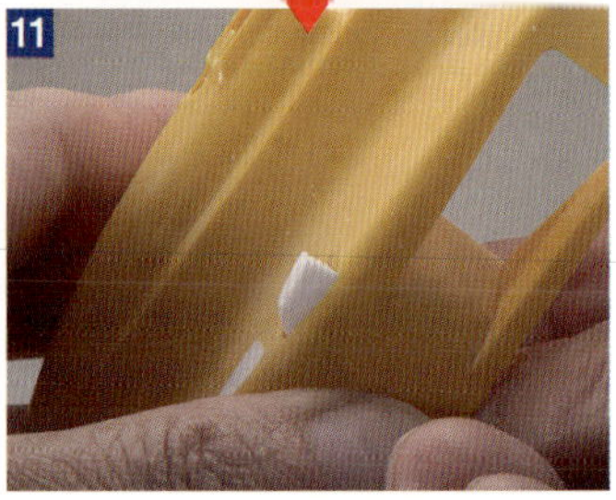

12
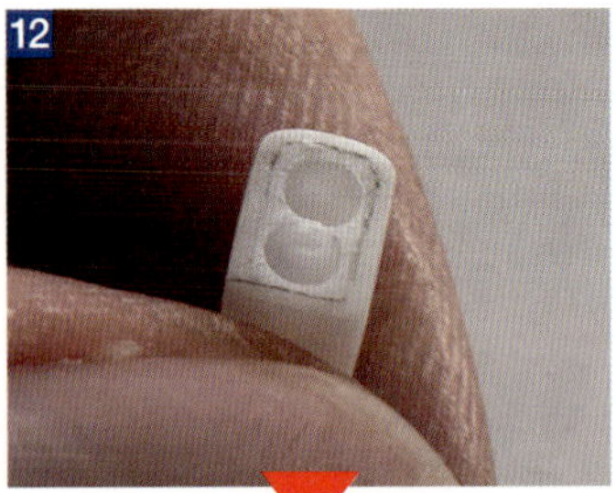

13
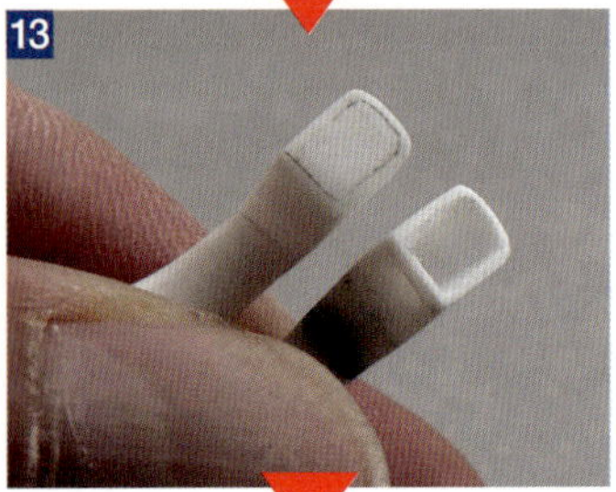

14

15

16

17
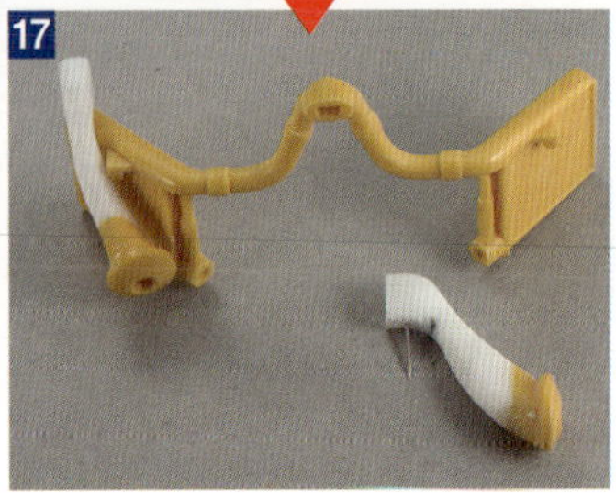

新キットで第4戦モナコGP以降の仕様を作る場合はちょっとした問題がある。サイドポンツーン上のターボインレットダクト（いわいるシュノーケルダクト）の位置が、フランスGP仕様ではターボチャージャー直上に立ち上がる形状（キットの状態）ではなく、前傾してさらに若干外側に広がっているのだ。そこで、今回の作例のように中身も作る場合はダクト自体をほぼ作り直すという工作が必要となる。

いきなりダクトを作ると左右の位置がずれてしまったりするので、まずはカウルの開口部を移設して、その位置を目安にダクトを作っていく。前方外側に移った新しい開口部の位置が問題となるが、資料をいろいろな角度から検討した結果、前方に約11.5㎜、外側に約3.5㎜移動した位置に開口した（❶）。シュノーケルダクトが前傾したぶん、元の穴より前後方向に長くなるので2㎜ほど長めに。右を開口したら左側を対称の位置にする。次に、元の開口部を埋めるため、マスキングテープに形状を転写（❷）後、1㎜のプラ板に写しフタを作る（❸）。フタは、まず開口部より若干大きめに削り出し、横から見たときに台形状になるよう接着面を斜めに削る。上に飛び出したところは、たいらな木片に両面テープで貼り付けたサンドペーパーで削る（❹）。多少すき間ができてしまうが、気にせず流し込み用の瞬間接着剤で埋めよう（❺）。硬化スプレーを併用して固め、さらに表面を整えていく。

肝心のシュノーケルダクト本体だが、今回は入手しやすいプラ板の積層で作ることにした。手元に20年前に製作した旧キットの完成品があったので現物合わせ用に活用（❻❼）し、インタークーラーの前縁から約1㎜後方にダクトの前縁がくるように位置を決める。ダクトの基部はキットのパーツを利用し、ターボチャージャーに取り付けて位置決めをする。先端と付け根の位置を決めたら、あとはあいだを埋めるようにプラスチックを組み合わせる。完成形をイメージしながら、プラスチックの固まりのなかに最終的に作りたい形が収まっているようにプラ材を組み合わせた（❽）。接着剤が完全に乾いたら組み合わせたプラ材を削っていく。まず水平方向の形状を描いて削り、垂直方向、斜め方向と順番に削っていくと作業しやすい（❾）。ある程度プラスチックの固まりが小さくなってから細部を詰めていくようにしよう（❿）。作業を進めていくうちに欠損部分ができたりするが、それほど大きくない欠損部分はゼリー状瞬間接着剤も盛って補う。塗装後厚みの増したシュノーケルダクトがカウルの開口部にきちんと収まるか、カウルの開閉を繰り返し検討しながら形状を決めていく（⓫）。開口部は、製図用のディバイダーで一定の厚みの縁を描き、ピンバイスで彫った穴を彫刻刀やデザインナイフで形を整えながら彫り広げていく（⓬⓭）、刃先の小さな彫刻刀は高価なので、「なかなか手が出せない」という方にもにオススメなのが、100円ショップの精密ドライバー（⓮）。先端を800番のサンドペーパーで研いで刃を付けると自作の精密平刀のできあがり。これがなかなかの切れ味で重宝する。以上で移設したダクトの完成（⓯⓰）だが、付け根だけの取り付けでは位置が決まりづらいので、最後にインタークーラーに真ちゅう線で固定できるようにして、グラグラしないようにしている（⓱）。

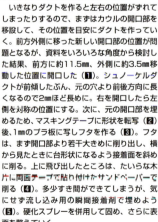

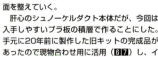

排気管が1本に……

完成後は裏返さないとほとんど見えないといえばそうなのですが、エキゾーストパイプとディフューザー周りもちゃんとフランスGP仕様にしたい場合はここを押さえて改修しましょう。

1

2

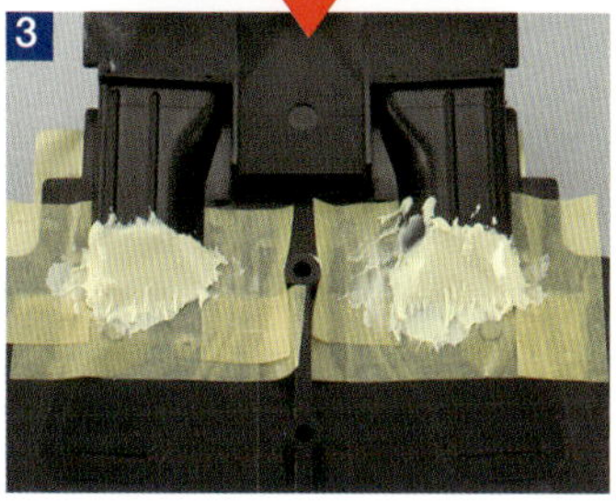
3

4

5

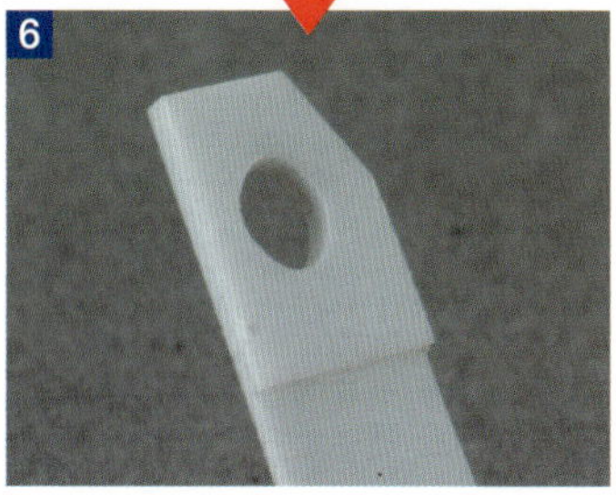
6

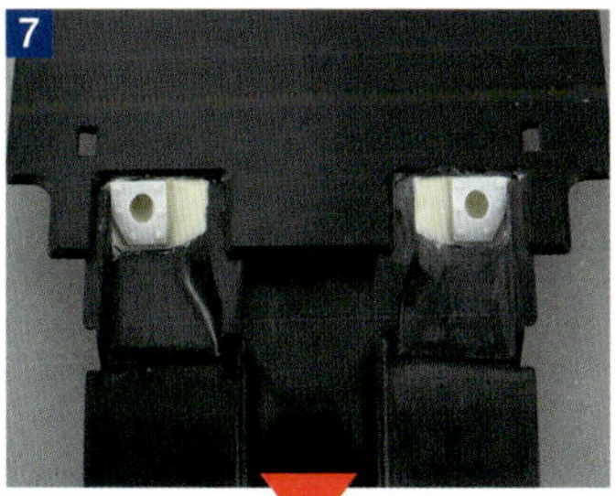
7

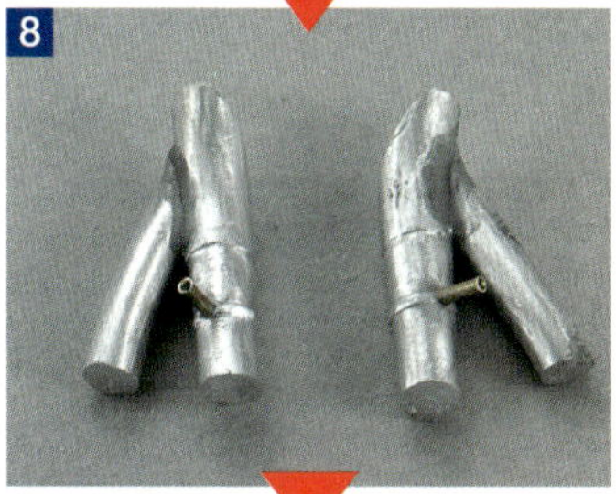
8

9

フランスGP仕様とキットパーツとの形状の違いはエキゾーストの取り回しやアンダーパネルの形状にもある。

アンダーパネルの後端はアンダーパネルと路面のあいだに垂直に伸びる整流板（スプリッタープレート）が小型のものに換えられているので、スプリッタープレートの幅を狭く、曲線を描く形状に変更（❶）。概形が決まったら、パーツのフチを薄く削ってシャープに。

次にエキゾースト出口の形状を改修する。キットは開口部が左右それぞれ3つあるが、フランスGPではマクラーレンと同様の取り回しに改められたようで、ターボチャージャーから1本、奥からきた1本の計2本がアンダーパネルを貫通する直前で1本にまとめられている模様。まずはアンダーパネル下側、上側ともに開けられている3個の穴を塞ぐ作業から行なう。ポリエステルパテを盛って穴を塞ぐが、余計なところにパテが付かないように盛る前にマスキングテープで養生しておき（❷❸）、パテが半乾きになったらマスキングテープを剥がす。パテはヒケるので多めに盛り、乾燥したらたいらに削る（❹）。パネル上面のエキゾーストパイプが繋がる部分は実際はもっと地面に対する角度が浅いと思われるが、そこまでやると作業が複雑になるのでこのくらいで……。パネルの下側、エキゾーストの出口の開口部はひとつ。内部で2本のエグゾーストパイプが合流するようにする。パテの表面を均したら（❺）、4㎜のピンバイスで深さ5㎜ほどの穴を開ける。0.3㎜のプラ板に約2.5㎜×3㎜の楕円形の穴を開け五角形にカット。小さなパーツを作るときは、パーツのディテールを先に彫り込んで（穴を開けたりして）から目的の大きさに切り出したほうが作業がしやすい（❻）。外周にリベットを貼り付け、取り付けボルトを再現する。できあがったパーツを先ほどの穴を塞ぐよう接着すればアンダーパネル下面は完成（❼）。

さて、肝心のエグゾーストパイプだが、適当な太さの曲げ加工ができるプラ棒の持ち合わせがなかったので5㎜のアルミ棒を削って主管を製作。副管を3㎜のアルミ棒を使用した。金属素材は簡単に曲げ加工ができ質感もリアルなのでエキゾーストパイプなどを再現するにはもってこいだが、通常のプラ用接着剤は使えない。瞬間接着剤で接着し、さらにつなぎ目にゼリー状の瞬間接着剤を盛り上げて違和感がないように仕上げた（❽）。最後にアンダーパネルとの固定部分をプラ板で追加しておく。もちろん、改造の終わったアンダーパネルを使って仮組みを繰り返すようにして、ほかの部分とのフィッティングを見ながら作業するのを忘れないようにする（❾）。

ブレーキ周りも……

1000馬力ものマシンを制動するブレーキには過熱を防ぐためにカーボン製冷却ダクトが付いています。このダクトもレースごとに形状が異なるポイントなのですが、フランスGP仕様にするために小型化してみましょう。

1

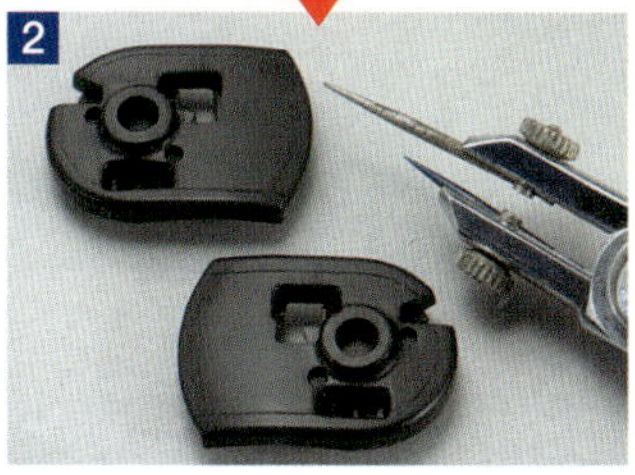
2

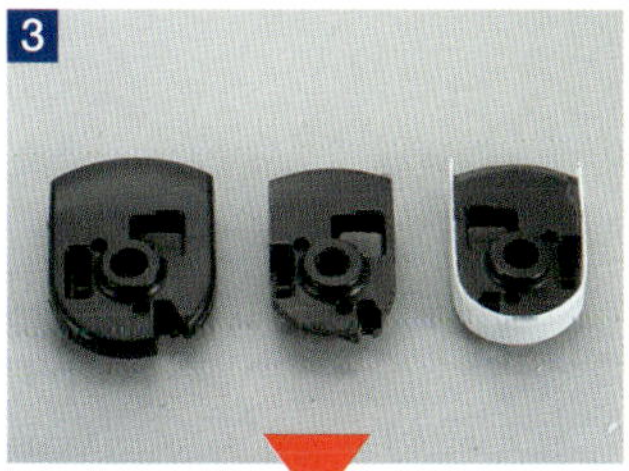
3

4

5

6

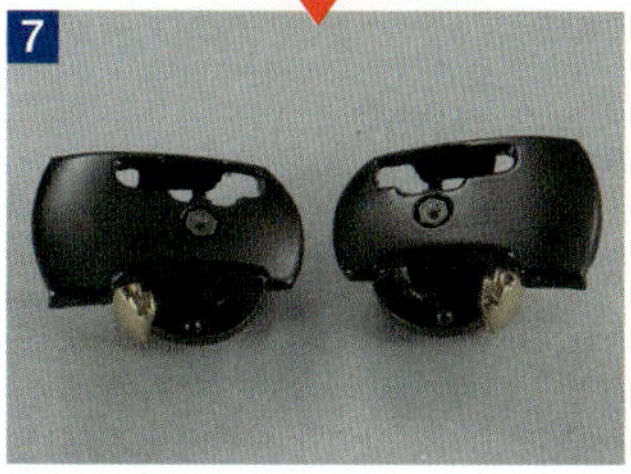
7

ブレーキダクトは、フランスGPではフロントは前戦と同じで、リアだけが小型になっていたようだ。そこでキットのパーツをひと回り小さくすることに。製図用のデバイダーで外周から一定の距離で線をケガく（❶❷）。サスペンションアーム取り付け部まで削らないように、ケガいた線の外側をエッチングソーやヤスリで削り取り、0.3㎜のプラ板の細切りを曲面に合わせてスチロール用接着剤で固定しリップを再生（❸❹）。ブレーキのこまかな塗り分けはマスキング塗装をするのだが、凹凸の激しいところはマスキングゾルを使うと効率的。ただし、境界部分はマスキングテープを併用しよう（❺）。ブレーキダクトもカーボンコンポジット製なので、メタリックダークグレーで塗装後、カーボン地デカール（黒のみのパターン）を貼り、半光沢のクリアーを吹いている（❻❼）。

ウイングが大型化……

このロータス99T新キットには、新規金型の大型ウイングパーツが付属していますので、これを使ってみない手はありません。というわけでその取り付け方のポイントを解説しましょう。

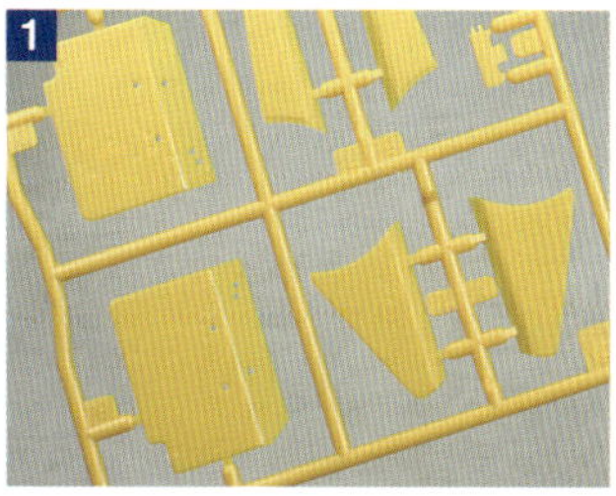
1

2

3

新キットには新規パーツとして前後のウイングの大型の翼端板（サイドプレート）が付属。旧キットに入っていた小さなものも入っているので、作り手の好みで選択することができる（❶）。新規パーツのサイドプレートは前後とも適度に薄く成型されているので、押し出しピンやつなぎ目をパテで埋めるだけでほぼキットのパーツをそのまま使える。ただ、上下2段3枚翼となっているリアウイングは、パーツの構成上、組み立て説明書のとおり進めると一部を組み立て後にマスキング／塗装後さらに組み立てをすることになり工程が煩雑になる。そこで、リアウイングを組み立てたあとに「塗装→ウイングステーに接着」という工程にできるよう加工してみよう。エンジンブロックと一体成型されたウイングステーの上端の横向きの突起を削り取って（❷）、ウイングステー上部から塗装し終わったウイングを差し込むという具合にする（❸）と、取り付け角度の調整も容易になり、完成後ウイングがボディに対して前後に傾いてしまったりすることも防ぐことができる。

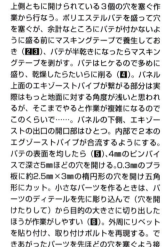

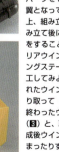

特徴的なディテールを強調することで 99Tらしさを追求してみたいっ！

ポイントその5 モノコックのリベットを作り直してみよう

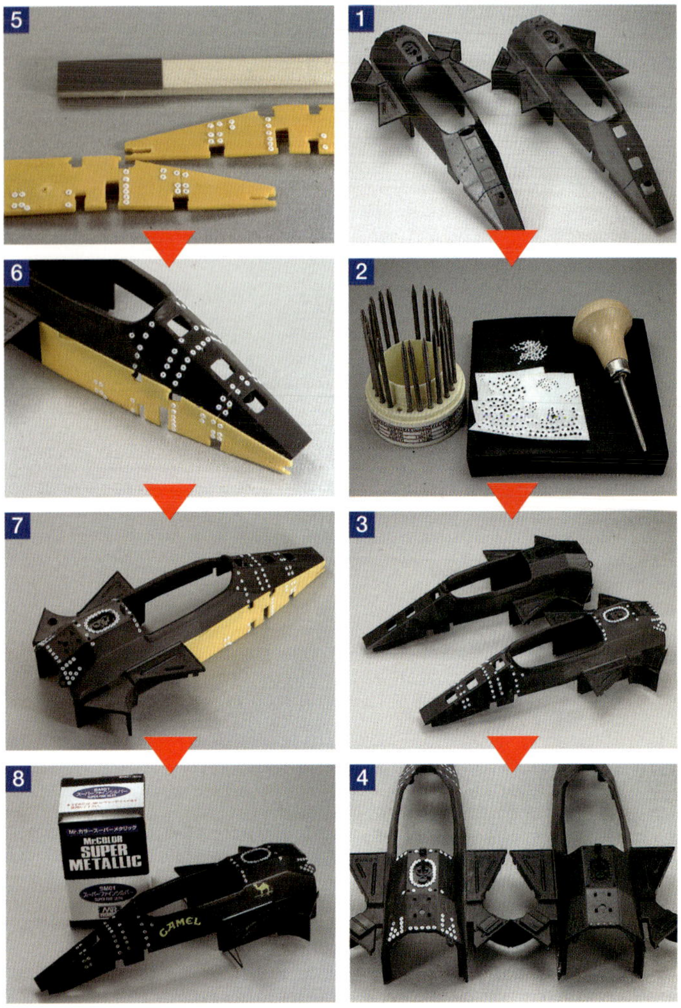

ロータス99Tのディテールを眺めていて特徴的かつ印象的なのが、多数のリベットを打ち込まれたカーボンコンポジットモノコックの姿ではないだろうか？　カーボンコンポジット製のモノコックを接合するために無数に配置されたリベットはキットでもモールドされているが、キットのリベットのモールドは見るからに小さく、新キットにはモールドよりも明らかに大きいリベットのデカールが付属している。今回はリベットのモールドを大きめになるよう作り直しディテールを再現してみたが、あらためて特徴はすこし大げさに表現したほうが模型的にはよいのではないかと思った。

工作法だが、まず、モノコックに配されたリベットのモールドをいったんすべて削り取る（1）。すべてのリベットを取り去ったあと、0.3㎜厚のプラ板をリベット抜き用のポンチ（たしかシェブロンモデルというメーカーの工具だったと思うが、以前購入したものなので不明）で円形に抜いて（2）、資料を参考にスチロール用の流し込み接着剤を使って貼り付けていく（3 4）。イヤになるほどたくさんあるのであとは根気あるのみ。自虐的な作業ではある（苦笑）。リベットを貼り付けたら、中心に0.3㎜のピンバイスで穴を開ける。虫ピンのような先のとがったものであらかじめ当たりを付けておくと中心に穴を開けやすいが、それでも多少はずれる。人間の目はちょっとした狂いも認識するものだと改めて感じる瞬間だが、リベットを全体にくまなく配すると、全体として捉えるためか、あまり気にならなくなるところも人間の視覚の妙。あまり気にせずどんどん作業を進める。

リベットの再生が終わったら、たいらな木片に貼り付けたサンドペーパーで、リベットを少し薄くする（5）。0.3㎜厚のプラ板でもスケール的には少し厚いし、とくにコックピット周辺は、カウルとモノコックの隙間が思ったほどなく、薄くしないとカウルがきっちり閉まらないので注意しよう（6 7）。リベットを再生したら、メタリックダークグレーで塗装し、カーボン地デカールを貼る。デカールはマークソフターを使っても完全にはリベットの凸に馴染まないので、リベットの部分はデカールを貼り付けるときにデザインナイフで切り取っている。キャメルのロゴを貼って、半光沢のクリアーでコーティングしたら、最後にGSIクレオスのスーパーファインシルバーを筆塗りしてモノコックの完成だ（8）。

ダンパーコイル、ブレーキの配線…… こんなところをディテールアップしよう！

ポイントその6 サスペンションアームはここを攻めよう

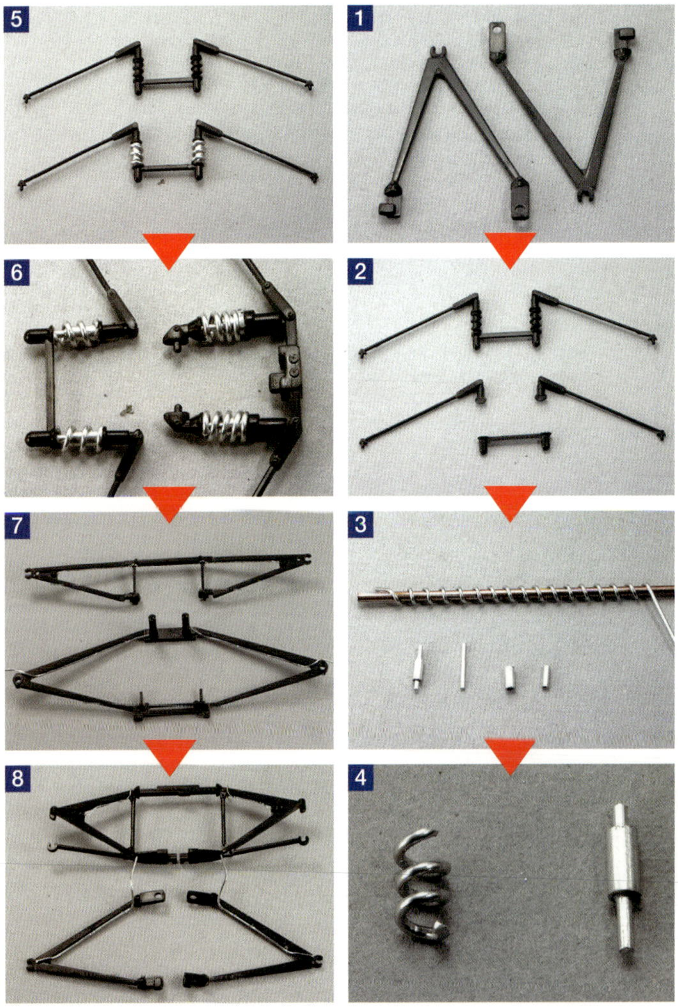

サスペンションアームは全戦で共通しているようなので、形状的にはそのまま作っている。キットのパーツは上下の表面が多少荒れていたので、1000番くらいのサンドペーパーできれいな面を出した（1）。完成後アームがすっきりと見えて全体がカチッとした印象に仕上がる。

サスペンションのショックユニットは、スプリングまで一体成型で側面にはパーティングラインがある。サンドペーパーでヤスって整形してもよいのだが、複雑な形状なのでキレイに整形できないうえ、段差がキレイになったとしてもスプリング外径の真円がうまく出せないので、ここは思いきってダンパーとスプリングをまるごと自作してみる。要は、アルミパイプとアルミ線で作り直すのだが、金属線やパイプに置き換えるとコイルやシリンダーの断面の真円が簡単に出せるので、一気に精密感が上がる。

まずはパーツからスプリング部分と、シリンダー部分を取り除き（2）、フロントは外径1.4㎜内径1.0㎜のパイプを外径2.1㎜内径1.5㎜のパイプに差し込み1.0㎜のアルミ線を差し込めばシリンダーのできあがり。リアはさらに1サイズ大きなパイプ、アルミ線を使用している。スプリングは0.8㎜のアルミ線を2㎜の銅線に巻き付けて作る（3 4）。なかに入るシリンダーの外径が2.1㎜にもかかわらず、外側にくるスプリングを2㎜の線に巻き付けて作ったのは、ちょうどよい直径の芯がなかったための緊急回避的なやり方だが、コイルの巻幅を完成時の幅よりも広く巻いておき、巻いたあとで巻幅が狭くなるよう実際のスプリングのように縮めたところ、巻径が広がって2.1㎜のシリンダーに取り付けることができるようになる（5）。なお、コイルの巻き方向は左右で逆向きになっているので注意しよう。

それから、前後アッパーアームにはアクティブサスペンション用のセンサーがモールドされている。若干形状の違いも見られるが気にならなければそのままでもよいだろう（6）。センサーから伸びるコネクションコードはさかつう製のフレキシブルコード0.3㎜で再現（7）。数カ所でアームに固定されているので、同じようにゼリー状瞬間接着剤で固定している。瞬間接着剤を少し多めに付け、コードを固定するベルトをイメージすると雰囲気が出る。ブレーキラインには少し太めの0.5㎜を使って変化をつけた（8）。サスペンションアームのそれぞれのコードは厳密にはツヤが違っている。しかし、遠目に見るとほとんどわからないレベルなのですべて半光沢の黒で塗装した。

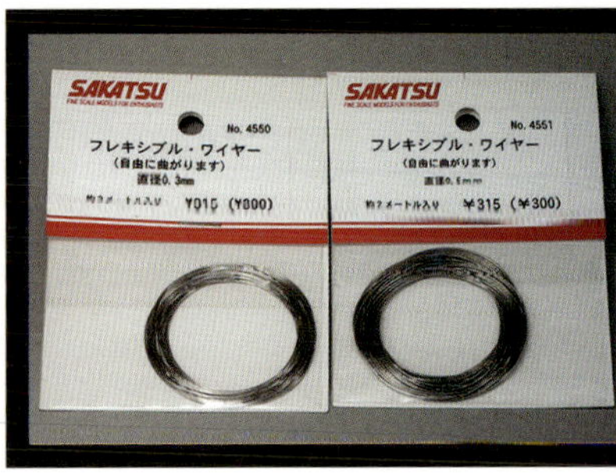

配線にも便利なマテリアルはこれ！

配線を再現するときには、使う素材があまり柔らかすぎても硬すぎても狙ったところに添わせづらくなる。そこでオススメなのがこのさかつう製のフレキシブルワイヤー。手で簡単に曲げられる適度な硬さで使いやすいのだ。

なんでもかんでもフチを薄くすればいいってもんじゃない!?

プラモデルは、素材の性質上、どうしてもパーツの厚さを薄く成型するのに限界があります。そこで、パーツのフチを裏側から削って薄くシャープに見せるのは定番ディテールアップテクニック。たとえば、1／20の模型では、同じ部分の厚さは当然実物の1／20になるので、薄く削り込むことでリアルに見せられる、というわけです。

しかし、実車をよく観察するとなかにはフチが折り曲げられたところもあったりします。こういうところは薄く削ってしまうとむしろウソっぽくなりますので、すべてを無闇に薄く削らないようにしましょう。

むしろここはキットパーツが正解だったりして……

／小倉茂徳

ロータス99Tは20年も前のマシン。ですから、'90年代以降の模型雑誌で流行った技法を鵜呑みにして応用できないところもあります

まずカウル類ですが、すべてのエッジを薄くにすればよいわけではありません。翼端板のエッジ、ウイングの後縁、シリープレート、ブレーキ冷却ダクト、ディフューザーの中の垂直フェンスなどは、実車でも薄くなっているので、そういうところは徹底的に薄くするとリアリティーが出ます。いっぽうで、コクピット開口部周辺は折り曲げたエッジにすることで強度を持たせているので、ここは薄く削っては「×」です。ディフューザーの後縁も初期型は意図的に厚く処理されています(最後期型は薄めです)。チーム・ロータスは、空力性能で重要なところの処理には力を入れますが、モノコック表面ように空力性能にあまり影響しないところは荒い処理のままにしていました。モノコックの側面の黄色に塗った部分も、ほとんど下塗りせずに黄色を塗っていたので、黒い素材の色に黄色が「泣いて」しまい、現役時代はカウルと黄色のトーンが違っていたところもありました。

それから、サスペンションアームはすべて長方形断面の鋼管製。ロワアームだけは、前気流を考えて前後面を丸くしていますが、それもほぼ半円形のダルな丸なのでくれぐれも翼断面形状にしないこと。ましてや、小奇麗にカーボンデカールを貼るなどはもってのほかです。

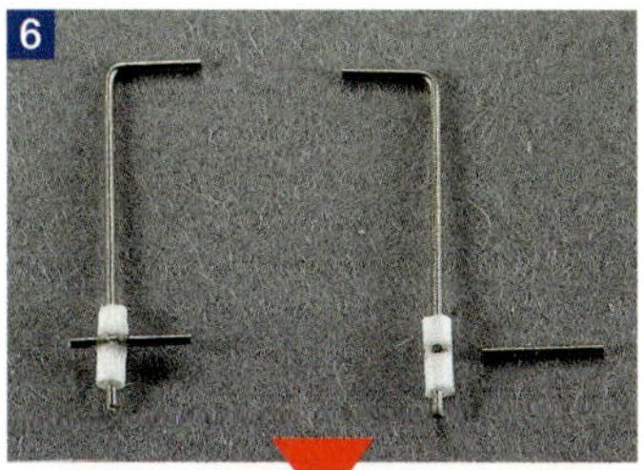
6

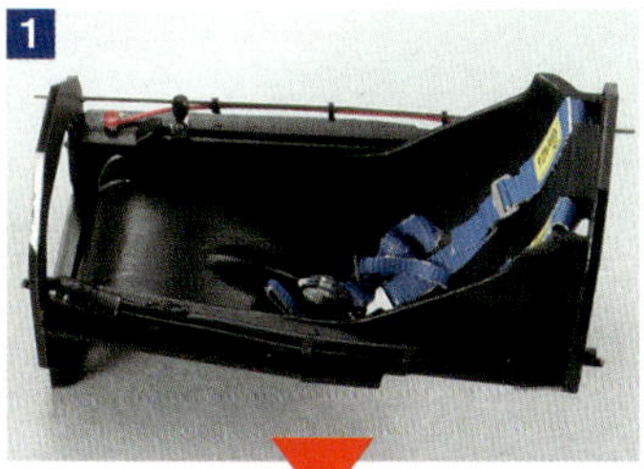
1

7

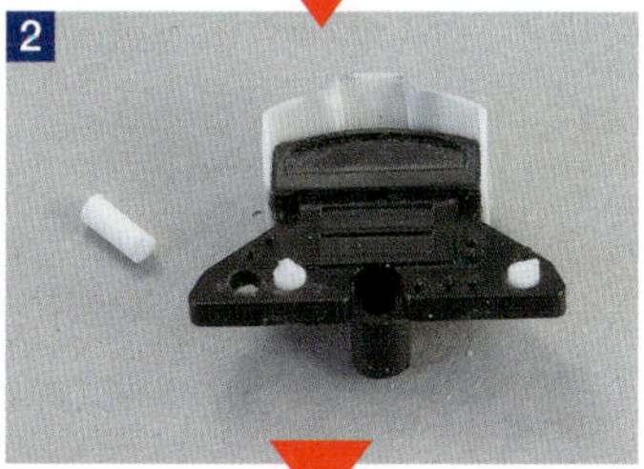
2

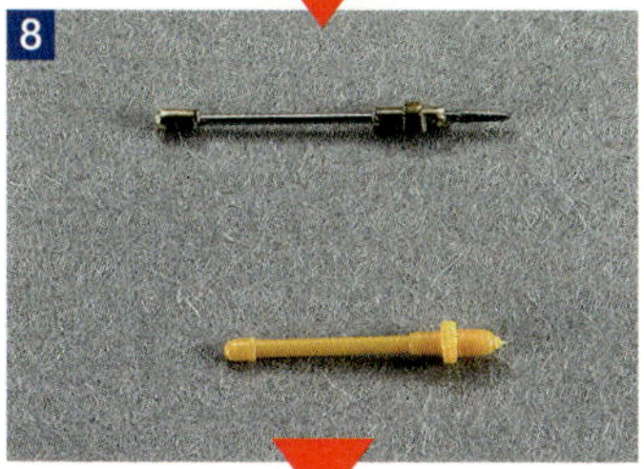
8

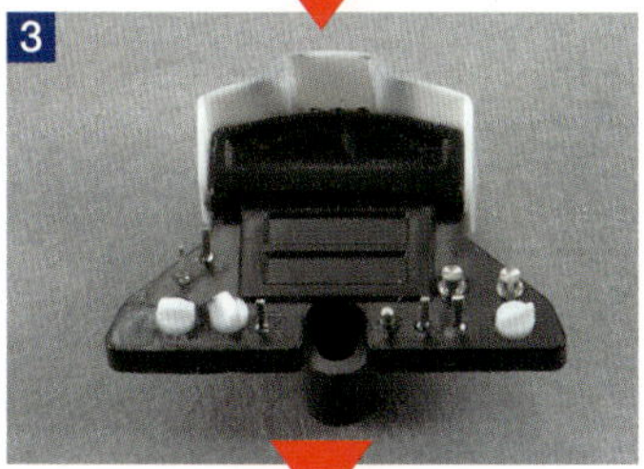
3

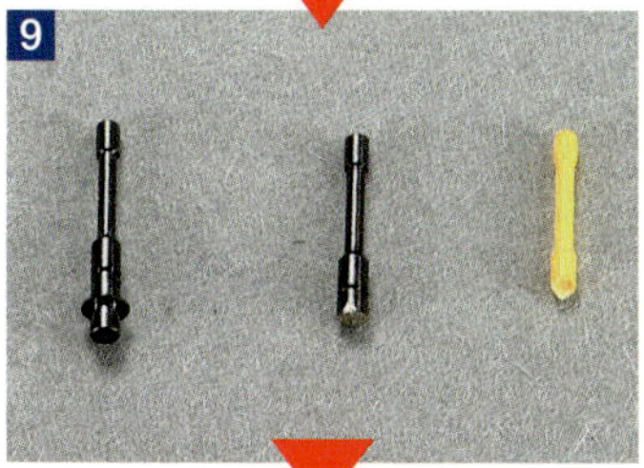
9

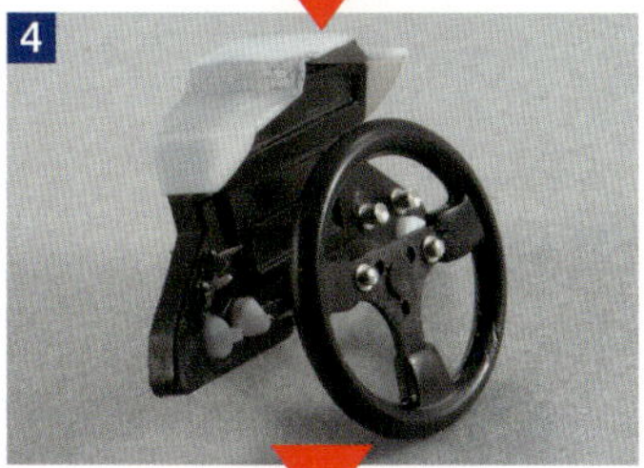
4

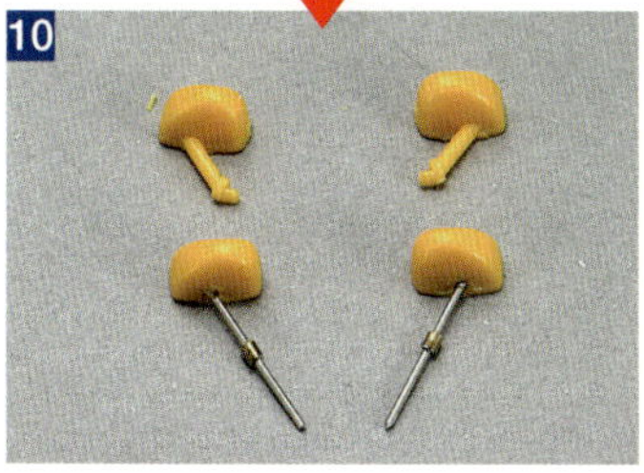
10

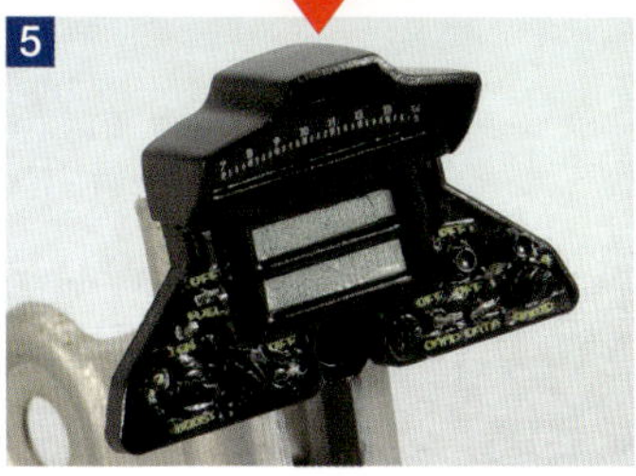
5

重箱の隅のようですが……
こんなところもビシッと決めてみましょう!

ポイントその7 全体が引きしまる細部のディテールアップポイント

至極あたりまえのことだが、F1の模型ではコックピットが外部に露出しているため、完成後も、ステアリング／メーターパネルなどが丸見えになってしまう。このキットのパーツは、ステアリング／メーターパネルともなかなかの再現度だが、省略されたディテールもかなりあるので追加工作してみてはいかがだろうか。

まずは、シート右手側のシーケンシャルシフトノブの上にある金属の配線と消化器を作動させるための配線を追加してみることにしよう(1)。洋白線や、モデラーズのイグニッションコードなどを利用して、それらしく配置してみた。

メーターパネルは、資料を基にロータリースイッチを1.6㎜(エバーグリーン製)のプラ棒をヤスリで整形したもので再現。つまみの部分をあらかじめ作っておき(2)、短く切り取って、メーターパネルに開けた穴に差し込んだ。トグルスイッチは、さかつうから金属挽き物ですばらしいモールドののディテールアップパーツが発売されているが、製作時に残念ながら在庫切れだったので、今回は自作することにした。1㎜の洋白線の一端をペンチで押しつぶし、ていねいにヤスリで整形したうえで、同じくメーターパネルに開けた穴に差し込んで接着することで形状を再現している(34)。そのほかは、同じくさかつう製のプッシュボタンの金属製挽き物パーツなども配置している。これらのパーツは、金属色塗装で仕上げても、塗っていないものを塗装後に取り付けてもよいのだが、今回は塗装後にトグルスイッチのところだけ塗装を剥がすことで、パーツの金属地肌の質感を活かしてみた。ちなみに、ステアリングのスイッチは参加したレースによってトグルスイッチのときと、プッシュボタンのときがあるようだが、フランスGP仕様はプッシュボタンのようである。メーターパネルの表示は自作のデカールを使用することにした(5)。きわめて小さな文字だが、このとおりちゃんと読めるようになっている。

速度を測るために左フロントサスアームのあたりに付けられているピトー管だが、キットでは省略されているので、洋白線とプラ棒を組み合わせて製作(6)。0.4㎜の洋白線を1㎜のプラ棒に差し込み、十字に組み合わさる部分をヤスリで削って接着した。

サスペンションのアッパーアーム基部との接合板は魚釣り用の鉛板で製作(7)。

アンテナはF1モデルの模型的な見せ場のひとつ(89)、小さな部品だが、プラスチックのパーツは型の合わせ目でずれていることが多く、サンドペーパーで整形しても真円が出ないので、洋白線、真ちゅうパイプなどで作り直すと印象がキリっとする。モノコックのノーズから生えるアンテナは、0.4㎜の洋白線と真ちゅうパイプ(内径0.4㎜／外径0.8㎜)(内径0.8㎜／外径1.2㎜)を組み合わせて製作した。ロールバーのアンテナはさかつうのロッドアンテナのパーツの基部を切り落として使用。サイドミラーもアンテナと同じ理由で支柱を0.6㎜の洋白線と内径0.6㎜外径1.0㎜真ちゅうパイプで作り直している(10)。

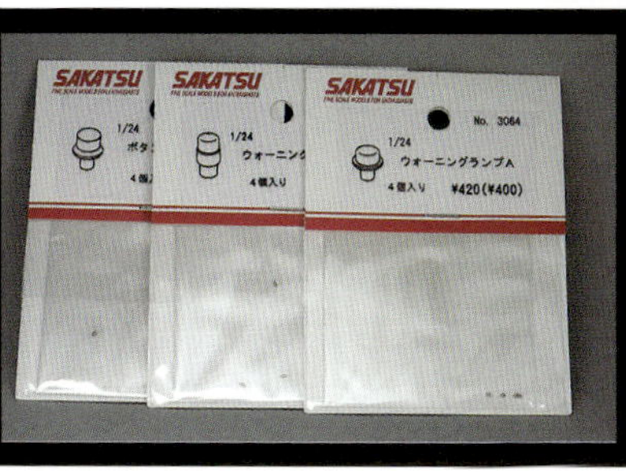

スケールを気にしないで使うのがコツ!

さかつうからは1／24カーモデル用としてさまざまなディテールアップ用金属製小パーツ類が発売されています。タミヤのF1は1／20ですが、スケールや本来の用途は気にせず流用してみるとよいでしょう。

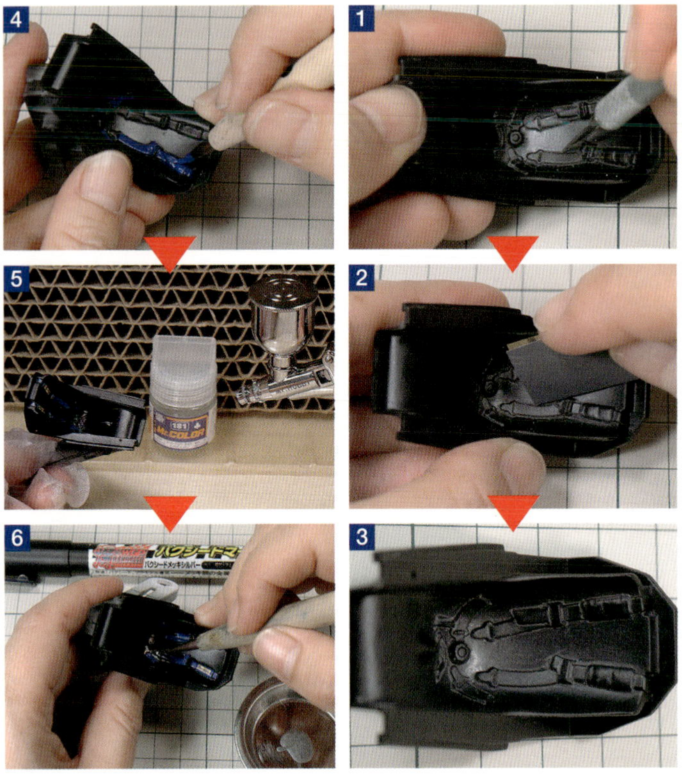

キットのモールドを活かすか 別売りパーツを使うかはアナタ次第

ポイントその7

シートベルトはどうやってリアルに作り込む？

タミヤの1/20 F1キットのシートベルトのモールドはなかなか精密なので、それを活かして製作することでかなりリアルな表現が可能だ。もちろん、キットパーツそのままではやや立体感が乏しいので、シートベルトのモールドの周辺にスジ彫りを彫って立体感を強調して、シートとシートベルトをあたかも別パーツのように見せるとよいだろう。本来平面であるシートに溝を付けることになるわけだが、これもひとつの模型的なデフォルメだ。

最初は、けがき針が逸れて不要な所に傷を付けないように先の少し丸まった鈍めのスジ彫り針でアタリをつけて（1）、その後鋭いスジ彫り針で深く彫る。スジ彫りが充分深くなったら、サンドペーパーをふたつ折りにしてスジ彫りの溝の側面と角を仕上げる（2）。次に、スジ彫りの角をなるべく鋭角的に仕上げることで、より立体感を強調できる。時間をかけて納得のゆくまでていねいに仕上げるようにすると出来映えがかなり違ってくるだろう（3）。

スジ彫りが仕上がったら、水で洗浄、乾燥してサーフェイサーを塗ってからラッカー系塗料のセミグロスブラックを塗る。塗膜を薄くしようとサーフェイサーを省くと、こまかい部分はとくにエッジ部分に塗料が乗りづらくなり逆効果なこともあるので注意したい。セミグロスブラックの塗料が乾燥したらベルト部分を筆塗りで着色する（4）。一度に塗ってしまおうとせずに乾燥を待ちながら3回程度に分けて薄めに希釈した塗料を塗る。こうすれば筆ムラが出ずに塗装できる。筆塗りに自信がない方はエアブラシで塗装してもよいのだが、こまかい曲面が連続するのでマスキングゾル等を併用しなければならず煩雑な作業となるのであまりオススメできない。布部分を着色したら、ツヤを合わせるためにMr.カラーのスーパークリアー半光沢をエアブラシで塗装しておく（5）。これはツヤを揃えるだけでなく筆ムラも隠せるので必須の工程だろう。バックル等の金属部分の塗り分けはツヤを強調するため、半光沢クリアーコートの上から行なう（6）。バックルの塗装はメッキシルバーなどを使用してもよいが、塗る部分が少量の場合、ガンダムマーカーのガンダムシルバーかタミヤ ペイントマーカーのクロームシルバーを塗料皿に少し出して筆で塗れば手軽で経済的だ。

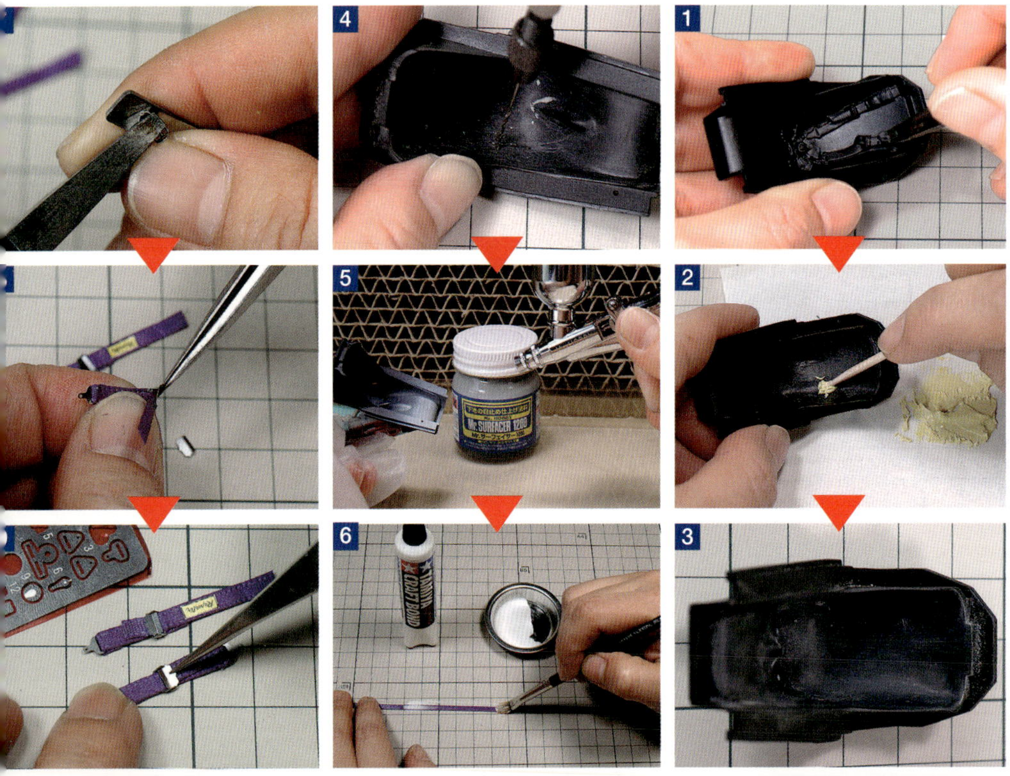

別売りディテールアップパーツを使ってみよう

シートベルトを別パーツに置き換えたい場合は、各メーカー製品から好みのものを選ぼう。今回は精密なマルチマテリアルキットで有名なモデルファクトリーヒロ製シートベルトセットを使った。

まずはキットのモールドを削除しなければならない。彫刻刀でおおまかにモールドを切削してから（1）、モーターツールにGSIクレオスの「Gツールシリーズ強力ヤスリセット」の円形ビットを付けて仕上げると効率的。削りすぎてしまった場所にはパテを盛りつけサンドペーパーで仕上げる（23）。サイドのベルトを通す穴もピンバイスであらかじめ開けておく（4）。塗装はサーフェイサーを塗布してからセミグロスブラックを塗るが、好みによっては半光沢のクリアーを塗布して光沢を抑えるとよりリアルな表現になる（5）。ベルトに光沢感を表現したい場合はタミヤクラフトボンドか木工用ボンドを水で希釈したものを筆で塗布すると光沢感が出せる（6）。古い車両や使い込んだシートベルトを表現したい場合は、コーティングをせずに布そのものの質感を活かそう。また、布地のシートベルトのパーツは切断面の糸がほつれるので、端部にボンドを塗布しておくとほつれを防止できる。折り曲げる部分は、精度の高い金工用の先がたいらなペンチを使用する（7）。組み立ては精度の高いピンセットを使用し、焦らずゆっくり作業を行なおう（89）。シートベルトは、資料などを参考にして、形状の違いやベルトのよれ等を表現してみるのも楽しい。肩あてパッドの部分は短く切ったベルトを重ねて貼るようにすると、少し幅は狭いが実物に近い表現ができる。

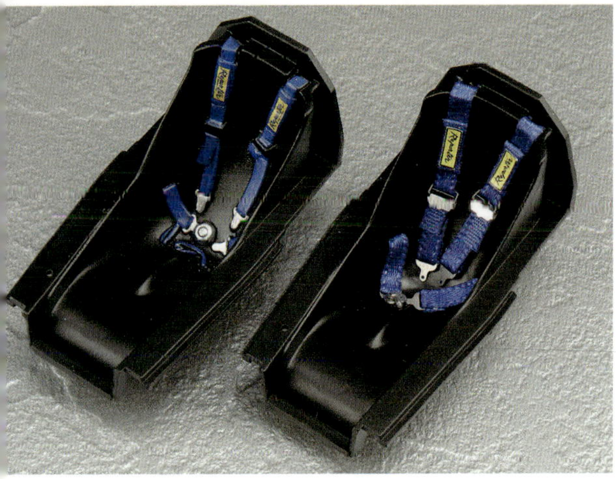

◀左がキットパーツの一体モールドの彫りを深くして活かしたシートベルトで、右は別売りのディテールアップパーツを使用したシートベルト。ディテールアップパーツを使うと精密感を出せるが、ちょっとオーバースケール気味に感じなくもない……？。最終的には好みなので好きなほうで作ってみよう

これぞオールインワンシートベルトを作るなら……

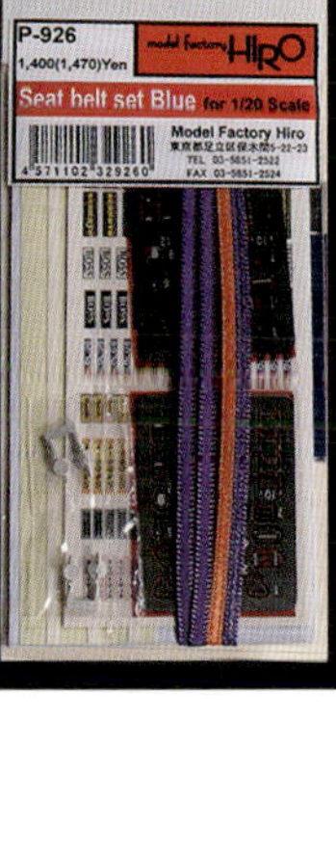

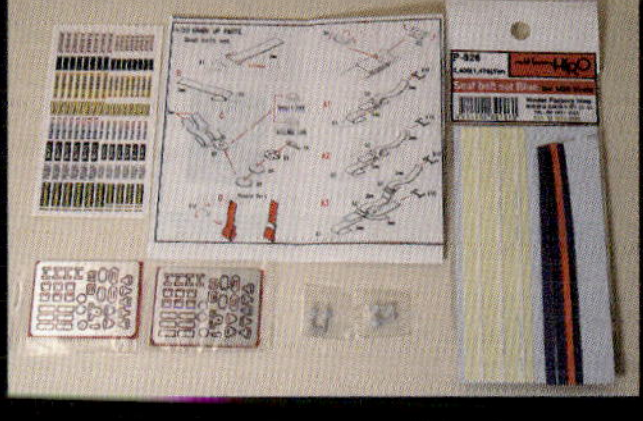

◀▲モデルファクトリーヒロ製の1/20シートベルトセット。2台ぶんで1512円で、布製のベルト、エッチングパーツの金具、ホワイトメタル製のバックル、メーカーロゴ、詳しい組み立て説明書が同梱。金具のエッチングパーツはゲートレスなので整形作業不要で使いやすい

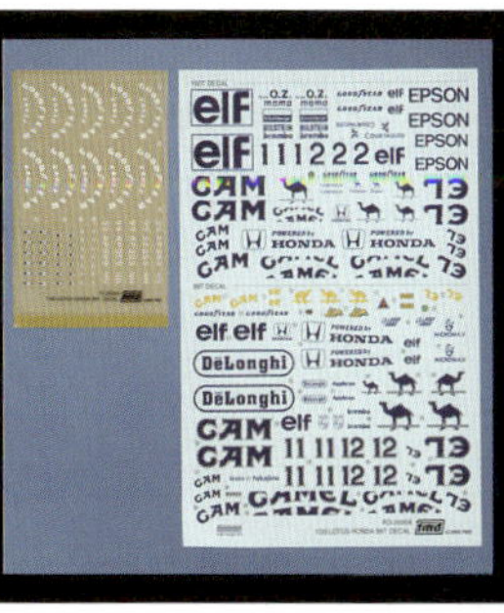

キットのデカールには"CAMEL"のロゴがない……

●タバコ広告の規制が厳しい昨今ですので、この新キットにもスポンサーである"CAMEL"のロゴは入っていません。そこで、。実際の仕様どおりに作りたい方は別売りのデカールを探してみてはいかがでしょう。通常の水転写式と余白はないかわりにちょっと貼るのにコツがいるハクリ式がありますので購入の際はどちらにするか注意！

◀フィニッシャーズ製　ロータス99T フルスポンサーデカール（1/20 限定100枚販売 税込2376円）

着々と充実してきている金属色塗料を使って金属部分をリアルに再現したいっ！

ポイントその8 金属の素材感に徹底的にこだわる！

5年ほど前に「アルクラッドショック」と話題になったが、イギリスのメーカーから発売されたアルクラッドというクロームメッキ表現が可能な塗料をご存じだろうか？　この塗料の発売は、それまでのモデリングの常識を覆したと言ってよいだろう。ただし、下地にエナメル系塗料のブラック（説明書にはラッカー系のグロスブラックと書かれているが、エナメル系塗料のほうが、発色も食いつきも格段によい）を塗るのが必須であまり塗膜が強くないなど、気を使う塗料だ。

その後、国内メーカーも研究開発を重ねた結果、GSIクレオスがメッキシルバーというメッキ表現が可能な塗料を開発。これは非常に顔料の粒子がこまかく鏡面のような輝きを得られる塗料なのだが、そのぶん下地の平滑さが重要。キラキラ輝くメッキ表現をしたい場合は下地をツルツルになるように磨いておくか光沢のある塗装を施しておく必要があるが、隠蔽力、塗膜ともに強く使い勝手はアルクラッドより格段に向上している。

そのほかのGSIクレオスの銀塗料としては、定番のMrカラー８番シルバー、SMの型番ではじまるシルバーシリーズ、メタルカラーシリーズとおおむね４つのグループがある。作例では８番シルバーにフラットベースを混ぜたものをラジエーターに（1）、スーパーシャインシルバーをインタークーラーの上部及び配管、カウル裏面の断熱シート、エグゾーストパイプのベース塗装に（2）、メッキシルバーをシャーシの断熱板（34）とロールバーに使用している。ラジエーターは銀塗装の上から、薄めたエナメル系塗料フラットブラック＋フラットブラウンで汚した。エグゾーストの焼けはベース塗装の上からエアブラシで青や茶系の焼け色をグラデーション塗装している。ちなみに、自ら調色してメタリックカラーを作るときはスーパーシャインシルバーがオススメ。8番のシルバーを混ぜるとくすんだ色になりがちだが、スーパーシャインシルバーならばくすまず、イメージどおりのメタリックカラーを調色しやすい。

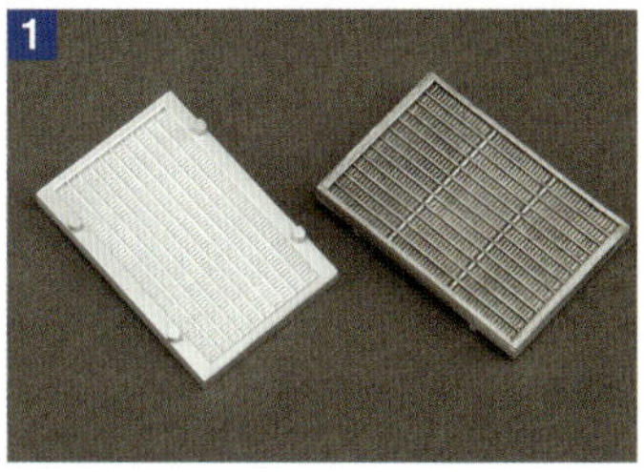

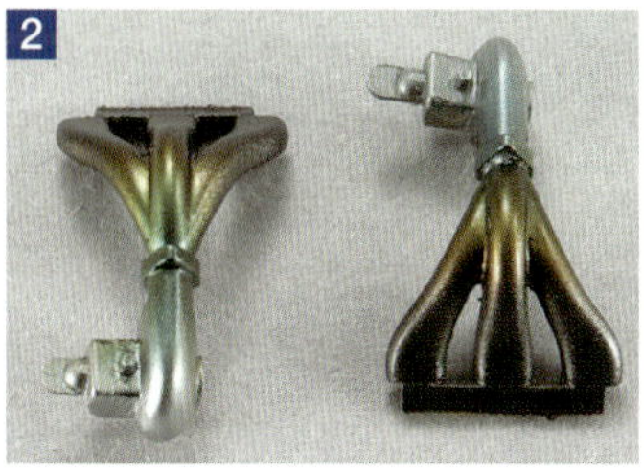

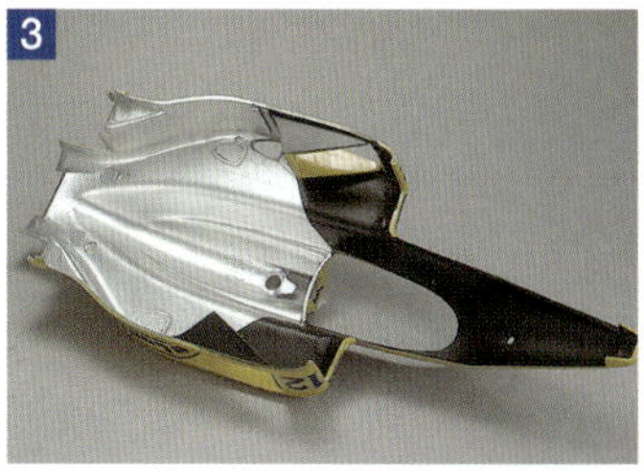

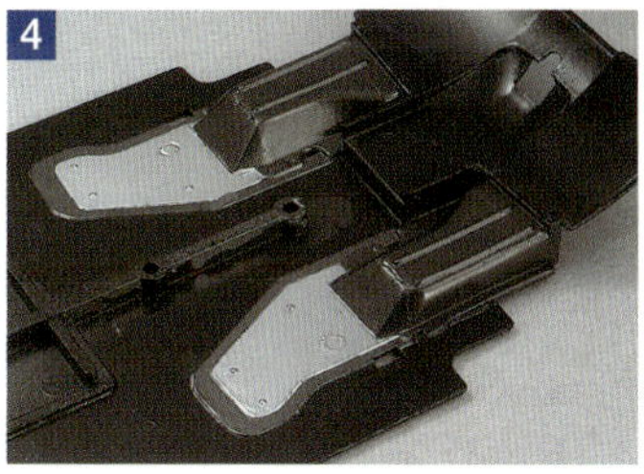

99Tの実車はターボやアクティブサスの配線でゴッチャゴチャ!!

ポイントその9 パイピングの追加で"生きた"クルマに！

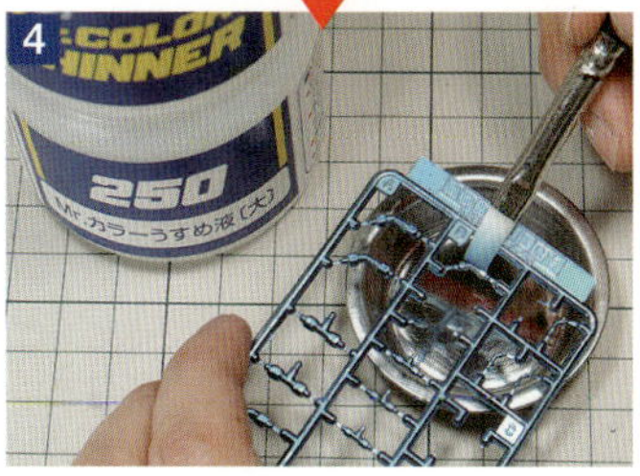

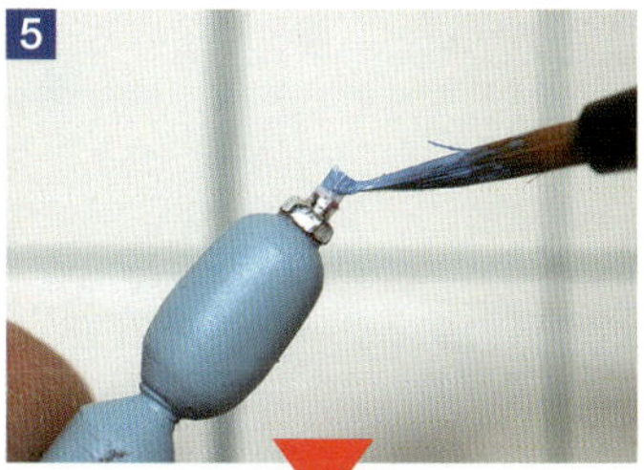

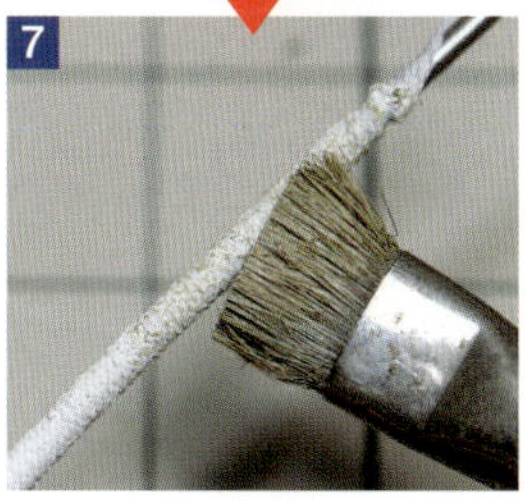

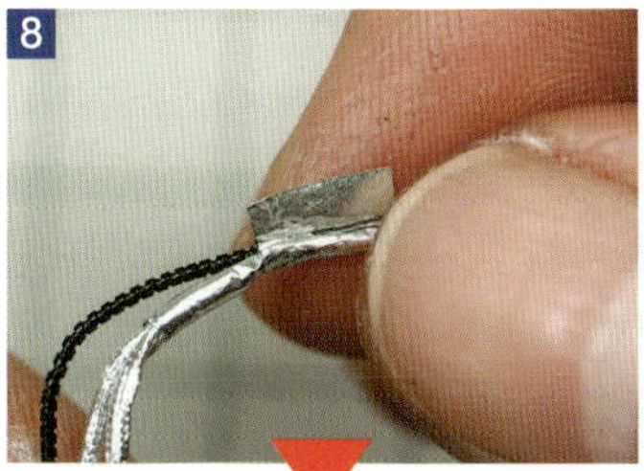

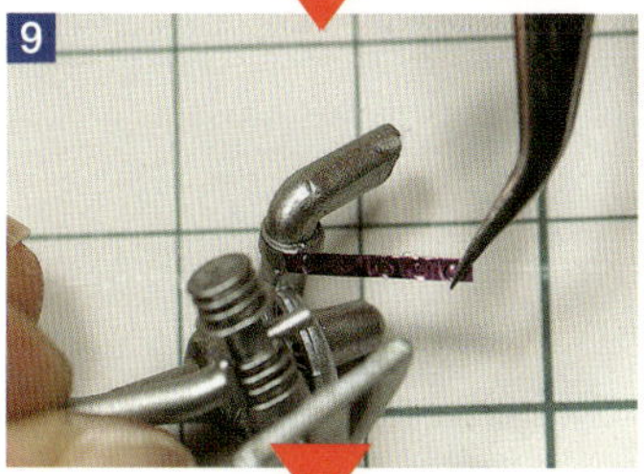

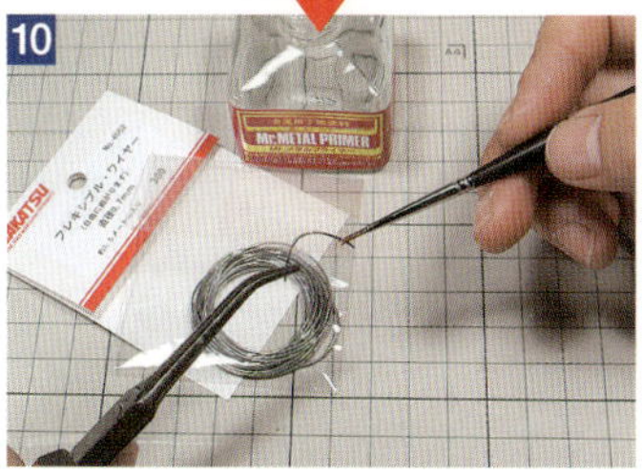

キットでは、成型の都合や製作しやすさへの配慮から、パイピングや補器類が省略されている部分がある。気にならなければそのまま製作すればよいのだが、資料などを見て「ここに配線が……」と発見すると再現したくなる。とくにエンジンのプラグコードなどは、再現されていないといかにも「走らないオモチャのクルマ」に見えてしまうので、パイピングを追加してみよう。パイピングはこまかい作業が多いが、みるみるうちにそれらしくなっていく工程なのでとても楽しい。　配線は穴開け加工（1）やモールドの加工が必要になることが多いので、塗装を行なう前に仮組みをするようにして、加工位置や全体のバランス、またカウルやほかのパーツなどへの干渉を確認しておくとその後の作業がスムーズに進む。サードパーティから発売されているディテールアップ製品をそのまま使っても良いが（23）、塗装を剥がしたり（46）、糸を巻き塗装し蛇腹の配管材を表現したり（7）、電工用のビニールテープやタバコの銀紙を巻き付け、保護材が巻きつけてある配管を表現したりと（89）、自分なりのこだわりをこれらのパーツに盛り込めば、リアリティーを追求できるし、完成品に愛着が増すことだろう。

DIYショップや百円均一ショップなどにもアイディア次第で使える材料がある。模型は模型店でという概念を捨て、いろいろと探して見ると意外な発見があるだろう。ただし、ほかの用途のものを流用する場合、模型で使用することや塗装されることを前提に作られていないので、たとえばラッカー系塗料で塗装するときなどはメタルプライマーを事前に塗っておくなどの前処理を忘れると後悔することになるので注意（10）。補器類は旋盤などを使用して製作することもできるが（5）、ジャンクパーツを流用したり、余ったランナーをモーターツールに噛ませてヤスリをあてて加工するなど、これもまたアイディア次第だ。

ただし、こまかい部分に集中して製作していると全体が見えなくなり、「あれも付けたいこれも付けたい」となってしまいがち。それはそれで楽しいのだが、闇雲に補器やパイピングを追加していくとぐちゃぐちゃで汚くなってしまうこともある。実物がそうなっているからといって無理矢理配管すると辻褄が合わなくこともあるので、ある程度「それらしく」見せればよい、という割り切りも必要だろう。そもそも配線がどこからどこにつながってるのかすべて検証しようとするのには無理があるので、わからないところはパーツの下側に入れ込んで隠してごまかす、というようなテクニックも有効だ。製作途中にときどき遠くから眺めて全体のバランスを確認しながら作業を進めるのもよいだろう。配管や補器類をできる限り再現した密度感のあるF1モデルは魅力的だ。「パーツや配管を付けすぎてカウルが閉まらない～（泣）」などという笑えない状態だけにはならないように注意しつつ、一度自分のディテールアップの限界にチャレンジしてみてはいかがだろうか。いずれにせよ「～しなければならない。」ということはいので、自分の感性を信じて工作してみていただきたい。

That's "LOTUS 99T Honda"!!

ロータス99T Honda（前期型）クローズアップ&ヒストリー

文／**大串 信**
写真・写真協力／金子博（KA）、篠部雅貴（インタニヤ）（SH）、
本田技研工業株式会社（HO）、株式会社タミヤ（TA）、本誌編集部（MG）
協力／本田技研工業株式会社、株式会社ツインリンクもてぎ

text by Makoto OGUSHI
photographed by Hiroshi KANEKO(KA), Masataka SHINOBE (ENTANIYA) (SH), HONDA MOTOR Co.,LTD.(HO), TAMIYA,INC(TA), MG EDITIONAL OFFICE(MG)
soecial thanks to HONDA MOTOR Co.,LTD. , TWIN RING MOTEGI Co.,LTD.

ここではロータス・ホンダ99Tの実車のディテールフォトをたっぷりとお見せしたい。現在Honda Collection Hallに保管されているマシンの特写、タミヤがキットの設計に際して撮影した資料写真、グランプリフォトグラファー金子 博氏の撮影した1987年当時の現場の写真、そしてホンダの広報写真を織り交ぜ、「キットのディテールアップに役立つ」写真の数々を紹介しよう。

SH

ぴくぴく動くサスペンション

'87年といえばもう20年も前。そう考えると呆然とするばかりだ。あまりにも醜くなった近年のF1にはもうすっかり愛想をつかしたわたしだが、'90年代までは足繁くF1グランプリが開催されている現場に足を運んで取材をしていた。'87年はF1の仕事をはじめた年だから特別な思いがある。

当時、取材が終わった夜には、旅行会社主催の観戦ツアーに顔を出して、夕食を摂っているお客様の前に「今日の現場」的なリポートをすると、いくばくかのお小遣いがいただけたという記憶がある。確か日本グランプリのときだったか、いつものようにツアーの夕食会に顔を出したところ、あるお客様から「今日、パドックで見ていたら、ジャッキアップされた中嶋 悟選手のマシンにメカニックがコンピュータを繋いで何か操作すると、サスペンションが勝手にピクピク動いていたんですが、あれはなんですか？」と素朴な質問を受けた。それこそがアクティブサスペンション、つまり走行した際の入力を受けて作動するのではなく、車体に搭載した動力を使いコンピュータの指示に従って作動するサスペンションをテストしている様子であった。

'87年、ロータスはアイルトン・セナに中嶋 悟というコンビネーションをまとめ、ホンダからターボ過給V型6気筒エンジンの供給契約を取り付けた。前年までロータスはターボ過給F1エンジンのパイオニアであるルノーからエンジン供給を受け、事実上のワークスチームとして活動していたが、ルノーV6ターボは新世代のホンダやTAGポルシェの繰り出したエンジンに対抗できず、F1から撤退していった。そこに獲得した最強エンジンだ。ロータスとしては'87年シーズンには力が入っていたはずだ。ところが……。

「保守」か「革新」か

ロータス99Tは、ジェラール・ドゥカルージュがデザイン、ピーター・ライト率いるR&Dチームが'87年向けに開発した車両である。いまで言うテクニカルディレクタ

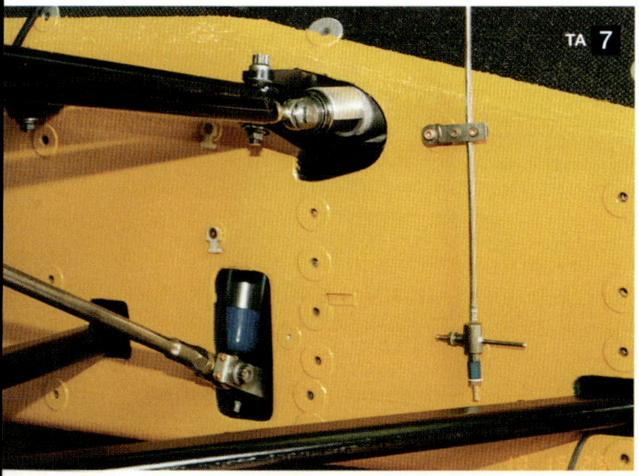

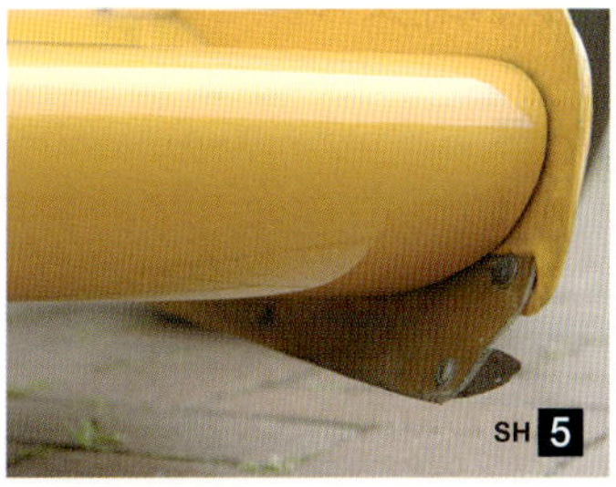

1下段の解説にもあるとおり、雄型成型によるカーボンコンポジットモノコックは表面が平滑でないことがほとんどだ。このロータス99Tもモノコックの表面はボコボコ（?）のカーボンファイバー地がむき出しとなっており、ツヤ消し状態となっている。
24ロールバー周辺。金属の質感やカウルのフチなどに注目。燃料タンク上のブリーザーパイプは、キットのパーツに基部がモールドされているので（ちょっと形は違うけど）パイプを追加するといい雰囲気となるだろう。エンジンキルスイッチの追加も忘れずに。ロールバーの右側には車載カメラのコネクタが確認できるが、実際にカメラを搭載するときは、カウルの一部も切り欠かれていた（セナが乗っているマシンにも一部この切り欠きが確認できるが中嶋車とは切り欠きのかたちが少々違っており、おそらくTカーなのだろう）。この年は中嶋車のみが車載カメラを全戦搭載することになったが、空力のことなどまったく考慮に入れていないような巨大なカメラは、さぞ邪魔なことだっただろう。この年よりあとから他チームにも搭載されるようになった車載カメラは、小型化され整流カバーに収められていたが、それでもシステムの全重量は5kgもあったという。この年の中嶋車のカメラはいったい何kgあったのか、残念ながら調査が行き届かなかったが、5kg以下であることなどまずありえない。中嶋悟がどれだけ苦しい戦いを強いられていたか、想像することすら難しい。ちなみ小倉茂徳氏の談話によると、レンズ面に汚れが付着したときは、現在のようにフィルムがスクロールするのではなく、ウォッシャー液としてガソリンが使われ、噴射して洗い流していたそうだ
3フラットボトム規定により設けられた、バックミラー直下のシリープレート。速く走ることにも安全性にもまったく関与しない装備が、ある意味チャーミングではある
5フロントウイング翼端板の下部には、すり板として本物の木材が使われている
6例のロゴをなるべく真正面から撮影してみたもの
789前期型のピトー管。絶好のディテールアップポイントではあるものの、下端の形状がなかなか確認できないので、ここで豪華に３枚も掲載してみました。9はベルギーGP、10はモナコGPでのもの

ーのドゥカルージュは、ロータスの創立者であり革新的マシンプロデューサーであったコーリン・チャップマンの死後ロータスに加わり、チャップマンのあとを継いでロータスのテクニカルディレクターを務めてきた。ドゥカルージュに対しロータスは、チャップマンの生前からチーム加入の誘いをかけてきたが、ドゥカルージュによれば「天才チャップマンとうまく関係を結ぶ自信がない」ことを理由にその話を断っていたのだそうだ。つまり、当時のドゥカルージュはそれだけ自分の設計思想に自信があったということだ。

自信を持つのはよいことだけれど、問題がひとつあった。マトラ、リジェ、そしてロータスと長年にわたって働くあいだ、ドゥカルージュは数々の成功作をF1グランプリのコースへ送り出してきたが、日進月歩で進化するレーシングテクノロジーからはさすがに取り残されつつあったのだ。

ドゥカルージュとロータスは99Tの設計コンセプトを「平凡・保守的であっても、安定した戦力を簡単に引き出せる」点に置き、ドゥカルージュは99Tを、「95T、97T、98Tを集大成した考えに基づいた〝クラシックカー〟」として設計したと言っている。いまになってみると、「ほんとか?」と小一時間問いただしたい気分になる話だ。それほど、できあがった99Tは保守的なのか革新的なのかよくわからないF1グランプリカーであった。

リベットだらけのモノコック

オス型成形のモノコックタブとその上に装着するアッパーカウルの組み合わせは、それ以前のドゥカルージュ・ロータスの基本構造を受け継いだものである。

カーボンコンポジット構造体のオス型成形は、まずオス型を作ってその表面にカーボンファイバーやインナーコアを積層して硬化させ、型を抜くという手順の成形手段で、工数は少なくて済むが精度を保つのが難しく、曲面成形や表面の平滑化が難しいなどの問題がある。これに対し、メス型を作ってその内部に積層を行ない、硬化後に

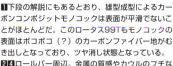

SH 15

TA 12

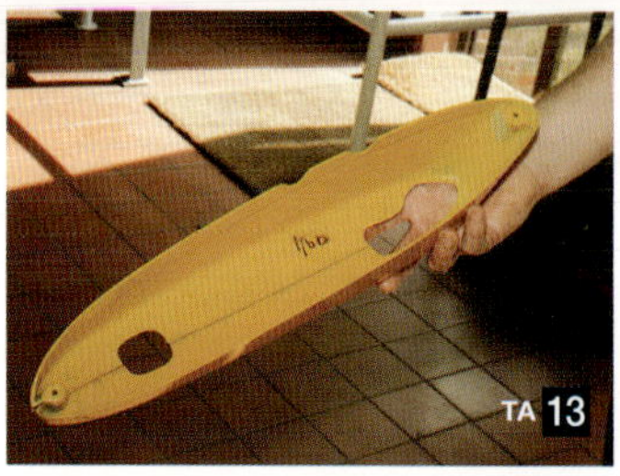
TA 13

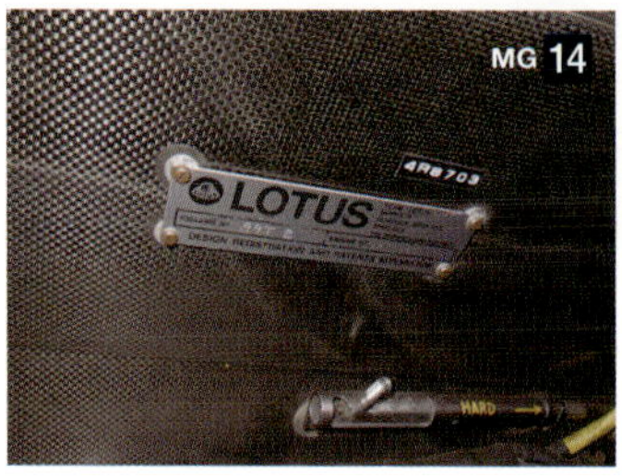

MG 14

10 SH

SH 16

11 SH

17 TA

18 SH

19 TA

10リアウイングの後端。厚い部分と薄い部分の違い、フラップに設けられたガーニーフラップなどが見てとれる。リニューアル版のタミヤのキットに付属する翼端板のパーツは充分に薄く成型されており、とくにフチを薄く削らなくてもよいように思われる

11このマシンではうしろ側（下面）に設けられたリアウイングの補強プレート（上面に設けられる場合もある）。左側のウイングステーに取り付けられているので、この部分は必然的に左右非対称となる。ちなみに、シーズン前のテストでは、リアのウイングステーは黄色く塗られていた（54ページ参照）

12**13**フロントサスペンションのカバー。樹脂パーツの弾力でうしろ側を開いてサスペンションアームを挟み込み、前後をボルトでモノコックに固定する。タミヤのキットでは単純に上からかぶせるかたちとなっているが、これを再現するのはちょっと難しいか？

14コクピットの内側、右側面に取り付けられたシャシープレート、ホンダコレクションホールに保管されているのは、シャシー№２のマシンである。もっぱらテストに仕様されたもので実戦には投入されておらず、第９戦ハンガリーＧＰ以降に施されたボディワークの改造も行なわれてはいない「極初期型」ともいえるものだ。ターボインレットダクト（サイドポンツーンの上面に突出しているシュノーケル型の小型ダクト）も、垂直に近いかたちで立っているタイプだ。ホンダコレクションホールでは動態保存を目標としているが、この99Tはレストア作業が完了しておらず、まだ実走は不可能。20年前のこのマシンはカウル内部もボロボロで、残念ながら今回は撮影できる状態にはなかった。しかし、同ホールのほかの所蔵マシンを見てもわかるとおり、レストアの手腕は驚くほど高く、今後のレストア作業はかなり期待できるものとなるだろう。日本人にとってはメモリアルなマシンだけに、一日も早い「復活」が待たれるところだ。余談ながら、ロータス99Ｔは６台作られたが、そのうちの１台、セナがシーズンを通してほぼ使い続けたシャシー№４のマシンが、イギリスのロータスに保管されていることが確認されている（当然こちらは後期型）

15アンダーパネル上面は、きれいに整形されていない箇所のひとつ。カーボンファイバーの質感に要注目だ

16サイドポンツーンのラジエーターの入り口にはゴミが入るのを防ぐ金網が取り付けられている。ここではメッシュの穴が四角く、比較的編み目の大きなものが取り付けられているが、編み目の穴が菱形のものや、穴の小さいタイプのものなどもあったようだ

17セナと中嶋の着座位置に注目。通常はカウルに取り付けられたヘッドレストの違いにしか言及がなされないことが多いが、着座位置もここまで異なっているのである。キットのパーツはセナ用のシートを再現したものと見ていいだろう。きっちりと中嶋用に改造したい人は、前ページ**2**の写真を参考にしていただけば、どれだけシートを前進させればいいかがよくわかる

18２号車のシフトノブは木製のものがついているが、イギリスに保管されている４号車にはシルバーの金属地のものがついている。また、当時の資料を見ていくと黒く塗られたものも確認できる。ちなみにキットの組み立て説明書での指定はX-11クロームシルバー。実際どのレースでどちらの車がどうだったかは知るよしもないので、まぁ、あまりこだわらなくても……ということかな？

19現在のF1のものと比べると、驚くほどにシンプルなコクピットのインパネ＆ステアリング。各種スイッチやステアリング裏のコードは模型ではいいディテールアップポイントとなるだろう。ちなみにインパネ上の黄色い文字はなんと手描き文字である

20キットは若干、「色プラ」的な再現となっており、センターの黒いパーツ（B11）に黄色いサイドパネルのパーツ（A17、A18）を貼り付けることによってモノコックが作られる。しかし、実車ではこの部分は一体で作られており、黒／黄色の部分は単に塗り分けられているだけである。47ページの小倉茂徳氏のコラムにもあるとおり、なんとこの部分は「塗りっぱなし」状態。黒いカーボンの上に直接黄色い塗料を塗っているものだから、デコボコしたままだし、黄色の色味もカウルのものとは違ってしまっている（しかし模型でそれを再現するのはビミョー……）。モデラーとしてはついつい「下地処理はちゃんとしろよー」とか「白を塗ってから黄色を塗れよー」とか思ってしまうところだ。ちなみにウイング翼端板の内側も同様の処理だったりする

21モノコック上に設けられた３つの穴の、ちょうどいちばん前側にある穴のところにドライバーのつま先がくる。キットでは残念ながらペダルが再現されていないので、他キットから流用してくると“ちょっとうれしいディテールアップポイント”となるだろう

メス型から抜くという手順で行なうメス型成形ならば、曲面的な構造を高精度で作ることができ、オス型成形で作ったモノコックのように別途カウリングを作って被せなくとも、モノコック外皮をそのままボディとして用いることもできる。ただしメス型成形には工数もノウハウも必要になる。

'83年にグスタフ・ブルナーがＡＴＳ Ｄ６のモノコックタブをメス型成形で作って以来、カーボンコンポジット構造のモノコックタブ外皮をボディ表皮と兼ねる手法は広まりつつあった。言うまでもなく現在では常識的な手法だ。しかし、当時のドゥカルージュはあえてその新手法を自分の作品には用いていない。

「気流にさらされるボディ表面をできるかぎり流麗に成形するためには、ボディカウルを別体式にせざるをえなかった」とドゥカルージュは言っている。しかし、それは裏返せば当時のロータスのカーボンコンポジットモノコック製作技術が高くはなかったことを物語る。99Ｔのモノコックを調べると、それは明らかだ。

アッパーカウルの下にあるカーボンコンポジット構造のモノコックは、モノコックシェルとアルミニウム製削り出しバルクヘッドをリベットで結合することによって成り立っていた。その結果、モノコックタブの表面に、多数のリベットが並んで見える。ロータス独自の手法である。正直なところ、バルクヘッドもカーボンコンポジットで造り、モノコックシェルと接着したうえで強度、剛性を確保するという最新技術を持っていなかった、というのが正解なのだろうと思う。モノコックをオス型成形してまでこだわったアッパーカウルの空力性能も、シーズン中でデザインが見直されているところを見ると、世のなかはドゥカルージュが考えるより速く進んでいたか、99Ｔの空力が本来想定した性能を発揮しなかったかのどちらかだ。

アクティブサスペンション

ドゥカルージュもロータスも、最強のエンジンを手に入れたのだから保守に走るな

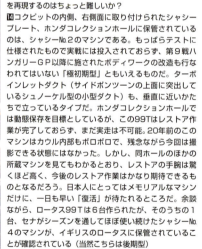

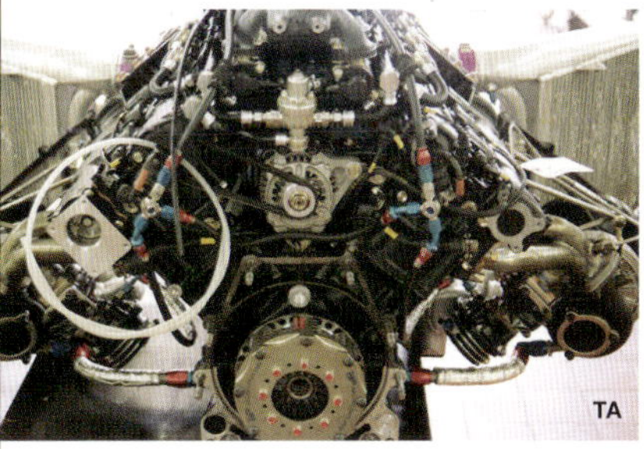

20

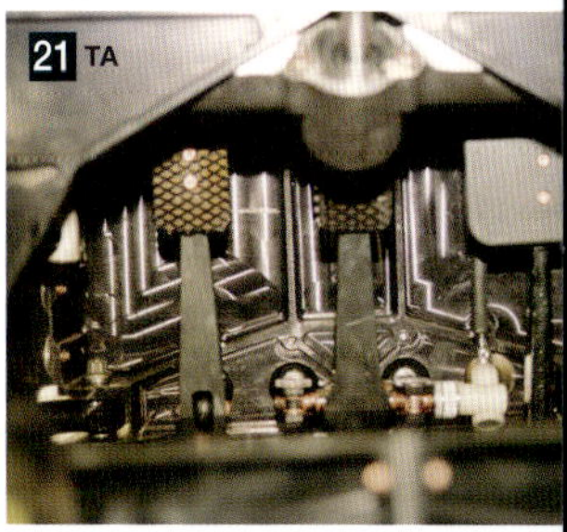

21

らば保守に走っておけばよかったのに、なんと99Tにアクティブサスペンションを装備して実戦に送り出してしまった。

　言うまでもなくサスペンションは、自動車の車体と車輪のあいだで、路面からの衝撃を吸収しつつ、さまざまな車体姿勢をとっても車輪をしっかりと路面に押しつける役割を果たすシステムである。従来のサスペンションは、路面の凸凹や車体姿勢の変動でタイヤが上下動すると、スプリングとダンパーの伸び縮みがそれを吸収、制御する仕組みになっている。

　しかし、こうした受け身のサスペンション、いわゆるパッシブサスペンションでは、限界性能を追求するとどうしても不具合が生じる。とくに、車体下面でグラウンドエフェクトを発生させるF1グランプリカーの場合、その問題は切実だった。路面と床板の隙間の変化は、グラウンドエフェクトの発生に大きな影響を及ぼす。F1グランプリカーが通常のサスペンションを装備した自動車である限り、空力特性に都合のよいかたちで車体姿勢を保つことはできない。なんとか空力性能を最大限まで引き出しながらサスペンションを機能させることはできないか。アクティブサスペンションは、こうした事情を背景に生まれた。

　アクティブサスペンションは、車体の姿勢の変動をセンサーで検知し、コンピュータで解析して油圧システムをコントロールし、グラウンドエフェクトを阻害しないようにサスペンションを強制的に動かすサスペンションシステムのことである。ロータスは早くからアクティブサスペンションに着目して開発に取りかかりテストも繰り返したが、当時はコンピュータや油圧システムなどの技術レベルが低く、アクティブサスペンションは大きく重く信頼性も低いうえの金食い虫だった。しかも'83年、フラットボトム規定によるグラウンドエフェクト規制が導入されて車体下面の空力性能が低下し、何も大金をかけてまでアクティブサスペンションを開発する必要がなくなっていた。その結果、ロータスは開発を一時休止、アクティブサスペンションは現場から

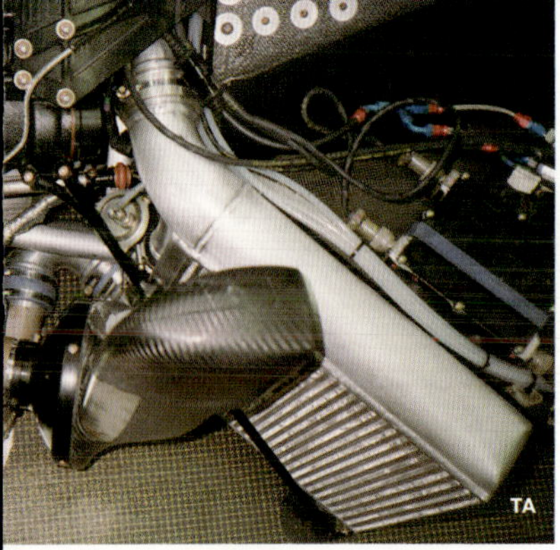

TA

TA

TA

TA

TA

TA

TA

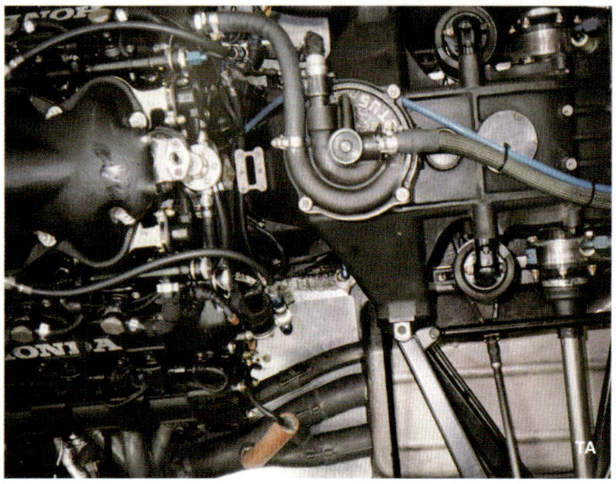

TA

TA

　1987年の最強エンジン、1500ccのホンダV6ツインターボエンジン、RA167E。195リットルの燃料制限、ポップオフバルブ（キットパーツ、B6）による４バール（4000ヘクトパスカル？）の過給圧制限をものともせず、ウィリアムズFW11Bとロータス99Tに搭載されて年間16戦中11勝を挙げた。重い、振動が凄いとは言われてはいたが、燃費のよさと絶対的なパワーでライバルの追従を許さなかった。

　'87年にはウィリアムズ、'88年にはマクラーレンと同じホンダエンジンを積むことになったロータスだが、各種パイピングやワイヤーハーネスを整理し、きれいにまとめて配置するということに対して、苦手だったのか頓着しなかったのか、驚くほどに「ごちゃごちゃ」である。この雰囲気を再現するのも、当時のロータスを表現することのひとつになるだろう（とくにマクラーレンなどは病的なまでにきれいに整理してパイピングが施されていたわけで）。加えて、この99Tはアクティブサスペンション用の各種センサーがいたるところに取り付けられており、さらにごちゃごちゃ感に拍車をかけている。タミヤがキット開発にあたってシーズン前に取材したとき、つまりこのページに掲載した写真の状態のものだが、ここではまだアクティブサスペンションが搭載されてはおらず、かなりすっきりした状態になっている。ゆえにエンジン関係の配線、配管が比較的わかりやすい（この状態では一般的なコイルスプリングのダンパーが装着されている。アクティブサスペンション搭載車の特徴でもあるアキュムレーターは、53ページ下段中央の写真に確認できる。エアチャンバーとオイルキャッチタンクのあいだに見えるグレーのタンクがそれである）。

　撮影時期の異なる写真を見比べればわかるとおり、配線、配管に使われているワイヤーハーネスや各種パイプは箇所ごとにとくに決まったものを使うというわけではないようで、基本的に、「要求される機能が確保されるならば何を使ってもよい」と考えているようですらある。模型での再現においても、「ここはこれでなければならない！」と考えるよりも、基本的なパイピングの配置を押さえたあとは、雰囲気でごちゃごちゃ感を演出していってもいいのではないだろうか。結線先がわからないときは、パーツのすき間、パイピングの下に隠してしまうのもひとつのテクニックだ。まずはギアボックス上のミッションクーラーやオイルキャッチタンク周辺、あるいはエンジン上のエアチャンバーまわりのパイピングなどの非常に目立つ箇所を優先的に追加工作するといいだろう。

　比較的簡単な工作で目をひくだろうと思われるものとしては、エンジン下、アンダーパネル上のカーボンケブラーのパターンの再現、エキゾーストパイプとターボのウェイストゲート上に設けられた接続用のスプリングなどの再現が挙げられる。あとは塗装による、各部の質感の違いの表現だろうか。

　なお、このページでは意図的にシフトリンケージの接続方法がよくわかる写真をセレクトして掲載している。どの仕様であっても確実に同じものがついており、なおかつ立体感を得るのに有効的なパーツである。モノコック後端、バルクヘッドから出たシャフト（位置は次ページ写真37参照）はエキゾーストパイプの下を通り、エンジンのカムカバーに設けられたブラケットを経由し、サスペンションアームのあいだとドライブシャフトの上を通って、ギアボックスの後端、タミヤのキットのパーツNo.で言えばB23に接続される。このB23のパーツには基部のモールドがあるので、ぜひ挑戦してみてほしい。

姿を消した。

　しかし、'80年代終盤になって、アクティブサスペンションを取り巻く環境が変わった。まず、フラットボトム規定下での空力デザインが進歩し、再びグラウンドエフェクトの意味が強まって、車体姿勢を制御して車体下面で生じるダウンフォースを安定させる必要が再び生じてきたのである。一方、急激に進化したエレクトロニクスが、小型軽量で信頼性の高い電子制御システムの製作を可能にした。こうして機は熟していたのである。そしてドゥカルージュとロータスは、とうとうアクティブサスペンションを99Tに盛り込んでしまった……。

差し引きマイナス……？

　99Tの各部にはさまざまなセンサーが設けられている。各センサーからの信号はコンピュータが受け取り演算したあと、油圧アクチュエーターのサーボバルブに指令を送ることでサスペンションが作動する。油圧は、エンジンの左エキゾーストカムシャフト末端から取り出した動力で駆動されるポンプが作り出し、ベルハウジングのなかに設けられたアキュムレーターを経由して各アクチュエーターに供給された。

　コンピュータのマイクロプロセッサーは16ビットで、当時としては高速演算が可能なものではあったが、さまざまなセンサーから送られてくる情報を解析するのは容易なことではなかったはずだ。案の定、少なくない場面でトラブルが発生した。

　この年、セナとともに99Tに乗った日本人ドライバー、中嶋も、テスト走行中に突然サスペンションがフルストロークしマシンの床が着地するという、かなり危険なトラブルを経験しているという。それでもセナは上昇機運にあったそのテクニックとホンダパワーを武器に99Tでポールポジションを1回、優勝を2回記録した。

　しかし、アクティブサスペンションはこれらの戦績には必ずしも貢献はしなかった。むしろアクティブサスペンションがなければ、もう少し成績を引き上げることができただろう、というのが周囲の評価である。

22 23モノクロ写真ではあるが、むしろ形状は把握しやすいのではないだろうか。22は後期型のカウル内部、インタークーラーとターボインレットダクト周辺。23はエキゾーストパイプとターボのウェイストゲートが1本にまとめられたタイプの排気系

24青いシートベルトはおそらくはウィランズ製のものだと思われる。パッド部分にあるロゴは「Reporter itarian Men's Wear」。イタリアの服飾ブランドのスポンサーロゴである。このころのシートベルトの幅は現在のものより狭いものが使われていた（2インチ幅）ことにも注目していただきたい。現在は3インチ幅のものが一般的である

25フロント、リアともにブレーキパイプはサスペンションロワアームの前端に沿って取り付けられている。アッパーアーム、ホイールに近いほうにに見られる小さな穴はアクティブサスペンション用のGセンサーを取り付けるためのもので、ここにコードがついた小さな円筒形のセンサーが取り付けられる

26 27 59ページの小倉氏のレース解説記事、34ページのあさの氏のコラムにもあるとおり、後半4戦（推定）のセナ車にはOZレーシングのホイールが装着されていた。もてぎのホンダコレクションホールが所蔵する99Tは極初期型だが、このOZレーシングの５本スポークのホイールが取り付けられている。ここで注目したいのは写真27の前輪がきちんしたかたちではついていないことで（26と見比べるとわかるが、センターロックの中央からピンが露出していない）、これは「ダイマグ用に作られたアップライトには、後輪は無改造でOZのホイールを付けられるが、前輪はそのままでは取り付けられない」ということを示している。ここからは多少想像も込みになるが、スペインGP／メキシコGPでのセナ車を見ると後輪にしか黄色いリボンを確認できず、前輪にも黄色いリボンが見られるようになるのは日本GPから。つまり、スペインとメキシコでは前輪がダイマグで、後輪がOZだったのではないだろうか（OZ用への改造が間に合ったのが日本GPとか？）。いまの感覚からすると前後輪で違うメーカーのホイールを履くというのはか考えづらいが、当時はそういうこともあったのではないかと思われる（だいたいセナ車と中嶋車で違うメーカーのホイールを履いていたということになるわけだし）。もっとも全セッションのレースカーとTカーを子細に調べたわけではないので、あくまで想像にすぎないが……

28ダイマグ社製の６本スポークのホイールのロックナットは独特な形状。右／赤、左／青に塗り分けられてはいない。ウィリアムズなどはこのころからそのように塗り分けていたが、小倉氏によると「それはフランク・ウィリアムズが飛行機好きだから、ってのもあるんじゃないですかねぇ（笑）」だそうだ

29グッドイヤータイヤに貼られている品番管理用のタイヤタグは、この年はオレンジ色が入ったカラフルなものが使われていた

確かに、99Tのアクティブサスペンションには理想を追求しすぎたきらいがあった。というのも、ロータスのアクティブサスペンションはライバルチームが開発に着手した従来型サスペンションと併用する形式ではなく、油圧だけで車体を支え伸び縮みするフルアクティブ方式だったからだ。観戦ツアーのお客様が目撃したのは、まさにこのフルアクティブ方式のサスペンションが作動する様子だったのである。

技術が進歩したとはいえ、一気にフルアクティブサスペンションを実用化するには無理がありすぎた。しかもシステムによる重量増（約20kgと言われる）とシステム駆動によるエンジンパワーのロス（約10馬力といわれる）を克服するほどのメリットはなかったようだ。ロータスは結局翌年、アクティブサスペンションを実戦現場から引き上げてしまった。ライバルチームはこれ以降アクティブサスペンションの開発を本格化させるのだから、悲しい結末ではある。

折からのF1ブーム、ホンダブーム、中嶋ブームに乗って、99Tの展示車両がF1の象徴としてさまざまなキャンペーンに登場、展示された。読者の皆様……といってももう20年前のことだからかなり高年齢化が進んでいるだろうけれども、その皆様のなかには当時99Tの現物を見たという記憶をお持ちの方も少なくあるまい。

だがわたしの知る限り、当時展示されていた99Tのアッパーカウルの下にあったのは、F3ともなんともつかぬアルミ製の得体の知れないシャシーである。美しい思い出をぶち壊す気はないが、皆さんが眺めてため息をつき思い出に刻んだ99Tは、まずこのレプリカとも言えない、展示用に強引に組み立てられたまがいものである可能性が高い。思い出というのは儚いものだなあ。

だが、いまはホンダコレクションホールが実物を所有しており、走行不能な状態のため常設展示はされてはいないものの、100Tのバックアップとして時折展示されることはあるそうなので、コレクションホールへ出かければ思い出を修復することはできるかもしれない。念のため。■

世界で闘い、そして鈴鹿へと凱旋
中嶋 悟の日本GP仕様を徹底再現！

日本人初のフルタイムＦ１ドライバーとなった中嶋 悟のデビューマシンとして99Ｔを作るなら、本国GPとして我々の目前で入賞を果たした日本GP仕様をその候補から外すわけにはいかない。しかしロータス99Ｔの後半戦仕様では、冷却系レイアウトの見直しとカウルの全体的なシェイプアップが行なわれており、タミヤ1/20を使う場合、車体全体にわたっての大改修が必要で、モデラーにとってはかなりヘビーな工作を求められる。そこで今回はエンジンレスのプロポーショナルモデルとしてこの仕様の再現に挑戦!!

1987-2007【巻頭特集】20年ぶりのロータス99T
Twenty Year Reunion with the
LOTUS 99T Honda

ロータス99T ホンダ '87年 日本GP 中嶋 悟仕様
タミヤ　1/20　インジェクションプラスチックキット
「ロータス 99T Honda」改造
'07年発売　税込2808円
製作・文　**右衛門**(Boo's)
協力　加藤雅彦

LOTUS 99T Honda Japanese GP 1987/Satoru NAKAJIMA"
TAMIYA 1/20 Injection-plastic kit [Lotus 99T Honda]
Modeled and described by UEMON(Boo's).
special thanks to Masahiko KATO.

LOTUS 99T Honda “1987 JAPANESE GP/Satoru NAKAJIMA”

かなりの改造が必要となる日本ＧＰ仕様中嶋車。ここではタミヤのロータス99Ｔを元に後期型ボディのこの仕様に改造するポイントを解説してみることにします。

◆ボディの製作

まずは仮組みをしながら、資料を元に改造部分を探します。ボディの形状変更部分は、次のとおりです。

①サイドポンツーンの高さを落とす／カウルをサイドポンツーンとコクピット部分で切断。ラジエーターダクト部分からも高さを測っておき、きれいに切り離すようにして、左右を逆に取り付けて調整。サイドポンツーン後方部分は３㎜低くしました。

②コクピット開口部のサイズと形状を変更／ここはデザインナイフで少しずつ削り落としました。また、中嶋車はヘッドレスト基部に穴が空いてますので、キットのパーツを開口しています。

③コクピット後方よりエンジン上方のボディ高を落とし、ロールバー開口部形状を変更／キットのパーツの裏側をパテで肉厚にしておいてから、表にもパテを多めに盛りつけ、削って整形していきます。

④ノーズからコクピットまでのボディラインを変更／後期改良型のノーズ部分は、ストレートなラインで少しべったりした感じなので、ここも裏にパテ盛りしてからヤスリがけをして整形していきます。

⑤ラジエーターダクトの形状変更／ここは、カウルを切り離して左右を逆にしているので、そのままではパーツが合いません。パテを盛りつけ整形していきます。前方部分はとくに注意が必要。同時に切り離した各部分をつなぎ合わせる作業もしていきます。サイドポンツーンとコクピット部分を一体化させるときには、左右の高さが揃うよう、充分な注意が必要です。

⑥先述の⑤の作業と同時にアンダートレイとボディ接合部の形状を変更。

⑦ボディ後部上面に、リアウイング支持ワイヤー用の穴開け。

⑧ターボインレットダクトの位置変更／パテで埋めて、前方に位置替えしました。

●タミヤの1/20ロータス99Tを使い、カウルを大改造して製作した日本GP仕様中嶋車。カウルを大改造したため、内部は製作していない

1第7戦イギリスGPから投入されたこのタイプのリアウイングは、それ以降の標準仕様として使われ続けることとなった。ウイングステーはロワウイングと接続され、翼端板にはテンションワイヤーが設けられている。ディフューザーのスプリッタープレートは削り込んで小型化している

2第8戦ドイツGPからこの位置に移設されているピトー管は洋白線で再現している

3コクピットはごくシンプル。スイッチなどの塗り分け、インパネ部分はデカールを貼ったあとにエナメル系塗料のクリアーを流し込んだ

4車載カメラはプラ板とプラ棒で、少し大きめに作り直した

5ラジエーターカバーはプラ板を使い再現。この部分はGPによってセッティングが異なるので、しっかりと調査してから製作したいところ。タイヤはサイドウォール部分にエッチングステンシルを使って塗装でロゴを入れ、トレッド面をサンドペーパーでヤスることによって、入賞を果たした走行後の雰囲気を再現。なお、日本GP仕様のセナ車を作る場合は、キット仕様とは異なる5本スポークのOZホイールを用意する必要がある。その場合はロータス102Bのキットなどから流用か？

◆細部の工作

ここも箇条書きでいきます。

Ⓐフロントアッパーアーム基部のカバーに付いているピトー管を再現／洋白線を使用しました。

Ⓑ車載カメラを自作／キットに付属のパーツより少し大きめにするために、プラ棒、プラ板で製作しケーブルも再現。

Ⓒギアボックス上のオイルクーラーを大型化／キットのパーツ2台ぶんを使って大型化し、ホース追加しても再現しました。

Ⓓリアのロワウイングを大型化／キットのアッパーメインウイングをもうひとつ用意し、ロワウイングとして使用。

Ⓔリヤウイングステーを変更／キットではウイングステーはアッパーウイングと接続されているので、鈴鹿でのロアウイングで支持されている形状へと変更しました。

Ⓕリアウイングフラップ中央に、補強板を追加／プラ板で追加しました。

Ⓖタイヤロゴ／ミュージアムコレクションのエッチング製ステンシルを使用し、塗装でタイヤメーカーロゴを追加。

Ⓗホイールナット／銀色のビスというわけにはいかないので、実車とは異なるものの、他のキットから六角のものを流用。

Ⓘウインドシールド／厚めのビニール材をカットし、Gクリアで点接着してその上にシルバーのエナメル塗料でピンを再現。

Ⓙリアウイングのテンションワイヤーを洋白線で再現。

Ⓚタイヤのトレッド面／240番のサンドペーパーでヤスり、走行後のひと皮剥けた状態を再現しました。

◆最後に

タミヤの1／20キットをベースに使っての改造ということで、カウル形状は多少前期型の形状に引っ張られる部分もありました。微妙な違いが出てしまった感も否めませんが、'87年日本GPで中嶋が6位に入賞した記念の一台を、少しでも実車に近い状態に改造していくという作業は楽しく、興味深いものがありました。■

写真　株式会社タミヤ

じつは存在しないロータス“99Tb”という名のマシン

文／あさのまさひこ

第9戦ハンガリーGPより投入された後期型99Tのことを、“99Tb” という名で呼ぶモデラーは多い。が、ロータスはマシン名を最終戦まで99Tで登録しており、当時ホンダの広報として99Tと共に全16戦を転戦した小倉茂徳氏も「99Tbという呼び名は知らない」という。さらに言うと、商業誌で99Tbという名称が日常的に用いられているのは模型誌だけで、モータースポーツ誌では99Tbという表記を一度も目にしたことがない。

では、“99Tb” というこの謎の名称がなぜモデラーにはポピュラーなのか？　その答えは、タメオの1/43ホワイトメタルキットにあると見てまずまちがいない。

タメオは'87年にTMK053として開幕戦ブラジルGP仕様の99Tをリリースしたのち、'88年にTMK064として、“LOTUS 99Tb” の名称にて第15戦日本GP仕様の99Tをリリースしている。この2種の99Tを区別するために、タメオは独自のルールで後期型99Tのことを99Tbと命名したらしいのだ。そして、その名称が模型業界で定着してしまい、模型業界内でしか通じないローカルネームが完成してしまった……というわけである。

実際、「LOTUS 99Tb」もしくは「ロータス99Tb」でGoogle.comやGoogle.co.jpの検索にかけてみると、ヒットするサイトは国内外問わずそのすべてがタメオ絡み（もしくは、後期型99Tが99Tbという名称だとすり込まれているモデラーの個人サイト）。さらに余談ついでに言っておくと、この当時、改変型マシンを勝手に “b” スペック化するのはタメオの得意技だったらしく、TMK042 ローラ・フォースTHL1b 、TMK043 アロウズA8b 、TMK051 ウィリアムズFW10b……と、実際には名称改変されていないbスペックマシンのオンパレード状態。「何勝手に名前変えてんだよ、ルカ！」とツッコミのひとつも入れたくなるところではある。

なお、後期型99Tのチャームポイントのひとつが0Zホイールのリム部における黄色帯だと思うのだが、じつは、0Zホイールを装着していたのは第13戦スペインGP以降のセナ車のみ。タミヤのキットを大改造して中嶋車を製作しても、アイキャッチポイントたる黄色帯を入れることはできないのだ。

11

8

6
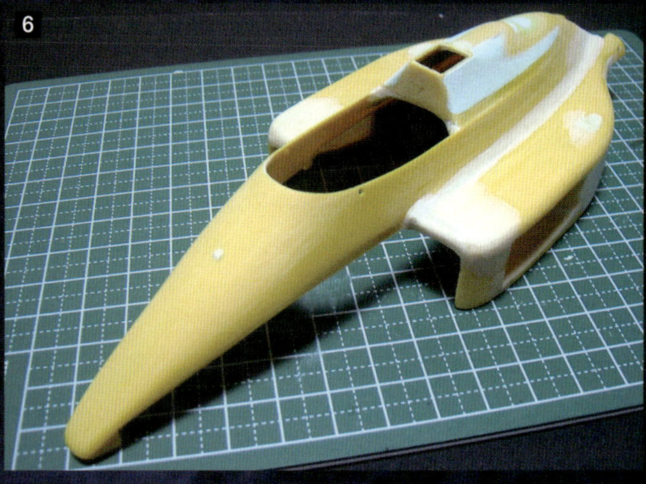

6「後期型」のコクピットからノーズにかけてのラインは、前期型とはまったく異なるため大まかなラインを下書きしてから修正作業を行なった。アンテナ開口部との兼ね合いも考慮しつつ、左右対称に注意しながら作業を進めた。改修後は全体的に低くスマートなシルエットとなっているのがわかる。とくにノーズ、ヘッドレスト後方、エンジン上部付近はキットパーツから大きく削ぎ落とされている
7 8サイドポンツーンはいったん切り離して組み変えたのち、エポキシパテを使用して形状を変更している。アウトレットのところは、デカールの位置合わせをしながら、デザインナイフで削り込んで形状を整えた
9中嶋車の特徴であるヘッドレストのうしろの穴を開口
10キットに付属するヘルメットは中嶋のものを製作
11リアウイングの支持ワイヤーと大きめのオイルクーラーも再現。支持ワイヤーやアンテナ、ピトー管を金属線でディテールアップしておくと全体の印象が引き締まる

9
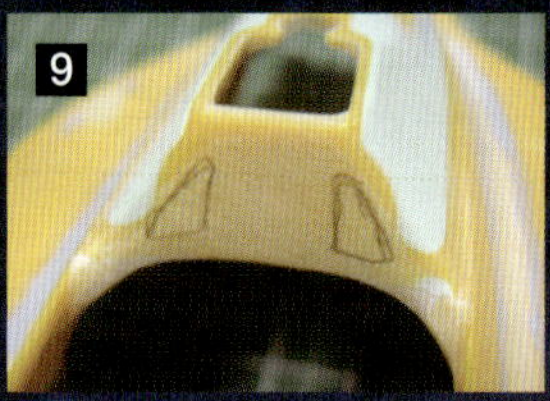

10

7
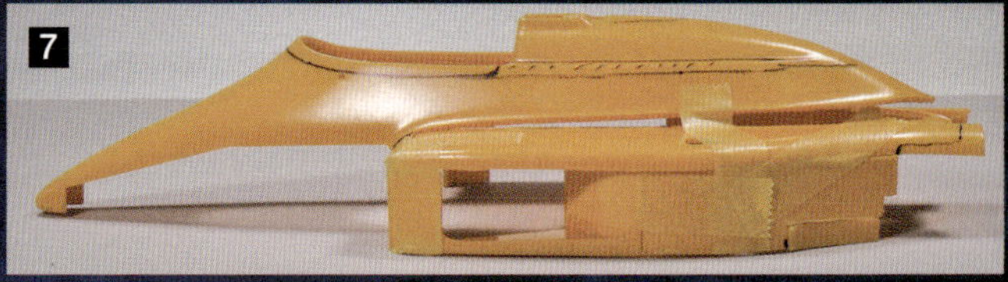

LOTUS 99T Honda
Satoru NAKAJIMA
1987 JAPANESE GP

LOTUS 99T Honda かく戦えり。

1987年F1グランプリ全16戦、ロータス99Tホンダの戦いとモディファイの記録

文／小倉茂徳
写真協力／本田技研工業（株）

ロータス99Tは2勝をあげ、コンスタントに上位を走っていたようには見えるものの、裏では技術的に熟成されきらないアクティブサスペンションに振り回され、苦闘を続けていた。ここでは'87年シーズンにホンダの広報としてチームに帯同した小倉茂徳氏に、全16戦の戦いの記録とマシンのモディファイの変遷を記していただこう。

Round 1 Brazilian GP

第1戦　ブラジルGP～リオ・デ・ジャネイロ　1987年4月12日

P.P.：⑤N.マンセル（ウイリアムズFW11Bホンダ）1'26"128
Fastest Lap：⑥N.ピケ（ウイリアムズFW11Bホンダ）1'33"861
優勝：①A.プロスト（マクラーレンMP4/3TAG）

開幕戦直前に現地で行なわれた合同テストの結果から、GP本番では新たなサスペンションセッティングを試した。だがこれは失敗で、金曜日にセナはハンドリングに不満を述べていたうえ、大きなスピンも喫した。土曜日にはさらにハンドリング特性が悪化し、とくにアクティブサスペンションは高速でバンプの多いジャカレパグアサーキットの路面にうまく追従できず、かえって状況を悪くしていた。また、この金曜日にセナ車には小型のリアウイングもテスト装着されていた。これはこのサーキットの長いバックストレートに対応するためもので、リアのアッパーウイングの翼弦長（前後方向の長さ）が短く、翼厚も薄いものだった。だが結局はセナ、中嶋ともに通常型のリアウイングを採用した。なお、フロントの翼端板は写真のようにやや背の高いものだった。結局、予選はセナが3番手、中嶋が12番手だった。

決勝でもまだハンドリング特性は改善されなかった。それでもセナは常に上位につけ、序盤はトップも走った。しかしオイルタンク内でオイルと気泡を分離するセパレーターが破損。セナは問題がエンジンまで及ぶ前に停車させ、50周でリタイヤとなった。中嶋は気温40℃にも達する高温多湿な気候対策として冷水を循環させて頭部を冷やすヘッドギアを装備したが、これがレース中に壊れた。だが初レースを7位で完走した。シャシーはセナが4号車、中嶋は1号車で、これが前半戦の定番だった。

Round 2 San Marino GP

第2戦　サンマリノGP～イモラ　1987年5月3日

P.P.：⑫A.セナ（ロータス99Tホンダ）1'25"826
Fastest Lap：⑲T.ファビ（ベネトンB187フォード）1'29"24
優勝：⑤N.マンセル（ウイリアムズFW11Bホンダ）

3週間のインターバルのあいだに、開幕戦で問題となったオイルタンク（クラッチハウジングも兼用）を新設計のものに変更した（変更点はもっぱら問題が起きた内部の構造に集中）。

レースカーの配置は開幕戦同様に、セナ4号車、中嶋1号車で、3号車がTカー。金曜日にTカーのアクティブサスペンションに配線ミスが見つかったが、土曜日にセナがTカーも走らせ、ミスの修理が済んだことを確認していた。セナ、中嶋車ともフロントの翼端板が低いもの（前年の98Tのものとほぼ同じ）となり、全体としてはタミヤの旧キットがほぼこの状態となる。

予選ではセナがマンセル（ウィリアムズ ホンダ）と激しく争った末にポールポジションを獲得。中嶋は12番手だった。だが決勝直前のグリッドにつく際に、中嶋車（1号車）のアクティブサスペンションが作動しなくなってしまった。当時のアクティブサスペンションには、小さなコイルスプリングも併用されていたが、それは油圧システムとともに作用するもので、スプリング単独では車体を支えきれない。そのため、底を路面につけてしまった1号車はグリッドから排除され、中嶋はピットからTカー（3号車）で出走となった。しかしTカーはセナ用にセットされていたので、コクピット内部の操作系、シート、ヘッドレストつきカウルなどを大急ぎで中嶋用へと変更。スタートが5分遅れたおかげで、中嶋はピットスタートに間に合い、最後尾から追い上げての日本人初のポイント獲得となった。

Round 3 Belgian GP

第3戦　ベルギーGP～スパ-フランコルシャン　1987年5月17日

P.P.：⑤N.マンセル（ウイリアムズFW11Bホンダ）1'52"026
Fastest Lap：①A.プロスト（マクラーレンMP4/3TAG）1'57"153
優勝：①A.プロスト（マクラーレンMP4/3TAG）

ホンダのV6ターボエンジンは、チーム・ロータスが前年まで使用していたルノーV6よりもはるかに振動が激しかった。ゆえにセナは初テストで、エンジンが壊れたと思い急いでピットに戻ってきたほどだったし、開幕戦のオイルタンクの問題もこの振動によるものとされていた。この振動対策のひとつとして、ベルギーGPではターボインレットダクトのマウントに、発泡材による緩衝材が追加装着された。

スパを得意とするセナは絶好調だったが、予選はウイリアムズ勢に負けて3番手だった。この週末は基本的に10℃以下と東京の冬のように寒く、ブレーキダクトをガムテープで閉じてブレーキの冷えすぎの対策をしていた。しかし、週末を通して気候と路面状態がこまかく変動し、予選のアタック状態ではブレーキが過熱して、効きが落ちてしまっていた。しかも刻々と変化する路面状況のなか、いちばん路面が乾いた状態のときにアタックに出られなかった。これは中嶋も同様で、アクティブサスペンションにもホンダV6エンジンにも重要な電子装置のエネルギー源であるバッテリーに不具合が出たため、これを交換しているうちに予選のベストコンディションを逃してしまった。

決勝は、セナも中嶋も定番のレースカーで臨んだ。だがオープニングラップでセナとマンセルが接触。セナはリタイヤ。ホンダ勢が総崩れとなるなか、中嶋が5位入賞を果たし、ひとりでホンダの面目を保ってくれた。

Round 4 Monaco GP

第4戦　モナコGP～モンテカルロ　1987年5月31日

P.P.：⑤N.マンセル（ウイリアムズFW11Bホンダ）1'23"039
Fastest Lap：⑫A.セナ（ロータス99Tホンダ）1'27"685
優勝：⑫A.セナ（ロータス99Tホンダ）

低速・ハイダウンフォースサーキットのモナコに対応し、ウイングもハイダウンフォース仕様とした。とくに、中嶋車のリアのフラップは写真のようにほぼ垂直に近いほど立ったもので、いちばん上（うしろ）のエレメントの翼弦長が大きかった。いっぽうセナ車は、いちばん上のエレメントの翼弦長がやや短めで、その下のフラップの翼弦長がやや長いものだった。ターボインレットダクトも形状も変更。従来は垂直に立ち上がって直角に折れ曲がった、まさに潜望鏡のようなかたちだったが、新型はウィリアムズのものと同様に前傾して、折れ曲がり部分もカーブを描くかたちになっていた。これはホンダ側からの要求に基づいた変更だったようだ。また、アンダーボディも変更された。従来はその左右のヘリが平板で、サイドポンツーンの側面と直角に交わっていたが、今回から、下ふちが丸く上に上がって、サイドポンツーンの側面と合わさるウィリアムズ風になった。なお、Tカーには片側3本排気ではない新しい排気管（片側1本集合＋ウェイストゲート）にされていた。

予選2番手からスタートしたセナは、ファステストラップをマークしながらの優勝。これが、セナにも、ホンダにもモナコ初優勝となる。また、アクティブサスペンション車のF1初優勝でもある。日曜日の夜に行なわれたモナコ自動車クラブの晩餐会にこの優勝した4号車がそのまま展示されため、チームがマシンをトランスポーターに積み込めたのは、月曜日の朝だった。

Round 8 German GP

第8戦ドイツGP～ホッケンハイム　1987年7月26日

P.P.：⑤N.マンセル（ウイリアムズFW11Bホンダ）1'42"616
Fastest Lap：⑤N.マンセル（ウイリアムズFW11Bホンダ）1'45"716
優勝：⑥N.ピケ（ウイリアムズFW11Bホンダ）

ノーズ両脇にあるピトー管が、ややうしろの装着位置にされた。このピトー管は走行中の対気速度を計測するもので、この速度データがアクティブサスペンションの制御にも利用されていたのだ。従来の位置では乱流の影響が大きかったため、より正確な測定ができるように移設された（以後シーズン終わりまでこの位置）。

ボディやウイング類は基本的にはイギリスGP決勝仕様を踏襲。ただし、より高速な区間が長いコースに合わせて、ラジエーターのアウトレットの形状を若干変更して空気抵抗の低減を狙った。また、リアブレーキダクトも効率のよい（抵抗の少ない）新型が採用された。リアウイングもイギリスGP決勝仕様だが、ロワウイングに小さなフラップが追加された。

今回から、中嶋車のシャシーが3号車となり、５号車がTカーにされた。セナはずっと4号車のままだったが、決勝直前にエンジンに不安を感じたセナは、Ｔカーで行くか悩んだすえ、結局レースカーでスタートした。

セナはオープニングラップこそトップで戻ってきたが、ターボのブースト圧調整が不能、他車の部品によるピトー管の詰まり、フロントウイングの損傷で遅れをとっては挽回することの繰り返し。最後には、アクティブサスペンションの油圧液が漏れてしまい、スプリングだけの沈んだ車体でなんとか3位に「滑り込んだ」。セナとチームの関係は悪くなっていた。中嶋はターボの故障で早々にリタイヤした。

Round 9 Hungarian GP

第9戦ハンガリーGP～ハンガロリンク　1987年8月9日

P.P.：⑥N.ピケ（ウイリアムズFW11Bホンダ）1'28"047
Fastest Lap：⑥N.ピケ（ウイリアムズFW11Bホンダ）1'30"149
優勝：⑤N.マンセル（ウイリアムズFW11Bホンダ）

大掛かりなマシン変更が行なわれ、これが後半戦の標準仕様となった。まず、一体型のボディカウルがより低いものにされた。これはサイドポンツーン部分で6㎝低くされ、コクピット周辺やエンジンカバーもより低くされた。ただしエンジンカバーの部分は、過給圧を4バールに制限するために装着が義務つけられていたポップオフバルブがあるため、上の部分が2段階で下がるような形状になった。サイドポンツーンが低くなったことで、内部の冷却装置（ラジエーターとインタークーラー）の形状と配置と配管も見直された。当然、冷却用装置を覆うサイドポンツーン内部のダクトも新設計されている。ターボのインレットダクトも、従来型では高く突出してしまうので、基本的なシルエットは踏襲しながらもより低いものにされた。そして、このターボインレットダクトはより車体外側近くに出るようになった。前後のウイングとも翼端板は従来型だが、翼とフラップはいろいろ試した結果、低速なハンガロリンクに合わせたハイダウンフォース仕様のものが選択された。

レースカーは前回と同様だが、今回からTカーが最新の6号車にされた。決勝は中嶋がドライブシャフトのトラブルのため1周でリタイヤしたが、セナは2位に入った。しかし、この週末の木曜日に、チーム・ロータスは来期のピケの起用を発表。これでマクラーレンへの移籍交渉を有利に進める材料を失ったセナは、かなり狼狽した表情を見せていた。

Round 10 Austrian GP

第10戦オーストリアGP～エステルライヒリンク　1987年8月16日

P.P.：⑥N.ピケ（ウイリアムズFW11Bホンダ）1'23"357
Fastest Lap：⑤N.マンセル（ウイリアムズFW11Bホンダ）1'28"318
優勝：⑤N.マンセル（ウイリアムズFW11Bホンダ）

2週連続開催のため、マシンも機材もそのままブダペストからエステルライヒリンク（改修されて後にA1リンクになった）に陸路で移動した。移動はまるまる1日がかりで、途中一泊するほどだった。そのため、マシンは基本的にハンガリーGP仕様をベースにしていた。ただし、モナコとならぶ低速コースのハンガロリンクから高速のエステルライヒとなったので、前後のウイングの翼とフラップはより「軽い」ものに変更された。とくに顕著なのは、リアのロワウイングで、ハンガリーではドイツと同様にフラップをつけていたが、オーストリアではイギリスと同様にフラップをはずしていた。ちなみにイギリスGPから投入されたこの新型リアウイングは、高速時に風圧でうしろに傾かないように（本当は多少ガタがあり、実際は前後に傾く！）、エンジン部分についたマウントに脱着式のテンションワイヤーを装着していた。

エステルライヒリンクは、高速でのアップダウンとコーナーが連続するうえ、バンプが各車を悩ませた。しかも、土曜日が雨だったため、ロータスを含む大部分のチームが充分な対策のないまま決勝に臨んだ。金曜日の予選結果で決まったグリッドは、セナ7番手、中嶋13番手に沈んだ。決勝は事故で3度もスタートが行なわれる大混乱で、セナはTカー（6号車）に乗り換えた。途中、アルボレート（フェラーリ）に追突してノーズを交換したため5位。中嶋は13位で完走した。

Round 5 U.S.A. GP

第5戦アメリカGP～デトロイト　1987年6月21日

P.P.：⑤N.マンセル（ウイリアムズFW11Bホンダ）1'39"264
Fastest Lap：⑫A.セナ（ロータス99Tホンダ）1'40"464
優勝：⑫A.セナ（ロータス99Tホンダ）

アンダーボディはモナコ型を基本としながら、ディフューザーと排気口はモナコでTカーに装着されたものが今回の標準仕様とされた。つまり、片側が１本集合管＋ウェイストゲートの小さな排気口というもので、その付近にはウィリアムズ風の垂直フェンスがつけられていた（モナコのTカーにもついていたはず）。かわりに、従来のディフューザーについていた大型の垂直フェンスは姿を消した。ターボインレットダクトの形状もモナコから踏襲した。サイドポンツーン前のラジエーターインレットには、金網で作ったガードがついた。これは、ゴミが多いデトロイト用の対策だ。

前後のウイングは新型となった。フロントは翼端板が背の高いものになった。ただし、タミヤのリニューアルキットのもとは違い、後端の頂部に短い水平の部分がある形だ。リアウイングも、翼端板が縦に長いタイプとなったが、今回のキットと同様の長方形ではなく、上端が前に向かって傾斜した形で、下・前側が斜めにカットされた外観だった。リアのメインプレーン（主翼）は薄く、キャンバー（反り）が強いものになり、ロワウイングは今回のキットに近い、より低い位置に装着されるようになった。

チームとアクティブサスペンションは2連勝したが、これがチーム・ロータス最後の優勝となってしまった。レース中、警察無線が混信してしまい、それを嫌ったセナは左脇にあった無線器のボリュームを操作しながら走っていた。

Round 6 French GP

第6戦フランスGP～ポール・リカール　1987年7月5日

P.P.：⑤N.マンセル（ウイリアムズFW11Bホンダ）1'06"454
Fastest Lap：⑥N.ピケ（ウイリアムズFW11Bホンダ）1'09"548
優勝：⑤N.マンセル（ウイリアムズFW11Bホンダ）

レース開催の直前に、チームはシルバーストンサーキットでテストを行なった。当時のシルバーストンは現在のように改修される前の、高速コースのひとつで、フランス、イギリス、ドイツの高速3連戦対策のテストを行なったのだ。ここでチーム・ロータスは、空力が改善ができ、トップスピードを12㎞/h伸ばすことができた。最大の変更点は前後の翼端板で、前は背が高く頂部がとがったもの、うしろは大きな長方形のものと、タミヤのリニューアルキット同様のものになった（リアのウイングマウントもキットと同様）。ただし、リアの翼端板が変更されたのにともない、翼の形状や配置も変更された。

当時、チーム・ロータスではコース特性に応じて多種類のウイングを用意していた。チームは、これらをコースでいろいろと試して装着していた。そのため、金曜日はトップスピードが伸びたがバランスが悪いというようなことも起きた。また、これにはタイヤの空気圧調整ミスも影響していた。金曜日は、中嶋車のファイナルギアにもトラブルがあり、充分に走りこめなかった。しかも、土曜日の予選ではセナ車のエンジンにミスファイアが発生し、セナはTカーでのアタックとなった。

決勝はセナが4位、中嶋は序盤のタイヤトラブルで大きく遅れ、周回数不足で完走扱いにならなかった。直前テストの結果から希望を抱いてのレースだっただけに、チーム・ロータスの落胆はかなりのものだった。

Round 7 British GP

第7戦イギリスGP～シルバーストーン　1987年7月12日

P.P.：⑥N.ピケ（ウイリアムズFW11Bホンダ）1'07"110
Fastest Lap：⑤N.マンセル（ウイリアムズFW11Bホンダ）1'09"832
優勝：⑤N.マンセル（ウイリアムズFW11Bホンダ）

フランスGPからの2周連続開催。今回から中嶋のレース車が新しい5号車に変わった。これはデトロイトとフランスでTカーとして投入されていたもの。セナ車は開幕から一貫して4号車で、開幕からモナコまでTカーだった3号車が、ふたたびTカーに戻ってきた。

高速コースのシルバーストンにあわせて、ロータスはトップスピードの向上を目指した。そのため予選では、セナ車のリアブレーキダクトがはずされた。おかげで、セナはトップスピードではマンセルに次ぐ2番手だったが、ラップタイムでは3番手だった。写真から見ると、この予選の段階で、セナ車には新型リアウイングが装着されていたようだ。これは翼端板はフランスGP型なのだが、マウントの支柱は上までのびず、ロワウイングだけについたもの。ロワウイング自体もより低い位置につき、翼弦長も長いものになった。結果として、ウィリアムズのものとよく似たものになった。チームはこの新型リアウイングを大急ぎで製作して、日曜日朝のウォームアップの段階で、Tカーを含む3台全車とも新型リアウイングにした。当然フロントウイングも、若干翼弦長とキャンバーが少ない高速仕様とされていた。

それでも、決勝ではウィリアムズの2台からは離されてしまった。しかしセナが3位、中嶋が4位になったことで、ホンダ勢が1-2-3-4を独占できた。実際は、中嶋車の燃料搭載量がギリギリで、終盤はゴールまで冷や汗ものだった。

Round 14 Mexican GP

第14戦メキシコGP~メキシコ・シティ　1987年10月18日

P.P.：⑤N.マンセル（ウイリアムズFW11Bホンダ）1'18"383
Fastest Lap：⑥N.ピケ（ウイリアムズFW11Bホンダ）1'19"132
優勝：⑤N.マンセル（ウイリアムズFW11Bホンダ）

シーズン終盤となり、車体に大きな変更がなくなった。メキシコシティは海抜2240mの高地にあるため、ウイング類はダウンフォースをつけた仕様だった。ちなみにリアウイングはアッパー 3エレメント、ロワ2エレメントだった。あとはサスペンションのジオメトリーも若干変更していた。メキシコシティはかつての湿地の上に建った都市のため地盤が弱いところが多く、エルマノス・ロドリゲスサーキットもバンプやうねりが多い路面だった。ロータスのアクティブサスペンションはこれにうまく対応していたが、やはりタイヤに優しすぎてグリップ不足だった。それでもここを得意とするセナだったが、土曜日の予選で難所の最終コーナー「ペラルタダ（バンクという意味）」で大クラッシュしてしまう。そのときのスピードは190㎞/h以上。幸いセナは無事だった。

チーム・ロータスは完徹作業でセナのレースカー（4号車）を修復し、決勝のコースインのときには完成していた。だがセナは決勝にTカー（6号車）を選んで、8番手からスタートした。一方中嶋は16番手スタートしたが、2周目にワーウィック（アロウズ）に追突してリタイヤしてしまう。レースは途中赤旗中断があり、レース再開後セナはクラッチが切れない状態になり、それでも3位、4位を走っていたが、残り10周をきったところでスピンして停まってしまった。これで、残り2戦を前にセナの'87年のチャンピオン獲得の可能性は完全に消えてしまった。

Round 15 Japanese GP

第15戦日本GP~鈴鹿　1987年11月1日

P.P.：㉘G.ベルガー（フェラーリF187）1'40"042
Fastest Lap：①A.プロスト（マクラーレンMP4/3TAG）
優勝：㉘G.ベルガー（フェラーリF187）1'43"844

'87年日本GPは、開催時期がいまよりも1ヶ月近く遅く、肌寒い気候のなかで行なわれた。この低温を見越してホンダは、ポルトガルとスペインで投入したインタークーラーのバイパスによる吸気温度制御を再投入した。車体は基本的にポルトガルGP以後大きな変化はない。

セナは土曜日の予選をドライブシャフトの折損で、土曜日の予選をコクピット内の消火器の誤作動で、それぞれ充分に攻め切れず7番手。中嶋は金曜日にクラッチのマスターシリンダーを交換したため予選に出遅れたが、土曜日には大幅にタイムをつめて11番手になった。

日曜日のウォームアップで、セナのレースカーのアクティブサスペンションに不具合が感じられたので、急きょTカー（6号車）に乗り換えることになり、これにあわせて"鈴鹿スペシャル"エンジンもレースカーからTカーに乗せ換えられた。決勝でセナは、3度目のチャンピオンとなったピケを従えての3、4位争いに終始した。ペースに勝るピケをセナが抑え込んだおかげで、トップのベルガー（フェラーリ）には未知の鈴鹿でも楽な展開になってしまった。一方、ピケはセナの跳ね上げたタイヤカスなどをラジエーターに拾ってオーバーヒート。最終的にはエンジンまで壊れてしまった。結局、セナは2位になったものの、本田宗一郎最高顧問の目前でホンダが地元優勝を逃す要因となった。中嶋はブーツェン（ベネトン）を抜くなど、地元で見せ場を作っての6位入賞だった。

Round 16 Australian GP

第16戦オーストラリアGP~アデレイド　1987年11月15日

P.P.：㉘G.ベルガー（フェラーリF187）1'17"267
Fastest Lap：㉘G.ベルガー（フェラーリF187）1'20"416
優勝：㉘G.ベルガー（フェラーリF187）

日本GPから2週間後の決勝だったが、基本的に車両と主な機材は日本からアデレードに直接空輸された。シーズン最終戦とあって、マシンにはほとんど変化がないが、アデレードの市街地コースにあわせて、前後のウイングともダウンフォース量が多めの翼を装着。また、このコースはブレーキにも厳しいコースなため、フロントブレーキの冷却ダクトに加えて、3本の掃除機のホースのようなチューブも増設した。

セナは予選から好調で4番手。アクティブサスペンションも好調だった。一方、中嶋は金曜日にクラッチのトラブルが出て、土曜日も不調で14番手だった。決勝でも中嶋の不運は続き、アクティブサスペンションの油圧液漏れにより22周リタイヤで終わった。

セナの好調は続き、中盤から2位に浮上すると、トップのベルガー（フェラーリ）を激しく追い立てた。結局、最後はベルガーがトップを守り、セナは2番手でゴール。しかし、レース後の再車検でセナ車のフロントブレーキ冷却ダクトが、規定の寸法より2.5㎝厚いとして失格とされた。冷却能力を増すためのホースが引っかかってしまったのだ。これはベネトンの抗議によるもので、それをフェラーリが後押ししたのだ。セナは失格となり、フェラーリが1-2、ベネトンのブーツェンが3位になった。チーム・ロータスもホンダもプレスリリースができあがった直後のことだったので、その対応に追われた。我々にとっては最低な裁定だった。

Round 11 Italian GP

第11戦イタリアGP~モンツァ　1987年9月6日

P.P.：⑥N.ピケ（ウイリアムズFW11Bホンダ）1'23"460
Fastest Lap：⑫A.セナ（ロータス99Tホンダ）1'26"796
優勝：⑥N.ピケ（ウイリアムズFW11Bホンダ）

モンツァ対応で高速仕様の前後ウイングを再投入した。また、事前にイモラでテストされた新しいディフューザーを実戦投入した。このディフューザーは、左右あわせて4枚の垂直フェンスがやや大きいものに戻されている。シーズン終盤の99Tは、排気口が片側1本（排気管とウェイストゲートをすべて集合）にされているが、このディフューザー改修で排気口も変更されたのかもしれない。

セナはTカー（6号車）をダウンフォースと抵抗の少ない予選用高速アタック車としていた。しかし、金曜日の予選は、ポップオフバルブが4バールではなく3.7バールで作動してしまいパワー不足になった（同種のトラブルがよく起きた）うえ、アンダーステアが強かった。土曜日は、予選アタック用のTカーのギヤボックスが故障し、急きょ決勝仕様のレースカー（4号車）でアタック。4番手だった。中嶋は14番手。

決勝は中盤セナがトップに立ったが、43周目のパラボリカでコースアウト。トップをピケに明け渡しての2位だった。当時これはアクティブサスペンションの油圧抜けと言われていたが、実際は周回遅れのリジェ（ギンザーニ）を抜こうとしてラインをはずしたうえ、タイヤが消耗した状態でブレーキングを遅らせたのが原因だ。中嶋は11位。木曜日にはホンダが来季のマクラーレンとロータスへのエンジン供給と、セナのマクラーレン加入を発表。広報担当者としては、準備と対応に追われた悪夢の週末だった。

Round 12 Portuguese GP

第12戦ポルトガルGP~エストリル　1987年9月20日

P.P.：㉘G.ベルガー（フェラーリF187）1'17"620
Fastest Lap：㉘G.ベルガー（フェラーリF187）1'19"282
優勝：①A.プロスト（マクラーレンMP4/3TAG）

エストリルは長いストレートとコーナーで構成される、現代のバルセロナのようなレイアウト。ストレートスピードを稼ぐためにウイングによるダウンフォース発生量と空気抵抗を減らすのか、それともコーナーでの安定のためにダウンフォースを増やしていくのかが難しく、セナはウイングを頻繁に変更した。金曜日にデトロイトで使用したダウンフォースが多いリアウイングを試したが、土曜日からはイギリスGPで投入したダウンフォースが少な目のものにして、ストレートスピードを稼ぐことを選択した。

インタークーラーにはバイパスがつけられた。これは、冷却コア横の車体内側にあたる部分にある上下の通気管を結ぶ太目の丸パイプのこと。このなかのバルブを動かすことで吸気を理想的な温度に制御して、低燃費と高出力の両立が実現できた。また、過去数戦でアクティブサスペンションの配管がエンジンルーム内で過熱気味だったので、その遮熱処理も強化された。

それでも土曜日のフリー走行で中嶋車（3号車）が油圧液もれで出火。セナも予選で同様なトラブルが出たため、スペアカー（6号車）はセナのアタック用となり、中嶋はアタックできなかった。グリッドはセナ5番手、中嶋15番手。

決勝は、故障したスロットルセンサー交換で遅れたセナが7位、中嶋は8位とそろって無得点。前戦からウィリアムズもアクティブライドサスペンションを投入し、チーム・ロータスにはややショックだった。

Round 13 Spanish GP

第13戦スペインGP~ヘレス　1987年9月27日

P.P.：⑥N.ピケ（ウイリアムズFW11Bホンダ）1'22"461
Fastest Lap：㉘G.ベルガー（フェラーリF187）1'26"986
優勝：⑤N.マンセル（ウイリアムズFW11Bホンダ）

ポルトガルGPから2週連続開催となり、ここでも車両と機材はエストリルから途中一泊の陸路移動となった。一部必要な機材は、英国のファクトリーからトラックやエアカーゴで追加搬入した（ウィリアムズのトラックは、休暇でF1見物に来た英国ホンダの広報担当まで運んできた！）。そのため、車両は基本的にポルトガル仕様を継続した。ただし、ヘレスのコースは曲がりくねったコースなので、ポルトガル使用のウイングにややダウンフォースを増すセットにして対応していた。また、正確な時期は定かではないが、このころからOZ製のホイールを装着しはじめている。それ以前のチーム・ロータスはダイマグ製のもので、OZのような黄色の丸い輪がない。また、ホイールのスポークの数も両社で異なる。

予選でロータス勢は、コーナーでのグリップ不足と、立ち上がりでのトラクション不足に悩まされた。アクティブサスペンションは車体の底と路面との位置関係を制御して空力性能を高めるものだったが、副産物としてタイヤに優しい特性もあった。だが、これでは短時間でタイヤが発熱しにくくなり、かえって予選でのここ一発の勝負ができなくなっていた。グリッドはセナが5番手、中嶋は金曜日のタイムで18番手。

決勝でもセナはペースがあがらず、中盤まで後続を隊列にして従えての3位だったが、ピットストップで転落して5位。中嶋は追い上げたが終盤ギアをひとつ失って9位だった。

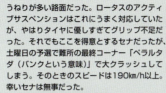

フェラーリ 640
タミヤ　1/20
インジェクションプラスチックキット
「フェラーリ F189 後期型（ポルトガル GP 仕様）」
'90 年発売　税込 1944 円
製作・文／**石山赴治**

FERRARI 640
TAMIYA 1/20 Injection-plastic kit
[Ferrari F189 PORTUGUESE G.P.(LATE VERSION)]
Modeled and described by Takeharu ISHIYAMA.

新機軸を多数盛り込んだ「天才の跳ね馬」

Model Graphix
2002年2月号
掲載

セミオートマチックミッション、フロントサスペンションダンパーユニットのモノコック上への水平配置とリアサスペンションショックユニットのギヤボックス上への配置、絞り込まれたリアセクションにエアを抜く手法……。"天才"ジョン・バーナードの手により、その後のマシンの多くが模倣した新機軸を数多く盛り込まれたエポックなマシン、フェラーリ639の実戦投入バージョン、それがこのフェラーリ640だ。往時に発売されたタミヤの名作キットを元に、その後積み重ねられたF1モデル製作テクニックを盛り込んで「天才の跳ね馬」を作り込む。

1/20 FERRARI 640

1/20 FERRARI 640

新機軸テクノロジーが生み出した流麗かつ個性的なフォルム

'89年は3.5リッターNAエンジンエンジンの新規定となった年。このときジョン・バーナードは思い切ってすべてを一新することを選択した。そして生まれた639／640は、まず見た目からしていままでとは違っていた。サイドポンツーンは前後が思い切り絞り込まれ、それまでに見たことのない細いノーズを持った斬新なスタイルのマシンが登場したのである。

F1マシン初搭載となった7速セミオートマチックトランスミッションのはドライバーの負担を格段に軽減するが、それだけでなく、シフトノブやシフトリンケージが不要となったことによりモノコックを細長くできる。同時にサスペンションユニットをモノコック／ギアボックス上に配置することで、この独特なフォルム、そして優れた空力性能を生むこととなった。そして、'89年開幕戦ブラジルGPでは見事にマンセルが優勝。その後はメカニカルトラブルに悩まされるが、ハンガリーでは再びマンセルが、ポルトガルではベルガーがそれぞれ勝利を挙げ、フェラーリ復活への流れを生み出すこととなる。

MAGNETI MARELLI
SKF
MAGNETI MARELLI WEBER

GOODYEAR
FIAT

GOODYEAR
EAGLE
LONGINES

1/20 FERRARI 640

●作例はキットの仕様のまま、'89年のベルギーGPのベルガー車をイメージして製作
●タミヤの1/20 F189は少ないパーツ数で特徴を巧みに捉えた'90年発売の名キットだが、さすがに往時の1/20キットということで内部の再現度はそれなり。作例では、ラジエーターの配管追加やブラックボックスのパイピングにはじまり、自作スプリングによるショックユニットの作り直し、ウインドシールドのリベット再現に至るまで徹底的に作り込んでいる
●639系マシンのインジェクションプラスチックキットをカウルオープンで製作する際の難点となるボディーカウルのフチの厚さだが、作例では徹底的な削り込み工作により、プラモデル完成品とは思えない薄さを実現。遮熱材の再現やカウルファスナーの追加と相まってリアリティーを演出している
●内部の黒の質感に注目。カーボン地、グロス塗装、ツヤ消し黒、梨地の黒といった幅のある質感を使い分けることで模型にメリハリと密度感をもたらしている

ポイントは「640を640として作る」タミヤの往年の力作をいまの水準で作り込む。

◆衝撃のデビューウィンフェラーリ!

それまでのターボエンジンから3・5リッター自然吸気エンジンへとレギュレーションが変更され、「NA元年」と呼ばれた'89年に、メカニズム、エアロダイナミクス、すべての面で群を抜いて輝いていたマシン、それがこのフェラーリ640。ジル・ヴィルヌーブの不幸なあの事件以降不調続きだったターボ時代に早々に見切りをつけるかのように、'88年半ばにはすでに原型である639が完成する。半年の熟成を経て640となったマシンは、第1戦ブラジルGPで見事にデビューウィンを飾った。

この639/640はセミオートマチックトランスミッションをF1史上はじめて採用したことで知られているが、エアロダイナミクスにおいても変革をもたらしたマシンである。サスペンションユニットの水平配置により、細いノーズと絞り込まれたリアセクションを実現したことで、その特徴的なボディラインを生み出した639/640だが、フロントノーズ下面の形状に着目し、段差をつけることでわずかにノーズを持ち上げるという、のちの「ハイノーズ」的な思想を採用したことも忘れてはいけない。現代のGPシーンでは当たり前となったハイノーズデザインの思想を生み出したパイオニアともいえるマシンなのである。

640は天才デザイナー ジョン・バーナードが地元イギリスで設計した、いわば英国製フェラーリだった。創始者エンツォの死、そしてエンツォに愛されたミケーレ・アルボレートの解雇といったことにより「フェラーリの旧体制」が終わりを告げ、英国製シャシーとともに新体制へと突入した激動のシーズン……そう、もうあれから12年の時が経ってしまったんだね。

◆名車を名社タミヤがリリース!

'82年のタミヤ1/20ブラバムBT50発売以来続いていた、1/20キット化がない「F1モデル冬の時代」が'87年についに終わりを告げ、ウィリアムズFW11によってタミヤ新生1/20F1モデルがスタートした。640はそんなリスタート後の第5作目として登場したモデルだ。1/12フェラーリ312T4以来じつに10年ぶりのフェラーリのモデル化というだけあって、タミヤの意気込みも並々ならぬものがあったようで、それはパッケージアートからも伝わってくるものがあった。シャシー全体にわたって詳細に描かれたそれは1/12用の箱絵を彷彿とさせる、1/20では新採用となるスタイルだった。そこでキット化されたのは640の初期型。J・バーナードの理想形639の面影を強く残す、ローインダクションポッド仕様であった。今回製作したのは、メキシコGPから投入された、ハイインダクションポッドを採用した後期型と呼ばれるモデルであるが、同一マシンのバージョン換え発売というのもF1モデルとしては初のことで、最近でもこのようにバージョン違いが発売された例は、限定販売となったマクラーレンMP4/13の日本GP仕様ぐらいである。それだけ、640というマシンへの思い入れと人気の高さがあったということを物語っている。

◆製作上の留意点

640を製作するにあたっての留意点、それは何より641/2との違いを明確に把握しておくことであろう。

ご存じのとおり、タミヤにはスーパーキット、1/12 641/2が存在し、640を製作するにあたってもこのキットは最良の資料になる。しかし当然ながら640と641/2は違う車だ。640も後期型ともなると内部構造的にはかなり641/2と酷似してくる部分があるが、もちろんまったく同じように作ってはいけない。今回は第13戦ポルトガルGP仕様(ベルガー車)としつつ、内部的には前半戦仕様を意識したディテールアップを施し、これが「640」であることを強調してみた。

◆エンジン/ギアボックス

640で10年ぶりに復活したフェラーリ伝統の12気筒エンジン。V型レイアウトをもつこのエンジンは、タミヤ製キットとしては、1/12、1/20含め、これが初立体化であった(それまでは両スケールとも、水平対向エンジンだったからだ)。マルチシリンダー+縦置きギヤボックスという構造上異様なほど縦長となるが、ウイングステーを含め一体整形されていたところに、当時は新鮮さを感じたものだった。そして、サイドポンツーンが上下分割式になっている639系特有のカウルワークの640では、シャシー側製作時も常にカウルパーツとエンジンの位置関係を考慮に入れながら工作をしなければならない。

エンジン部の組み立てにあたって、組み立て説明書では、いきなりサイドポンツーン後端部(B16、17)をギヤボックスに取り付けるようになっているが、サスペンション取り付けやギヤボックス周辺のディテールアップをするならば、ここの接着は先送りしたほうがベター。ステーは洋白線で作り直すために切除し、全体に薄く見せるためにフチを削り込んでいる。

前後サスペンションは、メッシュを使ったカーボンパターン塗装を施してみた。カーボン地デカールの使用も考えたが、1/20というスケールなのでサスペンションに使用するには多少オーバーサイズ気味だったのと、アンダーカウル部に使用する予定だったので、それとのバランスを考えてメッシュを使った塗装とした。

また、640に使用されたティーポ036エンジン特有の純白の耐熱塗装エキゾーストパイプは、下手に汚すよりその白さを強調したほうがかえってリアルに仕上がるようだ。キットではエキゾーストパイプ先端部がアンダーカウルと一体とされているので、これをエキゾーストパイプ側に移して塗装のしやすさを優先させた。

ラジエーターへとのびるウォーターパイプのほか、主要なパイピングの取り付け位置は1/12の641/2の組み立て塗装説明図をおおいに参考にしている。

◆モノコック

セミオートマチックミッションを採用したがゆえに実現できたと言われる細身のモノコック。このモノコックは塗装が決め手となる。黒の質感/トーンの使い分けやカーボンデカールの色調の調整、汚しにあたって想像力をフルに動員するようにして、とにかく〝らしく〟仕上げることができればよいだろう。地味な色味ながら全体に占める割合が大きい箇所ゆえ、手を加えるほどに完成度を大きく左右する部分だ。

ブラックボックスはジョイント部を自作しただけでなく形状を若干変更し、ややオーバーにパイピングを施してみた。また、いつもは塗装ですませるシートだが、今回は1/12 641/2のバックスキン調シートを使用してみた。これならシートベルト取り付け部分もリアルに仕上がり、貼るだけなので塗装よりも楽である(じつはこれが本音だったりする)。

◆カウルワーク

今回の製作にあたってもっとも悩んだ点が、サイドポンツーンをどうするかだった。この部分はレースごとによる変化が見られず、やることと言えばラジエターの排気用エアダクトの開閉ぐらいなものだ。当初はカナダGP仕様としてここを塞ぎ、サイドポンツーン全体を0・3㎜のプラ板、もしくはアルミ板で作り直すことも考えた。しかし、アンダーカウルとの接着やアッパーカウルとの合い、そしてなによりも工作自体の難しさ(絶妙なRをうまく成形できないと、かえって不出来なモノとなってしまう)から、けっきょくキットのパーツを使用することにした。

とは言え、ここはもっとも目立つ部分ゆえに、フチを薄く見せる削り込み工作をていねいに施し、同時に補強用のリブを切除して裏面からカーボンデカールを貼った。エアダクトは塞いでしまうと味気ない気もしたので、結果的にキットのままのポルトガルGP仕様に落ち着いた。

◆その他のポイント

今回はフェラーリ特集、しかも640という私のフェイバリットなマシン担当ということで、かなりこまかい部分にも手を入れた。ステアリングシャフト、シフトリンケージの追加。アクセルワイヤー、ブレーキダクト、インジェクションバルブなど時間をかけたわりには目立たない部分も多かったかもしれない。しかしそれもフェラーリ640というマシンへの思い入れがあればこそ。楽しい製作時間であった。 ■

マクラーレンMP4/4 ホンダ '88年日本GP仕様
タミヤ　1/20 インジェクションプラスチックキット
「マクラーレン Honda MP4/4」
'88年発売　税込3024円
製作・文／**西澤 浩**

All those model kits on this book does not include Tabacco sponsor decals.
Those were created and used on completed model by the modelers.

Model Graphix
2010年5月号
掲載

「最強伝説」のクライマックス A.セナ、秋晴れの鈴鹿で初戴冠

aren MP4/4 HONDA JAPANESE GP 1988

どんなマシンであっても「日本GP仕様」は作ってみたくなるものだが、MP4/4の場合はひときわその思いが強くなる
連戦連勝を続けてきた'88年シーズンのクライマックスであったうえにセナの初チャンピオン獲得、そしてホンダの地元初勝利
セナ／プロスト対決の緊張感が最高潮に高まった本戦レース自体もあまりにもドラマチックな展開だった
ここまでくると作りたくならない理由が思いつかないのだが、タミヤの1/20MP4/4を日本GP仕様にするには
まずボディをダクトがなくなった後半戦仕様へと改造しなければならず、なかなかハードルが高い
ここでは、ポイントを絞った改造で日本GP仕様を再現したMP4/4をご覧に入れよう

Marlboro
POWERED by HONDA
Shell
GOODYEAR
12

Marlboro
POWERED by
HONDA
Shell
GOODYEAR
EAGLE
12
Monsieur Jean-Marie Balestre
President of the Fédération
TEAM MCLAREN
A. SENNA
1988-23-
FORMULA 1
WORLD
CHAMPIONSHIP

McL

●大きな空気抵抗となっていたシュノーケルダクトがサイドポンツーントから消え、カウルはシンプルでじつに美しい姿となった。ゴードン・マーレイによる、「限界まで低くすることで前面投影面積を小さくする」というデザインコンセプトを考えれば、この姿こそがMP4/4の完成形であると言えるだろう

MP4/4 (LATE Version)

▶サイドポンツーン内に収められたターボダクトはどこから吸気しているのか、'88年当時はいまいち分からなかった人も多かったと思うが、この写真で一目瞭然。これで心置きなく「あの日の鈴鹿仕様」が作れるぞ!

ポイント押さえた改造で"後半戦仕様"を作ろう

予選でマクラーレン以外のマシンに2秒以上の差をつけたり、決勝レースでは全車周回遅れにするほど「異次元の速さ」を見せつけたMP4/4。内部的にはそれでも毎戦ごとに改良は続けられていったが、外観上の変化は比較的少なかった（もちろん重箱の隅をつつけば際限ないが）。ポイントを絞って見ていけば目指すレースの仕様を特定させやすいマシンと言えよう。いちばん大きな変更点としては、第９戦ドイツGPからターボインレットダクトがサイドポンツーン上面に出ないタイプ、いわゆる「後期型」になったことが挙げられるが、そのほか、おおまかに次の箇所に注目するとよい。ブレーキ冷却用ダクトの大きさ、ラジエーターのアウトレット部分に付くパネルの有無及びその大きさ。それに伴って変わるShellのロゴ。リアウイングのフラップの枚数。リアウイング表裏のマールボロのロゴ。これらの箇所に注意しながら資料本やビデオをチェックしてみよう。

今回製作するのは'88年に16戦中15勝と圧倒的な強さを誇ったマクラーレンＭＰ４／４ホンダの日本ＧＰ仕様。10月30日、鈴鹿サーキットで開催された第15戦日本ＧＰではセナがスタートを失敗。しかし怒涛の追い上げで順位を上げ、ついに28周目、グランドスタンド前のストレートでイン側からアラン・プロスト選手を抜き去りトップに！　そのままチェッカーを受けて優勝し、セナは初のドライバーズタイトルを獲得！　そんなドラマチックな仕様です。

タミヤの１／20ＭＰ４／４は、第８戦のイギリスＧＰまでのターボシュノーケルダクト付きの仕様となっていますので、第９戦ドイツＧＰ以降のシュノーケルなしの状態に改修することになります。

◆製作をはじめます

まずサイドポンツーン上面にあるシュノーケルを通す穴をプラ板とポリエステルパテで埋めて整形します。

次に、サイドポンツーン脇のラジエーターの開口部分を改修します。この部分はプラ板やパテで新たに作り替えるのではなく、キットのパーツを使用し改修しました。

まずＣ７／Ｃ８のパーツで湾曲している部分を切り離しますが、切り離した部分も使用するので捨てないようにしておきます。切り離した部分を整形したら仮にはめ込んでみて、内側に湾曲した部分の位置を決めて余分を切り離しボディに接着。乾燥後にポリエステルパテを盛り付けて整形しています。この部分に付くパネルのパーツも長さを決めて削り合わせておきます。

次はモノコックですが、この部分はカーボンファイバーパターンのデカールを３種類使用してそれらしくします。

下地に黒を吹き付け、乾燥後にクリアーを吹きます。その後、ノーズ部分、コクピット前、コクピット脇／後方部という具合に分けてマスキングテープを貼り、角や切り取る部分を書き込み型紙とします。それを元にデカールを切り出し貼り付けます。コクピット前はほかの部分と違って見えるので、ケブラー地のデカールの上からクリ

◀ターボシュノーケルダクトの位置変更にともなって、ラジエーターのアウトレットの形状にも少変更が加えられた。アウトレットの前側に付くパネルは各GPごとに前後長の違うものが使われているので、作りたいGPの仕様に合わせて調節しよう(気温が高い場所などでは外されている場合もある)

▶ターボインレットダクトがサイドポンツーン内に収められたタイプのボディが登場するのは第8戦イギリスGPからだが、このときは金曜日に使用されただけで、土曜の予選と日曜の決勝にはシュノーケルタイプの旧型ボディが使われている。翌第9戦ドイツGPからはすべてダクトが内蔵されたタイプとなった

アーブラックを何回か吹き付けて色のトーンを落としてから全体をツヤ消しクリアーでコートしています。ノーズ部分とコクピット後方は同じ模様のカーボンファイバー地で、コクピット脇には綾織り模様のデカールを使用しています。

続いてインタークーラー部分の改修を行ないます。後期のタイプはインタークーラー脇に吸気ダクトが付いていますので、クーラー端のほうを約４㎜ほど切り詰めてから外側と接着。クーラー脇のあいた部分に吸気ダクトを取り付けるので自作します。吸気側のタービンに付くシュノーケルの基部を使用しますので、まず大まかにカットします。ここにエポキシパテを盛りつけてアンダートレイに仮付けし、硬化を待ちます。硬化後、形を削り出し→仮付け→盛り付け→形状変更をくり返しました。

◆エンジン部の製作

エンジンは、まず組み立て説明書どおりに組んでいきます。本体が組めたら塗装をすませ、乾燥後に配管、配線を行ないます。当時のエンジンまわりは現在のものと違い、配線、配管類がそこかしこに這わせてありますので、全部とはいきませんが目立つところを中心に再現してみました。写真を見ているとどこから手を付けていいかわからなくなるので、目立つ部分からはじめました。では順番に解説しましょう。

①エンジンブロック後方のオイルキャッチタンクから出ているホースを製作、まず左側から出ているホースを０・８㎜のハンダ線で作製。右側からの管は、ホースジョイント部分は０・６㎜の六角棒と０・３㎜の真ちゅう線を組み合わせて製作し、ホース部分は０・６㎜のハンダ線に糊付きアルミ箔の細切りをやや雑っぽく巻き付けて配管。

②同じ手法でオイルクーラーのホースジョイント部分を作製し配管を行ないました。

③エンジンのヘッド上にあるB23のパーツはキットの状態ですとちょっと形というか角度が違いますので、ここも改修です。円状にモールドされている部分を切り離してから根本部分に０・３㎜で穴を開け、０・

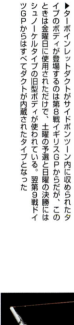

16戦15勝という奇蹟。
ホンダ製V型6気筒
ターボエンジンで
600馬力を優に超える
このモンスターマシンは
圧倒的なパフォーマンスで
ライバルを蹴散らし
最強の称号を恣にする。
僕たちはあのとき
伝説を目の当たりにした。

McLaren MP4/4 Honda Japanese GP 1988
TAMIYA 1/20 Injectiom-plastic kit
[McLaren Honda MP4/4]
Modeled and described by Hiroshi NISHIZAWA

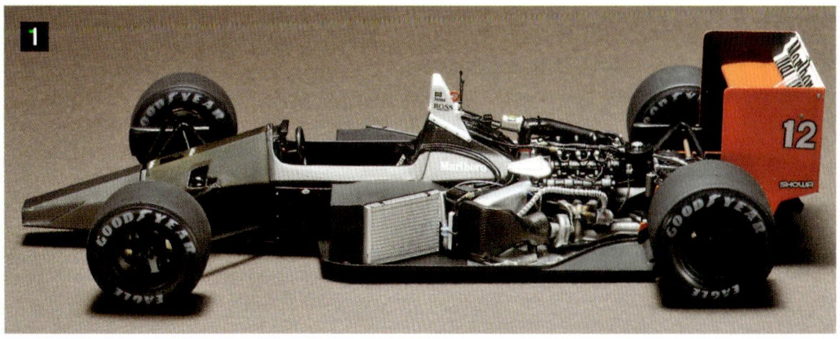

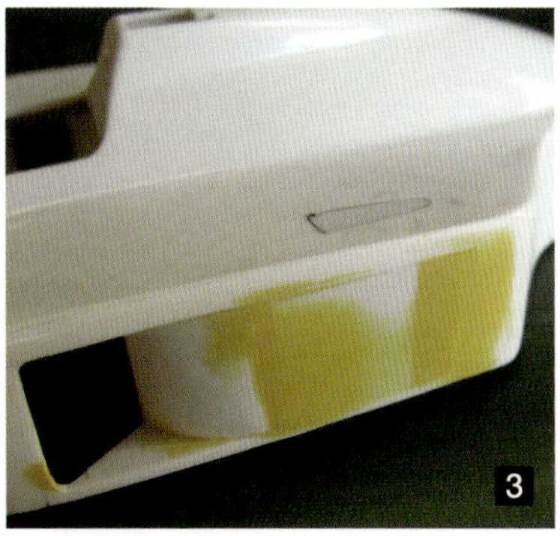

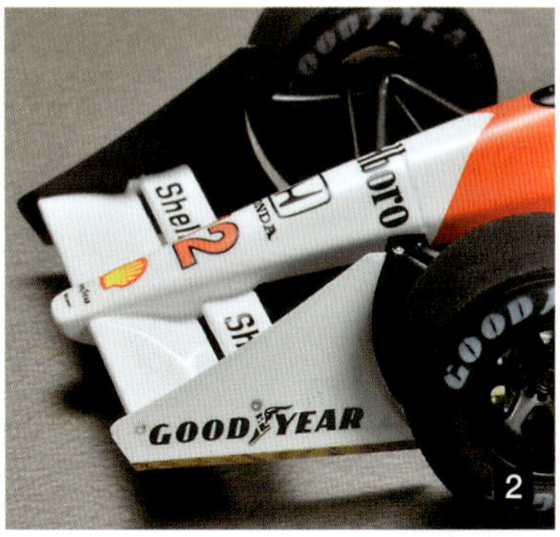

1 カーボンファイバーコンポジットの部分は場所によりパターンや質感が異なるので、表現を変えて作る

2 キットの翼端板のパーツはやや厚いが、このパーツを薄く均一に削り込むのは難しいので、前後ともサードパーティのエッチングパーツを使っている。フロントウイング翼端板下部の木製の部分には木目を描き込んだ

3 後半戦仕様のボディはこのように改造する。サイドポンツーン上面の穴をふさぎ、ラジエーターのアウトレット部分はキットのパーツを極力利用しながら位置と形を変えていく

4 ターボインレットダクトがこの位置に付くぶん、インタークーラーの幅をツメる必要が出てくる

5 ターボインレットダクトからウェイストゲートバルブにのびる冷却用のパイプは、現在Honda Collection Hallに所蔵されている車両を参考にジャバラ状のものを取り付けた

6 市販エッチングパーツを使って、ラジエーターの前の防護ネットを再現した。キットはシートのパーツにシートベルトもモールドされてしまっているので、いったん削り落として組み立て式のものに変更している

6㎜の丸棒を真ちゅう線でジョイントし0・55㎜の線を使用し配管します。円状の次は同パーツ後方に六角棒で基部を作り配管してエンジン本体に取り付けます。

④／エンジンのヘッドに付く点火プラグの部分には後期にはカバーが取り付けられているようなのですが、ここを隠してしまうと模型的に何か物足りないので、配線をそのまま出しています。0・3㎜の穴を開け、伸ばしランナーを使用し、クセを付けてから配線してみました。

次にエンジン上部を通る配線を行ないます。どこからはじまってどこに繋がるのかわからない線が多いので、片方の端は適宜Vバンクのなかに隠しました。サイドポンツーンに付いているパーツから出ている線と繋がる線もあるので注意しつつ進めます。

エンジンの次はモノコック周辺にあるコンピューター類などの配線を行なっていきます。左右のラジエーター脇にも配線の対象パーツがありますので、資料写真を見つつプラ棒で自作し配線を行ないました。

ラジエーターの配線は、基部をプラ棒にて作りました。インタークーラーにも同配線。そしてターボのタービンエキマニにも配線を追加。ウェイストゲートと吸気ダクトを繋ぐ配管も行なってみました。

サスペンションアームに這わせてあるブレーキホースは、伸ばしランナーで作ったホースを伸ばしランナーで縛り、下側の見えないところを瞬間接着剤で留めました。

◆塗装です

この時期のマクラーレンの色は画像や映像を見ますと白地に赤が強目のオレンジ？赤？ という具合にどれが本当の色なのかわかりづらいのですが、実車はかなり強い蛍光の赤なので、ここはフィニッシャーズカラーの「MP4レッド」を使用して塗装を行ないました。下地にサーフェイサーを吹き、ファンデーションホワイトを吹きます。今回はこの白の上に別の白を吹き付けず、このまま基準にします。乾燥後にいったんクリアーを吹き乾燥させ、塗り分けのマスキングをして下地の赤を2回、その上に蛍光ピンクを同じく2回吹き重ねました。リアウイングの翼端板も同じです。乾燥後にクリアーを吹き付けますが、蛍光色はクリアーを吹き重ねますとにじみが出ます。しかもリアの翼端板にはクリアーコートをしてから白色のデカールを貼らなくてはいけませんので、ボディは1回の吹き付けですが、翼端板は「吹いては乾燥」を3回ほど繰り返しました。事前にプラ板に蛍光ピンクを吹いた上に2回と3回クリアーを吹き重ね、使用しないデカールを貼って実験してみたところ、3回のほうはデカールの上からコートしてもにじみが目立たなかったので3回コートとしてみました。

デカールを貼り付けて乾燥させ、クリアーを吹き付けます。……が、リアの翼端板のデカールにうっすらにじみが出てしまい、もう1枚上から貼りつけるはめに。最初から2枚重ねておけばよかったと後悔しましたが、現実を受け止めてその上からクリアーを吹きつけてあります。

◆組み付けて仕上げます

アンダートレイにはのり付きアルミ箔を貼り付けて断熱シートとしました。足周りを組み込んだモノコックをアンダートレイに組み付けてから、塗装が終わったボディパーツの一部をはめ込んだエンジン部分を取り付けます。カウル類は研ぎ出しをし、コンパウンドで磨いたあとに組み付けます。

ターボシステムを組み込んでからタービン部分を取り付けて配線配管を行ないました。フロントウイングの翼端板下端の木製の部分に木目を再現しながら組み立てます。木製部分の塗装は下地にアクリル系塗料のデザートイエローを塗り、上からエナメル塗料のデザートイエローを重ねて乾燥させます。次に再度エナメル塗料のデザートイエローをうすめ液で溶いたもので模様をつけ、ブラウンで木目を描き込みました。

ロールフープがモノコックに付いている部分に0・6㎜の丸頭のリベットを取り付け、アンテナは真ちゅう線にしたモノを付け、キルスイッチを付けて完成です。■

McLaren MP4/4 Honda
1988 16戦15勝の軌跡

文／小倉茂徳
text :Shigenori OGURA

惜しくも“シーズン全勝”こそ逃してしまったものの、MP4/4はまぎれもなくＦ１史上最強のマシンであった。セナとプロストというふたりの天才ドライバーによって成し遂げられたこの偉業の裏側を、'88年にホンダの広報スタッフとしてMP4/4とともに世界中を転戦していた小倉茂徳氏に記していただいた。

第1戦 ブラジルGP～リオ・デ・ジャネイロ　1988年4月3日

P.P.：⑫ A.セナ（マクラーレンMP4/4 ホンダ）1'28"096
優勝：⑪ A.プロスト（マクラーレンMP4/4 ホンダ）

開幕前のリオテストにギリギリ間に合わせた新車状態だったが、MP4/4は走りはじめから好調だった。スティーヴ・ニコルズを中心に設計され、ゴードン・マーレイのアドバイスを受けたフラットなボディーは、ボブ・ベル（現ルノーF1チーム社長）が担当した。ギアボックスは、マーレイのブラバム仲間であるデヴィッド・ノースが、ブラバム時代のギアボックス設計者ピート・ワイズマンの協力を得て新設計したものである。

開幕戦では、セナがポールポジションを獲得したが、プロストはレースカーのノーズ部分に積層剥離が発生し、その修理のために最終予選は一度も走っていないスペアカーで走行。3番手につけた。決勝は、フォーメーションラップでセナ車のシフトリンケージにトラブルが発生し、1速に入ったままに。このシフトリンケージはMP4/4の弱点だった。グリッドに戻ったセナはマシントラブルを宣告して、スタートやりなおしに持ち込んだ。ここで、セナはスペアカーを選択したが、フォーメーションラップの後の乗り換えはルール違反で失格。プロストが優勝した。ブラジルでのMP4/4はメインロールフープが銀色。おそらく金属の地色だったと思われるが、表面にコートか塗装をした可能性もある。

第2戦 サンマリノGP～イモラ　1988年5月1日

P.P.：⑫ A.セナ（マクラーレンMP4/4 ホンダ）1'27"148
優勝：⑫ A.セナ（マクラーレンMP4/4 ホンダ）

ブラジルでスペアだったシャシー№3は、モンツァテストでクラッシュし、シャシー№4がプロスト車となった。セナはシャシー№１（シャシー№3はその後修復されて日本に送られ、テスト走行専用車として使われた）を使うこととなる。約1カ月のインターバルで、コクピット周辺が改修され、フロントバルクヘッドが補強された。メインロールフープは白に塗装され、以後この白塗装が標準仕様になった。

RA168Eエンジンも、開幕戦では各シリンダーに付いていたスロットルバルブを、ポップオフバルブの上流の（下向きにV字型に分かれた）部分の２個へ変更。これで、この年から2.5バールに制限されたブースト圧をより正確にコントロールできるようになった。この年ホンダV6エンジンは全面的に設計変更され、本体ブロックをマグネシウム合金製として、全備重量を164kgとする軽量化に成功。また、ターボチャージャーにはセラミック製インペラを使っていた。

予選は、セナ、プロストの順でフロントロウを獲得。3番手以下を2秒あまり引き離していた。決勝もふたりの一騎打ちで、セナがこれを征した。3番手以下を周回遅れにする圧勝だったが、激しいバトルはセナ対プロストの確執のはじまりにもなった。

第3戦 モナコGP～モンテカルロ　1988年5月15日

P.P.：⑫ A.セナ（マクラーレンMP4/4 ホンダ）1'23"998
優勝：⑪ A.プロスト（マクラーレンMP4/4 ホンダ）

ハイダウンフォースが必要なコース特性なため、初日にはリアウイングに、ロワウイングを装着した。だが、このウイングはこの日だけしか使われなかった。リアウイングは、立ち上がった２エレメントのフラップ付きのもの。ブレーキにも厳しいため、新型のブレーキ冷却ダクトが装着された。プロストは、サンマリノGPで優勝したシャシー№４を使用。セナはシャシー№１を使用。ホンダはここでXE2エンジンを投入した。これは高効率燃焼をさらに追求したもので、パワーと燃費性能を高次元で両立したものだった。

予選でセナは１分23秒台という別格の速さでポールポジションを獲得。2番手のプロストは1分25秒台だったが、それでも3番手のベルガー（フェラーリF187/88C）との間には1秒あまりの差があった。

決勝では、セナがハイペースで飛ばし、レースを3分の2過ぎたあたりで、50秒近い圧倒的なリードを築いていた。だが、67周目のポルティエで単独クラッシュ。スタートから2番手に上がったベルガーを54周目に追い抜いたプロストが優勝した。セナはクラッシュ後に近所の自宅アパートに戻ってしまい、音信普通に。レース後ロン・デニス（チーム代表）がホンダのモーターホームに捜索に来た。

第4戦 メキシコGP～メキシコ・シティ 1988年5月29日

P.P.：⑫ A.セナ（マクラーレンMP4/4 ホンダ）1'17"468
優勝：⑪ A.プロスト（マクラーレンMP4/4 ホンダ）

メキシコGPでは、高地のメキシコシティ対策として、より高回転高出力型のXE3エンジンを投入。ターボチャージャーがやや大きいのが特徴だが、外観上XE2とほぼ同じ。

セナはモナコGPでクラッシュしたシャシー№1を修復して使用。プロストはモナコGPで優勝したシャシー№4を選択した。

しかし、プロストは予選でセットアップに苦しむ。原因はダンパーとプロストは判断した。さらに土曜日の予選では、FIA供給のポップオフバルブが定格圧力よりも早く開くというトラブルで、プロストのペースは落ちてしまった。'88年のFIAポップオフバルブは、ホンダも開発に助言をしたもので、'87年型よりもはるかに精度が高いものだったのだが、問題が出た。これでセナがポールポジション、プロストが2番手になった。

スタートでセナのポップオフバルブが誤作動して、2番手に落ちた。この問題はレース中再発し、セナは不満の残る2位をキープになった。スタートでトップになったプロストは独走だったが、終盤エンジンの冷却水温が上昇。ほかのドライバーが捨てたヘルメットの捨てバイザーが、ラジエーターダクトに入ったのが原因だった。なお、ここからノーズ先端のロゴがMP4からMcLarenに変更された。

第5戦 カナダGP～モントリオール　1988年6月12日

P.P.：⑫ A.セナ（マクラーレンMP4/4 ホンダ）1'21"681
優勝：⑫ A.セナ（マクラーレンMP4/4 ホンダ）

メキシコからカナダ・モントリオールまで、機材は各地間を直送されていったが、エンジンはXE2に交換された。これは、モントリオールが急加速、急減速が強いられることで燃費にきわめて厳しいコースなためで、燃費特性のよいバージョンとなった。

XE2はヘッドまわりが主に改修されており、カムカバーに付いたロッカーアーム用の四角い出っ張りのピッチが、ほかとは微妙に異なる。後藤 治監督でも「（寸法が記載された）図面じゃないと見分けがつかない」というほど（当時は図面が主流だった！）。だが、テクニカルイラストレーターのジョルジョ・ピオラだけがこれを見抜き、XE2の存在が世界に広く知られることになった。ブレーキ冷却ダクトも大型の専用品が付られた。

セナは予選をスペアカーで戦おうとしたが、オイル漏れが見つかり、完全にセットしていなかったレースカーを使用。それでも、セッション終盤にはトップタイムを記録した。一方、セナにタイムを破られたプロストは応戦に出るが、ポップオフバルブが早く開き、アタック不発の2番手だった。

決勝はプロストがリードするが、19周目にセナが逆転。セナ／プロストの1-2になった。これがシャシー№１にとってのラストウィン。

第6戦 アメリカGP～デトロイト　1988年6月19日

P.P.：⑫ A.セナ（マクラーレンMP4/4 ホンダ）1'40"606
優勝：⑫ A.セナ（マクラーレンMP4/4 ホンダ）

デトロイトの市街地コースもストップアンドゴーで燃費に厳しいため、XE2エンジンを採用した。ただし、インタークーラーの外側の部分にパイプが増設された。これは、なかにバルブが仕込まれていて、吸気の一部を冷却せずにバイパスさせることで、エンジンに向かう吸気を理想的な温度にするため。ターボエンジンは、冷やせば冷やすほどよいという、エンジンの定説を覆す技術をホンダはF1で発見したのだが、吸気の冷え過ぎは避けたかった。それは、燃料がトルエン84%、ノルマルヘプタン16%という、燃料ヒーターをつけなければならないほど揮発性が悪い成分なため。しかし、この特殊燃料が、燃費とパワーの両立に大いに貢献した。

予選は金曜日のタイムでセナがポールを獲得。プロストは土曜日にタイムを出せず、4番手になった。今回、プロストのECUのマイクロチップのプログラムを交換、よりプロストのドライビングと好みに合わせようとした。このチップ交換は終盤戦でふたりのドライバーの疑心暗鬼の的になってしまった。

燃費計算の結果、決勝は2台とも140リットルの燃料でスタートした。セナは独走で優勝。プロストも6周目に2番手に浮上し、そのままゴールに向かった。

第7戦 フランスGP～ポール・リカール　1988年7月3日

P.P.：⑪ A.プロスト（マクラーレンMP4/4 ホンダ）1'07"589
優勝：⑪ A.プロスト（マクラーレンMP4/4 ホンダ）

'87年のコース改修によりバックストレートは短くなったが、ポールリカールは高速系のコース。リアウイングはフラップが2エレメントのものだったが、立ち方がやや浅かった。

MP4/4の群を抜いた速さはここでも健在だった。これまでのプロストは決勝重視で、予選は上位にいればよいという考えだったが、このフランスではフリー走行からセナと真っ向勝負の姿勢を示していた。

ここでのプロストは、予選からセナの勝負を受けて立ち、唯一1分7秒台に突入してポールを獲得。決勝でもプロストはスタートでトップを守った。だが、セナとの差は広がらない。それは、ふたりともオープニングラップで車体の底を壊していたためだった。途中ピットストップでトップをセナと入れ替わったが、セナのピットストップでまたプロストがトップに戻ることとなる。いっぽう、セナはシフトレバーのフィーリングが鈍くなり、とくにシフトダウンがしにくくなっていた。最終的にはセナは2、5、6速のギアが使えなくなってしまい、2位キープしかできなかった。プロストはピットストップ前後のセナとのバトルで燃費を悪くしてしまい、ガス欠寸前でのゴールとなったが、フランスだけは譲らないというプロストの祖国愛の勝利だった。

第8戦 イギリスGP～シルバーストーン　1988年7月10日

P.P.：⑳ G.ベルガー（フェラーリF187/88C）1'10"133
優勝：⑫ A.セナ（マクラーレンMP4/4 ホンダ）

3日間、雨と冬のような寒さという週末だった。シルバーストーンではセナ用に新造のシャシー№5が投入された。これはフランスGPでセナが縁石に乗り上げて、モノコック（シャシー№2）の底に穴があいてしまったため。金曜日に、サイドポンツーン内から吸気する方式のターボチャージャーのインレットダクトを初めて2台のレースカーに装着した。当時のシルバーストーンは、F1で最速の高速サーキットだったため、ターボインレットダクトをサイドポンツーン内に収め空気抵抗を減少させることでストレートスピードの向上が見込まれた。ところが、セナもプロストもステアリング特性の悪さに苦しみ、プロストは金曜の予選の最後に従来のペリスコープ（シュノーケル）型のターボインレットダクトがついたTカーも比較テストした。結果、土曜日から2台のレースカーも従来型のペリスコープ型インレットダクトに戻された。それでもハンドリングの問題は解決せず、フロントロウはフェラーリ勢に奪われてしまった。

決勝でもハンドリングの問題は解消せず、プロストはこれが原因でリタイヤ。セナはからくも優勝できたが、それはフェラーリ勢が異常なほど悪い燃費に苦しんだ「敵失」によって助けられたものだった。

第9戦 ドイツGP～ホッケンハイム　1988年7月24日

P.P.：⑫ A.セナ（マクラーレンMP4/4 ホンダ）1'44"596
優勝：⑫ A.セナ（マクラーレンMP4/4 ホンダ）

当時は、ドイツGPの前の週にホッケンハイムで合同テストが行なわれていたので、ここで、サイドポンツーン内で吸気するターボインレットダクトを再び試した。結果、イギリスGPでは不採用になった新型のインレットダクトだが、ドイツGP以降はこれが“標準装備”に昇格することになった。

テストによって、イギリスGPでのハンドリングの問題も解消し、セナ／プロストのフロントロウが復活した。ただし、シーズン中盤で王座が見えかけてきた状況になり、ふたりの関係にはより緊張感が増していた。

スタート10分前に雨が降り、15分間の雨対応特別練習走行が行なわれた。スタート時にはほぼ雨は収まっていたが、路面はまだウェット。ピケ以外は全車ウェットタイヤでスタートした（ピケはクラッシュし、1周でリタイヤ）。プロストはスタートでのホイールスピンから4番手に転落。プロストは、Tカーに乗り換えていたが、これはドライ用セットアップで、ブレーキはオーバークールになり、効きが悪くなった。それでもプロストは2位にまで挽回したが、セナはその速さで大差をつけていた。結果、セナは余裕のクルージングでゴールし、プロストとは13.6秒差をつけての1-2フィニッシュとなった。

第10戦 ハンガリーGP～ハンガロリンク　1988年8月7日

P.P.：⑫ A.セナ（マクラーレンMP4/4 ホンダ）1'27"635
優勝：⑫ A.セナ（マクラーレンMP4/4ホンダ）

高速コースでの雨と低温の2連戦のあとは、ごく低速のコースでの戦いとなった。ハンガロリンクは暑さでも知られるため、セナ車の左側のサイドポンツーンには、ECU冷却用に外気を取り入れるための小さなダクト穴が開けられた。しかし、木曜日に嵐が来たあとは気温は下がって涼しい週末となったため、冷却の心配はなくなった。

プロストは、シャシーNo.2を選択した。これはフランスGPのセナ車で、モノコックの底の穴を修復したもの。ウイング類は、モナコGPやデトロイトGPに準じた2枚のフラップが立ったハイダウンフォース型だったはずだ。ただし、予選では1枚フラップのリアウイングも装着していた。また、予選ではサイドポンツーン側面のラジエーター排気口をできるかぎり塞いで空気抵抗を減らしていたのは、どのサーキットでも共通だった。

予選はいつもどおり、セナとプロストのタイム更新合戦になったが、今回はコース上の他車の影響が出てしまった。セナはうまくクリアラップがとれて、ポールを獲得したが、プロストは7番手に落ちてしまった。しかし、決勝はセナ／プロストの1-2だった。セナ6勝、プロスト4勝だが、同ポイント。両者のテンションはさらに高まった。

第11戦 ベルギーGP～スパ・フランコルシャン　1988年8月28日

P.P.：⑫ A.セナ（マクラーレンMP4/4ホンダ）1'53"718
優勝：⑫ A.セナ（マクラーレンMP4/4ホンダ）

ベルギーGPでは、ハンドリング性能向上のため、ステアリングタイロッドとアップライトの接続部分が、少し低い位置に変更された。スパ・フランコルシャンはシケイン以外現在と同じレイアウトで高速系なため、高速系コース用のリヤウイングが装着された。

土曜日の予選は雨だったため、グリッド金曜日の予選タイム順になった。ポールポジションはセナ、プロストは2番手だった。

スタート直前、プロストはタイトな1コーナーではバトルをしない約束をセナと交わした。そして、スタートではセナがホイールスピンで加速が悪かったために、プロストが1コーナーで前に出た。だが、そこからセナの爆発的な速さが出た。オールージュを通過し、レディヨンを駆け上がるときには、セナがプロストに迫った。そして、長いケメルをぬけてレコムの右コーナーに入るブレーキングで、セナが逆転した。以後、セナはプロストに大差をつけるという、得意の勝ちパターンに持ち込んだ。プロストのスムーズなスロットルワークは、ターボエンジンには立ち上がり加速に必要な過給圧が少なくなる反面、セナのコーナーでスロットルを小刻みにあおる操作は、エンジンパワーを上手く引き出していた。

第12戦 イタリアGP～モンツァ　1988年9月11日

P.P.：⑫ A.セナ（マクラーレンMP4/4ホンダ）1'25"974
優勝：⑳ G.ベルガー（フェラーリF187/88C）

ドイツGP同様、このイタリアGPも直前の週に合同テストが行なわれていた。そのため、コースへの対応はほぼ万全な状態でイタリアGPに臨めた。高速コースのモンツァに対応して、2エレメント（1枚フラップ）のリアウイングを装着。前回変更したステアリングタイロッドとアップライトの接続部分を、モンツァでは補強もした。サイドポンツーン内のターボインレットは、やや大型になったようだったが、実際に違いは確認できなかった。

予選は問題なく推移し、セナが唯一1分25秒台に突入してポールポジションを獲得。プロストも0.3秒差で2番手につけた。ここまではいつもどおりだった。

決勝は、スタートで一瞬プロストが前に出るが、すぐにセナがトップを奪い返した。プロストのRA168Eにはミスファイアが発生し、パワーが充分に出なくなっていたのだ。これが原因でプロストは苦しい戦いとなった。そして、34周目にプロストのエンジンは止まってしまった。いっぽう、楽勝ペースのセナは、ここで優勝すればチャンピオン確定という状況だった。だが、50周目の第1シケインで、周回遅れに意味不明な追い越しをしかけて追突し、10位でのフィニッシュ。これでマクラーレン・ホンダの開幕からの連勝は終わった。

第13戦 ポルトガルGP～エストリル　1988年9月25日

P.P.：⑫ A.プロスト（マクラーレンMP4/4 ホンダ）1'17"411
優勝：⑪ A.プロスト（マクラーレンMP4/4 ホンダ）

プロスト用に新造のシャシーNo.6が投入された。スロットルレスポンス向上のためにやや小型のターボチャージャーが土曜日から採用される。フロントの翼端板の下には、高さ調整可能なスカートがついた。

新シャシーを得たプロストは、前年史上最多勝記録を達成したこのエストリルで最後の巻き返しに意欲を燃やしていた。それは、予選でのポールポジションにも現れていた。対するセナもここは'85年に初優勝をしたコースであり、ポルトガルはブラジルとの結びつきが深く、第二の地元のような場所だった。

ふたりの激しい闘争心は、そのまま決勝でも現れた。スタートではセナがトップをとるが、1周目のメインストレートでプロストが並びかけた。すると、セナがプロストをピットウォールギリギリまで幅寄せする。だが、プロストはひるまずトップを獲得。セナは、独特のスロットルワークが燃費を厳しくさせた。さらに、マンセルに接触されてリアサスペンションが曲がったのだが、それに気付かず、極端なオーバーステアに苦しんだまま6位に沈んだ。「あのふたりのバランスをとるのは本当にタイヘンなんだよ」と、レース後にロン・デニス代表が筆者との会話のなかで苦笑しながら本音をこぼした。

第14戦 スペインGP～ヘレス　1988年10月2日

P.P.：⑫ A.セナ（マクラーレンMP4/4 ホンダ）1'24"067
優勝：⑪ A.プロスト（マクラーレンMP4/4 ホンダ）

エストリルからヘレスへは連戦となるため、大きな変更はなかった。それでもオイルタンクを新型にし、そのパイプのとりまわしも若干変更されている。ヘレスのコースはタイトコーナーが多いため、前後のフラップが立ったセットアップだった。

セナ、プロストともハンドリングなどの問題もなく、金、土曜の予選から完全対決姿勢を見せる。予選はセナ／プロストの1-2だったが、その差0.07秒と僅差だった。決勝はプロストがよいスタートでトップに立つ。

だが、セナは汚れた路面側で出遅れた。しかも、序盤からディスプレイには「マイナス表示」の警告が出ていた。これは、「このままではガス欠になる」という意味だった。プロストが優勝し王座への望みが復活するいっぽう、セナはペースダウンし4位だった。ペースダウンを余儀なくされたセナはホンダエンジン、とくにECUのチップが不利なものにされたと公言した。だが、これはパワー重視な（燃費は厳しくなる）セナのスロットル操作に合わせたもの。そして、プロストも同じくECUのチップをパワーダウンしたものにされたと責めた。だが、これも燃費にはよい（だが立ち上がりの過給が不足になる）プロストのスロットル操作に合わせたものだった。

第15戦 日本GP～鈴鹿　1988年10月30日

P.P.：⑫ A.セナ（マクラーレンMP4/4 ホンダ）1'41"853
優勝：⑫ A.セナ（マクラーレンMP4/4 ホンダ）

「ホンダはプロストとセナに平等なエンジンを供給するように」という愚かな公開書簡を、FISA（国際モータースポーツ連盟）のバレストル会長がホンダに送り付けた。ホンダは平等なエンジンを供給していると公式に答えたうえ、用意した鈴鹿スペシャルエンジンでは、各々に好きなものを選ばせるようにした。このエンジンは外観こそほかのRA168Eと同じだが、エマニュアル・ピロによる鈴鹿でのテストでコース特性に最適化したものだった。

プロストは、フロントの翼端板に新型スカートを付けたが、ハンドリングが悪化したため金曜日でお蔵入りとなった。セナはTカーだったシャシーNo.2の感触が気に入り、これをレースカーに昇格させる。

予選はセナ／プロストのフロントロウ独占。決勝はセナがストール。ストレートの下り坂でエンジンを再始動したセナは8番手から猛追する。周回遅れの処理とシフトリンケージの動きの渋さに苦しんでいたトップのプロストに追いつくと、28周目にこれを抜き去った。プロストは16周目にもシフトの問題で、一瞬イヴァン・カペリの自然吸気エンジンのマーチ881にトップを奪われていた。かくしてセナは初のチャンピオンを獲得。鈴鹿はセナにとって特別なコースとなった。

第16戦 オーストラリアGP～アデレード　1988年11月13日

P.P.：⑫ A.セナ（マクラーレンMP4/4 ホンダ）1'17"748
優勝：⑪ A.プロスト（マクラーレンMP4/4 ホンダ）

ドライバーズ、コンストラクターズの両チャンピオンが確定して落ち着いたため、筆者は現地メンバーから外れた。そのため、実車は見ていない。記録によると、ブレーキに厳しいアデレードの市街地対策として、前後のブレーキディスクとブレーキ冷却ダクトを大型化したという。フロントのブレーキ冷却ダクトはタイヤの前端に達するくらい長く、上下方向も拡大されていた。90度コーナーが多い市街地コースに合わせて、ウイングはモナコ、デトロイト、ハンガリー同様のハイダウンフォース仕様。ホンダも、RA168Eをコースに合わせてスロットルレスポンスを最優先にしたセットアップとして、ターボエンジン最後の戦いに臨んだ。

セナはギアシフトが渋くなったため、予選からTカー（シャシーNo.6）に乗り換えた。これは当初、日本GPでセナのレースカーとされていたものだった。プロストは大型ブレーキが効きすぎるくらいだと報告していた。

予選はセナとプロストだけが1分17秒台で、3番手に1秒半以上の大差をつけてフロントロウを独占。決勝もプロストーセナの1-2で締めくくった。16戦15勝。開幕直前に大急ぎで投入されたMP4/4だったが、結果を見ればグランプリ史上に残る強いマシンであった。

Honda Collection Hall 収蔵車両「MP4/4-5」のこと

解説／大串 信

▼本特集で取材した車両は、Honda Collection Hall所蔵の「MP4/4-5」号車。ここではその5号車の歴史を、大串 信氏に解説していただこう

MP4/4のシャシーは計6基が製作され、アセナとプロストという稀代のコンビに託されてシーズンを戦い、シリーズ全16戦のうち15回のポールポジション、15回の優勝を飾ったほか、のべ32出走のうちじつに27回に及ぶ選手権ポイント獲得を果たすのである。

現在、日本にはHonda Collection Hallに車体番号5の個体が保管展示されているが、この5号車はシリーズ第8戦イギリスGPで実戦に投入されセナに与えられたもの。急遽投入された5号車に乗ってセナはさっそく予選3位となり、雨になった決勝レースでは優勝して5号車のデビューを飾っている。

続く第9戦ドイツGPでは、それまでサイドポンツーン上部に潜望鏡のように飛び出していたターボ吸気ダクトが内蔵式となった。ここでもセナはポールトゥフィニッシュを飾る。

ハンガリーGPでは一部低速コーナーでひどいアンダーステアが発生、セナはセッティングに苦しむがやはりポールトゥフィニッシュ。

ベルギーGPではフロントサスペンションのジオメトリーに小変更が加えられている。ここでもセナはポールポジションからスタートして優勝、5号車はデビューから4連勝（3連続ポールトゥフィニッシュ）を達成する。

イタリアGPでは、ステアリングアームの剛性を高めたほかフロントサスペンションの反応を高めるためにジオメトリーをアッカーマン式からアンチアッカーマン式へ変更している。また高速コースに対応するため、フラップが1枚の低ドラッグ仕様リヤウイングが用いられている。このレースはMP4/4にとって残念な結果に終わった。セナは5号車でポールからスタート、首位を走りながらフィニッシュ間近にウィリアムズのシュレッサーとからんでリタイヤを喫し、この年唯一の敗北を記録してしまうのだ。

ポルトガルGPでは予選2位。決勝では、燃料残量計にトラブルが発生してペースが上げられず、そのうえ後方からマンセルに追突されてリヤサスペンションを壊したため6位に終わっている。

スペインGPでは、5号車にとって5回目となるポールポジションを獲得したが、決勝ではまたもや燃料残量計にトラブルが発生。また、高速コーナーでオーバーステア傾向が出て苦しみ、最終的に4位に留まった。

シーズン大詰めの第15戦日本GPでは5号車が公式予選に用いられポールポジションを獲得。決勝ではセナは2号車に乗り換えたが、劇的な逆転優勝を飾って初のドライバーズタイトルを手中にしている。最終戦オーストラリアでは5号車はTカーとして登録され、実戦に用いられることはなかった。

「市販マテリアルをフル活用!」して作る
タミヤ1/20マクラーレン・ホンダMP4/4
MP4/4 @1988

「F1最強のマシンは？」と問われれば、それは間違いなくこのマクラーレンMP4/4ホンダ。16戦15勝を挙げた最強マシンだからこそ「最高に作り込みたい！」というわけで、往年のタミヤの傑作キットを元に徹底的にディテールアップしたのが本作例だ。当時の資料の収集、Honda Collection Hallに所蔵されている実車の詳細な取材、市販ディテールアップパーツのフル活用を通して実現した「究極の1/20 MP4/4」。じっくりとご覧いただきたい。

マクラーレンMP4/4 ホンダ '88年サンマリノGP仕様
タミヤ　1/20　インジェクションプラスチックキット
「マクラーレン Honda MP4/4」
'88年発売　税込2730円
製作・文／**森 慎二**

Model Graphix
2010年5月号
掲載

McLaren MP4/4 Honda San Marino GP 1988
TAMIYA 1/20 Injectiom-plastic kit
[McLaren Honda MP4/4]
Modeled and described by Shinji MORI.

パワーと機能美を兼ね備えた最強マシンを最高に作り込む

『F1モデリングラボラトリー』にて製作の詳細を解説

本作例の製作法については、単行本『F1モデリングラボラトリー』（大日本絵画刊 3900円＋税）にて詳細に解説しているので併せてのご一読をオススメしたい。MP4/4を製作するうえで知っておきたいディテールアップポイントや作例の実際の工程順はもちろんのこと、F1モデル製作に一般的に役立つテクニックも満載。デカール貼りや研ぎ出しなどについて、考え方と実践法の両面から項目ごとにコラム形式で解説をしているので、「F1モデルをもっと上手く作りたい！」方はぜひ参考にしていただきたい。

●キットでは省略されている箇所を中心に作り込んだ内部ディテール。このころのF1マシンの中身は真っ黒なイメージがあるが、実際は黒一色ではないので、模型で再現する場合はこまかな素材の質感や色味の微妙な幅を出すと見映えがする。マールボロレッドは、フィニッシャーズの「MP4/レッド」を塗っているが、この塗料は実車の雰囲気に非常に近い色味を再現できる。デカールは製品付属のもののほかに使えそうなものをできるだけ用意し、資料とつきあわせてロゴのバランス等がベストなものをチョイスして貼っている

TAMIYA 1/20 MP4/4

McLaren MP4/4 Honda San Marino GP 1988
TAMIYA 1/20 Injection-plastic kit
[McLaren Honda MP4/4]
Modeled and described by Shinji MORI

●実車取材に基づき、走行に最低限必要な配管、配線類は極力再現している
●エンジンまわりなどポイントとなる太い配線では実車どおりに熱収縮チューブ（極細のもの）を使うことで、二股になる配線も再現
●キットのユニットの形状に不備があって改造したところはほとんどなく、金属挽き物パーツやコードでディテールアップ。いろいろなサイズ、形状、質感のものを使い分けることで、塗装だけでは出せない密度感やリアリティーを演出することができる
●塗装での表現としては、サーフェイサーを遠吹きすることによる鋳造地再現や、GSIクレオスMr.カラーのメタルカラー塗りっぱなしによるゴムの質感表現などがポイント
●キットにはない追加箇所としては、ウェイストゲートバルブ冷却用パイプ、リアサスペンションダンパーの円筒状のガス室、左側インタークーラー横のコンピュータボックス、各部にある棒状の補強材が効果が高い
●モノコックやターボダクトには各社から販売されているカーボンデカールを使い分け、クリアーコーティング後に研ぎ出している
●エンジン周辺と比べてスカスカになりがちなリアサスペンション基部（ミッション上側）は、リンク部やスタビライザーを作り込み
●いちばんに目がいくポップオフバルブとその下側にあるECUは徹底的に作り込み。後者はプラ材の積層で側面の放熱スリット形状を再現していることにも注目

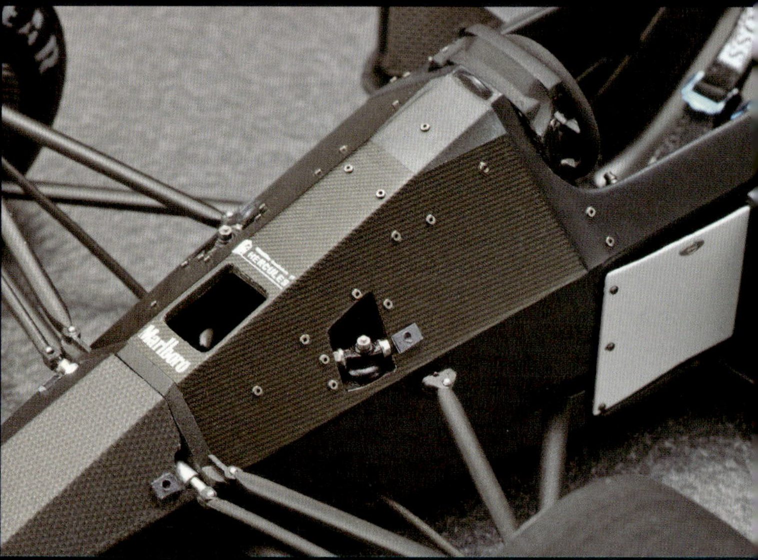

●カウルのフォルムにぴったりと合うようにみっちりと詰まった内部メカをとことんディテールアップ。ターボマシンは複雑に絡み合った配管／配線の再現が実車の雰囲気を出すための重要なファクターとなるが、あまりやり過ぎるとカウルがしまらなくなったりと悩ましいところだ。MP4/4は、ターボマシンのなかでもかなり配線が整然としているので、ポイントを押さえて再現と省略のバランスを取れば、このようにかなり実車に近くすることが可能だ

奈良県は吉野にありますMOKEI-SHOP Rの主任です。フジミ1/20最新作のマクラーレンMP4/5ホンダ。鈴鹿のシケインでセナ、プロストがからんで止まってしまったマシンですね。そんな話題を完成後の模型を眺めながら語らい合うのを楽しみに、今回も「キットを買ってきて素直に楽しんでみた」という感じでストレートに作ってみます。

◆キットの第一感

送られてきたキットはテストショットということで、クリアーパーツやタイヤ等が入っていませんでしたが、気にせずボディチェック。「ちょっとグラマラスかな?」という雰囲気のカウルとよくできた下まわり。エンジンとミッションが分割されており、塗り分けも容易にできそうです。そんなわけでサクサク作っていきましょう。

◆製作

車高を確認しようにもタイヤがまだ届いていないので、とりあえず手持ちから同社製1/20フェラーリ641/2のタイヤを付けてみたところ、車高は大丈夫そうでした。カウルはプラスチックパーツの成型上どうしてもできてしまうヒケ以外に修整点はなく、ヘッドレスト部分やサイドの別パーツを接着し接合部分をパテで処理したあと、整形して塗装に備えておきます。シャシー、エンジン、ミッション部分の合いも問題なく、説明書がまだ届かないにも関わらず普通に組んでもいっさい問題なく鼻歌が出るくらいサクサク進みます。

◆塗装

カウル類はサーフェイサーでパテの処理を確認後、ガイアノーツの白で真っ白に。7月号に掲載されるというほかの作例、2台のMP4/4と赤の色味を合わせたいということで編集部から送られてきた塗料はフィニッシャーズカラーの蛍光レッド(「MP4レッド」)。上塗りの蛍光ピンクの回数で色味が変化しますが、今回は使用デカールの色味に近く仕上げています。また、ミラーなどの小さいパーツは同じ回数吹き付けると色味が濃くなりすぎるので少な目の回数で注意しながら塗装しています。シャシー、エンジンは黒。ミッションはタミヤのMP4/5Bのキットの組立て説明書を参考に塗り分けています。

◆デカールとその前に

キットに付属するフジミ純正のデカールは残念ながら今回の製作には間に合わなかったので、サードパーティのMP4/5用デカールを使用しました。蛍光塗装の上に貼ったデカールが染まってしまった経験がある方は多いと思います。そこで、リアウイング翼端版にはファインモールドのクリアーデカールを貼ってから白いカーナンバー等を貼ります。これで滲みは大丈夫のはずです。クリアーデカールが裂けたのを気付かず一部滲んでしまいました。あとはクリアーをかけて締切りセーフとなる予定でしたが、この時点ではまだクリアーパーツが届かなかったので軽く表面を均したあとGSIクレオスの水性コンパウンドの粗目→細目→タミヤ仕上げ目で磨きました。

◆仕上げ

ミラー等小物とタイヤを取り付けて完成となりますが、タイヤの取り付けピンの先が丸まっていて押し込みやすくなりました。一気に安心したのか先にミラーを取り付けてしまい、あとから届いたウインドスクリーンのパーツを滑り込ませるのに四苦八苦。ミラーはあとから取り付けましょう。

◆最後に

今回も資料集めもせずストレートに組んでみましたが、細部に手を入れたい人にも充分納得のいく、また手を入れようと思えば入れやすいキットに仕上がっていると思います。最初にも書いたとおりキットを前に酒を飲むとか、とことんまで細部に手を入れてみるとか、自分のやりたいことを明確にするのが完成への近道です。そろそろ吉野の桜も咲く頃合い。花見は当時のF1話で盛り上がってみたいと思います。■

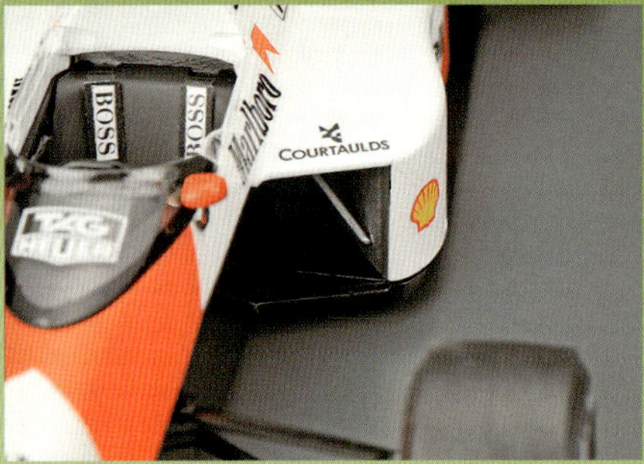

▲サイドポンツーン内部には、ラジエーターの前にある異物混入防止用のメッシュとアンダーパネルを支えるテンションワイヤがパーツ化されている。ウインドスクリーンはドイツGPやイタリアGPなどで見られたロングタイプにすることもできる

▲本作例はテストショットを使って製作しており、製品付属のデカールも製作には間に合わなかったので市販のデカール等を使っている。タイヤもフジミ製1/20フェラーリ641/2に付属するものを使った。実際の製品とは異なる場合もあるのでご容赦を

▶まだ電子機器に支配されきっていない時代のマシンなのでコクピット内は簡素な作り。組み立て式のシートベルトとていねいな塗り分けで充分な仕上がりとなるだろう

より正確な「モナコGP仕様」を作りたい人は……

製品はモノコGP仕様と銘打っているがリサーチが若干甘く、より正確を期すならばいくつかの箇所を改造したい。ギアボックスを縦置き型に戻すのはリアサスペンションやウイングステーの大工事となってしまうので目をつぶるとして、あとはウインドスクリーンに黒いリップを付けるのとサイドポンツーン横のパネルを半分にするぐらいなので、お手軽改造として挑戦してみるのはいかが?(マールボロのロゴはなんとかするとして……)。

▲モナコGP仕様のパッケージイラストはタバコ広告禁止/自粛対策として、マールボロシェブロンの角は丸められている。このほかベルギー/スペインGP仕様も発売されている

▲▼コンパクトなV6ターボエンジンから一転、'89年は大きくて長いV型10気筒自然吸気エンジン、RA109Eが搭載された。ギアボックスは第8戦イギリスGPから投入された横置き型のものがモデル化されている。前半戦仕様にこだわりたい場合はタミヤのMP4/4とのニコイチ？（←机上の空論度高し？）

▲▶「実車の構造を忠実に再現」というよりも、全体の雰囲気と組み立てやすさのバランスを優先させたキット内容。ノーズコーンに開いたカウル取り付けのための４つの穴はやや大胆ではあるが、これにより2ピース構造のカウルも隙間なく、誰にでも簡単にかっちりと組み付けることが可能になったのだ

McLaren MP4/5 Honda Monaco GP 1989
FUJIMI 1/20 Injectiom-plastic kit
[McLaren Honda MP4/5 Monaco Grand Prix 1989]
Modeled and described by Mokei Shop R Chief.

All those model kits on this book does not include Tabacco sponsor decals.
Those were created and used on completed model by the modelers.

マクラーレンMP4/5 ホンダ '89年 モナコGP仕様
フジミ 1/20 インジェクションプラスチックキット
「マクラーレンMP4/5 1989 モナコGP」
税込4860円　'07年発売
製作・文／**MOKEI SHOP R 主任**

欠けていた最後のピース——ついに揃った 1/20 セナ時代の"マクラーレン・ホンダ"

フジミから1/20 MP4/6が発売されたときに、残るセナ時代の"マクラーレン・ホンダ"はじつはあと１台だということに気付いたファンも多かったかもしれない。セナが駆った赤×白の美しいマシン、MP4/4〜7を1/20で並べてみたいという夢がこのMP4/5でついに叶うこととなる。そんなフジミの最新作1/20マクラーレンMP4/5ホンダを、ここでは超速攻作例レビュー。「作りやすくてかっこいい」そんなキット内容をお伝えしてみることにしよう。

McLaren Honda

88C

G.BERGER
Marlboro
LONGINES
Agip
GOODYEAR
28
GOODYEAR
EAGLE

Agip
28
GOODYEAR

FERRARI F187

21年越しで発売された愛するマシンだからこそ とことんこだわって作り込んでみたい。

「今年はフェラーリのベルガーが勝つところは見られないんじゃないか？」そう思ってしまうくらい'88年のマクラーレンは速かった。しかし、エンツォが亡くなって初めて迎えたモンツァで奇跡は起きる。あまりにも劇的なフェラーリのワンツーフィニッシュ！　余韻に浸りすぐにでも模型を作りたくても、当時は1/43メタルキットを予約するくらいしかできなかった……。あれから20年が過ぎ、ようやくフジミから1/20のプラスチックモデルが発売されることとなる。となればやるべきことはひとつ。できうるかぎりのこだわりで「あのときのフェラーリ」を再現する！　F187/88Cはそれほどに劇的で印象の濃いマシンだったのだ。

フェラーリF187/88C '88年 イタリアGP仕様
フジミ　1/20
インジェクションプラスチックキット
「フェラーリ F1 87/88C イタリアGP」
'09年発売　税込4860円
製作・文／**加藤雅彦**

Model Graphix
2010年11月号
掲載

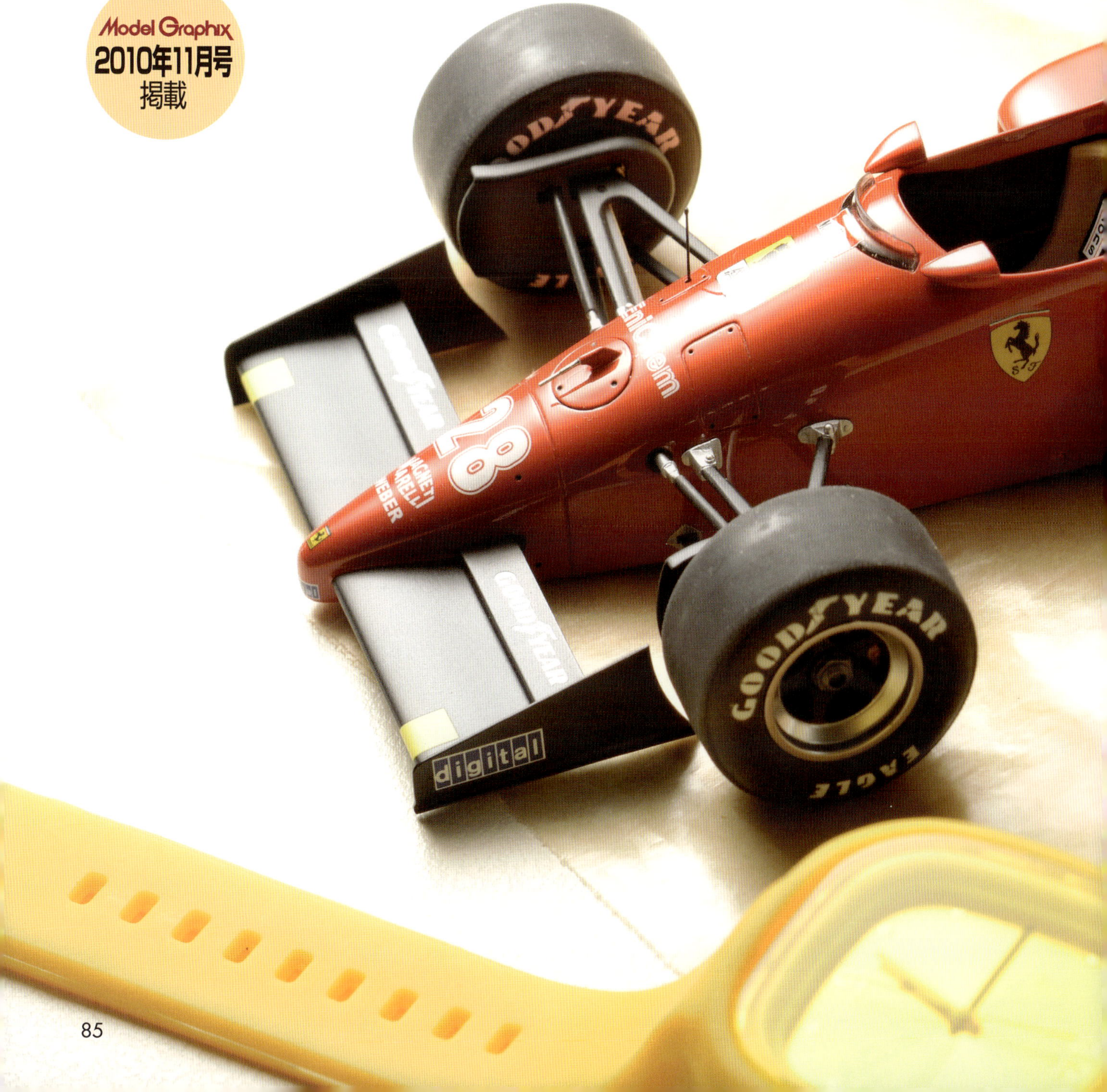

FIAT
GOODYEAR

Marlboro
G.BERGER
Marlboro
Agip
GOODYEAR
28
GOODYEAR

Agip
Agip
GOODYEAR
28
FIAT
Marlboro
GOODYEAR
EAGLE
GOODYEAR

辛くもMP4/4のシーズン全勝を阻止した印象深い跳ね馬

1.5リッターターボエンジン最終年となる'88年、ジョン・バーナードは自然吸気V12エンジンとセミオートマチックミッションを搭載する新車フェラーリ639のテストに専念していたため、フェラーリはこの年ニューマシンを用意することはせず、昨年のマシン187の改良版187/88Cで戦うという選択をした。開幕後はマクラーレンMP4/4ホンダが圧倒的な速さで連勝を重ね、187/88Cは善戦を続けるものの、ライバルに匹敵する速さを獲得することはできず、ときにはNAエンジン車にポジションを脅かされることもあった。そんな187/88Cが一瞬輝いたのが同年のイタリアGP。プロストがエンジントラブルでリタイヤ、セナが追突で順位を下げたため、ベルガーとアルボレートがワンツーフィニッシュを果たし、マクラーレン・ホンダの全勝を辛くも食い止めたのだ。前月のエンツォの逝去に沈んだティフォシは本国イタリアGPでのこの逆転劇に歓喜した。

FERRARI F187/88

FERRARI F187/88C

ラストイヤーのターボエンジンはもちろんのこと 積年の想いを込めて徹底的に作り込む1/20

1

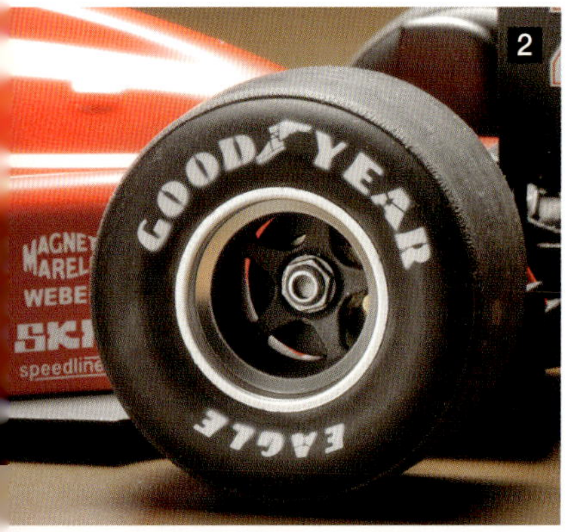

2

3

積極的に使いたくなる 純正ディテールアップパーツ

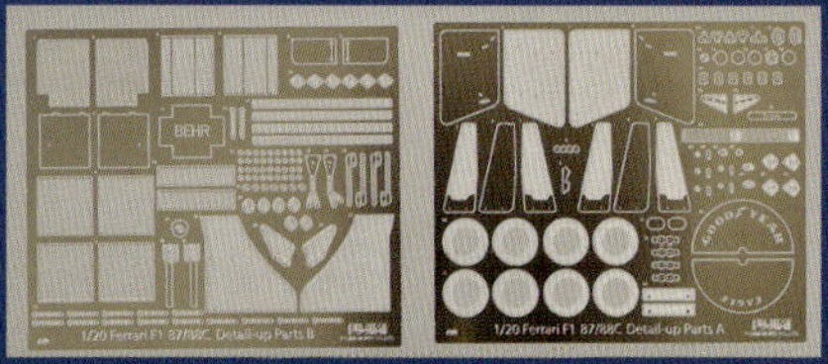

毎度おなじみとなってきたフジミ純正ディテールアップ用エッチングパーツ（「フェラーリ F1 87/88C 専用エッチングパーツ」 税込2592円）。かなりこまかい部分まで用意されているので、指示どおりに使うだけでも精密感がグッとアップするはずだ。フロントロワアームの基部用（A28､29）はサスペンションアームを後差しにすることによって、より効果を発揮する。ただし、必ずしも"イタリアＧＰ仕様"に準じているわけではないので、こだわる方は適切な選択が必要だ。

そしてこれまたおなじみの別売カルトグラフ製デカール(「フェラーリ F1 87/88C 専用 カルトグラフ製デカール」 税込1944円）は、カウルやウイングなど濃い色の上に白や黄色のデカールを貼ることになるので非常に心強い。基本的には製品付属のものと同じ版を使用しているが、ゼッケンのミスは修正されている。また、ロゴと地色が別々になっているものがセットされているのはありがたい。

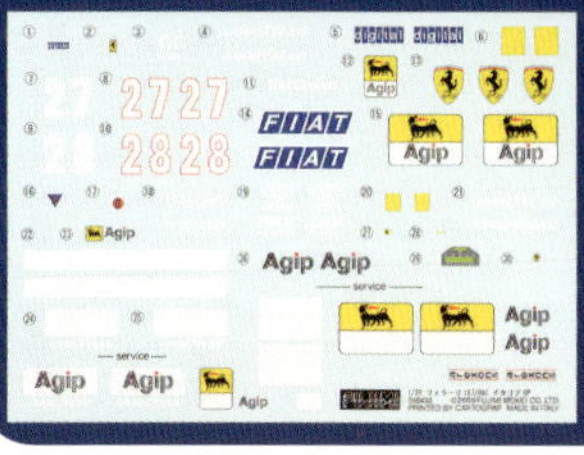

7

8

■1プラグコードなど各種パイピングはキットには含まれていないので、資料を参考に追加。リアブレーキのダクトも形状変更している
■2リムの厚さが実車に近い感じなので、ホイールはタミヤのF189から流用。塗装にはメッキシルバーを使っている
■3上から見るとあまりわからないが、ノーズのラインは大幅に変更。また、ダンパー用のパネルラインも位置を後方に彫り直している
■4カウルとの干渉を避けるため、エンジンや補器類はひとまわり小さくパーツ化されている。ディテールアップの際には注意が必要。ポップオフバルブは不要部品となっているH25のパーツを利用。シュノーケル型の吸気ダクトは組み立てやすさを重視してキットでは分割されているが、もちろん実車では一体。ここを再現するとカウルもそれに合わせて加工する必要が出てくる
■5'88年サンマリノGP仕様以降の特徴であるノーズのピトー管基部は形状を修正。ピトー管自体はファインモールドの1/72ファントムショートノーズ用をカットして流用
■6リアまわりは全体的にリファインしてしまった。リアウイングはステーをカットし2㎜ほど低くマウント。ギアボックスは短縮。アンダーパネルも形状を変更している。テールランプはクリアーレッドのランナーから削り出したものを使っている
■7■8ウインドシールドは取り付け方法も含めキットのまま。実車とはまったく違った取り付け方だが、スモークをグラデーション塗装してやると、実車と同じように見えるし、接着もイージーだ。コクピット内部は純正エッチングパーツ等を使ってよりリアルに。バックスキンや木といった'80年代らしいマテリアルの表現も楽しもう

4

6

5

▲ノーズは横から見たときにラインがフラットに見えるように改修。それに伴いフロントウイング取り付け位置も変更。ピトー管のパネルは塗装しやすいように別パーツ化

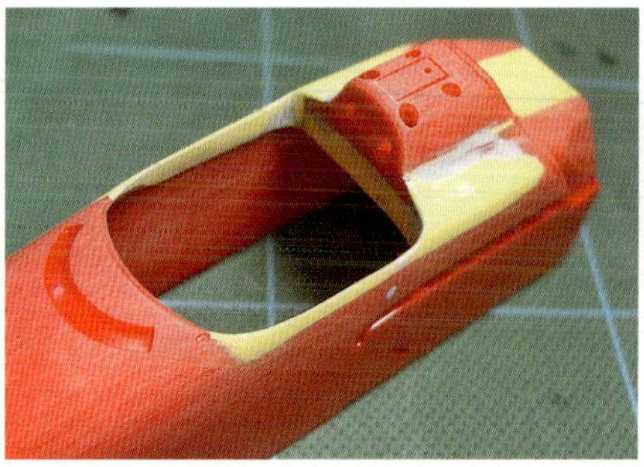

▲コクピットまわりはキットのままだとドライバーズシート取り付け位置が前寄りに感じられたため、モノコック形状を含めて整形し直し。A1とB8の分割ラインも実車らしく修正

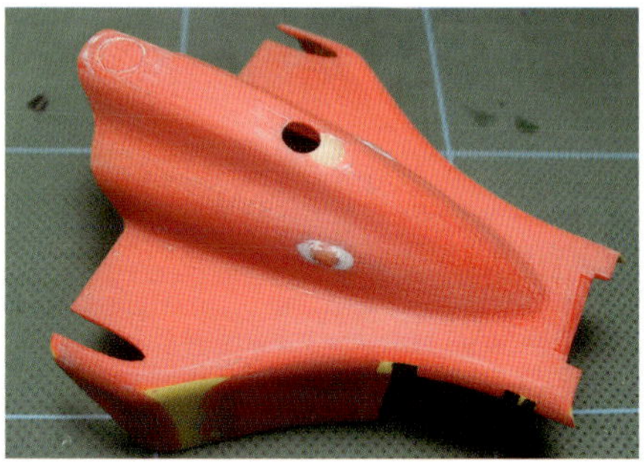

▲ポップオフバルブ用の穴とサイドのバルジはキットのモールドより前方に移動。サイドポンツーン後端はアジップのデカールを貼ったとき違和感がないように形状変更

▲サイドポンツーンに丸みを持たせるため、パーツの内側にポリエステルパテを盛ってから表面を削る。またカウル後端のパネルB6、B7は分割ラインと開口部変更のためいったん接着

▲アンダーパネルのセンター部は実車より広くて浅い感じがしたので、プラ板とポリエステルパテで形状を変えてみた。あわせてギアボックスにも手を加える必要がある

▲サイドポンツーン前端のラインも変更。サイドのエアアウトレット部は一体パーツらしく見えるように。写真ではカバーが付いた状態で整形しているがイタリアGP決勝は全開が正解

ワンオフなマシンの雰囲気をいかに出せるかがポイント

誰にでも作りやすいうえにかっこいい、と評判の高いフジミの1/20フェラーリF187/88Cだが、もちろん、こだわれば際限なく手を加えていくことができる。

'88年当時は、現代のように3DCAD全盛ではなく、同じマシンでもシャシー番号が違えば別マシンかのようにディテールが違う。当時のF1マシンはまさに「手作りの一品モノ」であった。今回の作例製作にあたっては、そんな雰囲気も再現すべくちまちまと工作を積み重ねている。ボディラインは大量生産品を思わせる単純な平面や曲線を避け、グラマラスなラインへと変更。カウル内のエンジン部分も雑然としたものにした。可能なかぎりたくさんの資料を手元に置いて製作したが、図面的な正確性を追うよりも「モンツァで優勝したベルガーのフェラーリ」のイメージを大切に製作作業を進めていった。

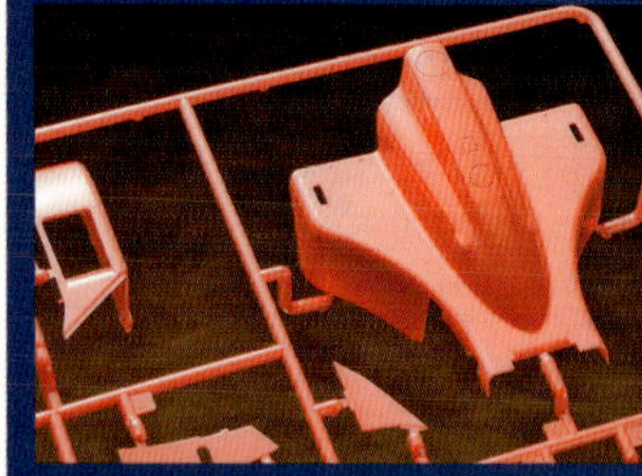

◀ボディフォルムは非常に端正で、作りやすい。しかし、それゆえに実車のパーツ構成と異なる箇所もあるので、がんばって修正を試みた

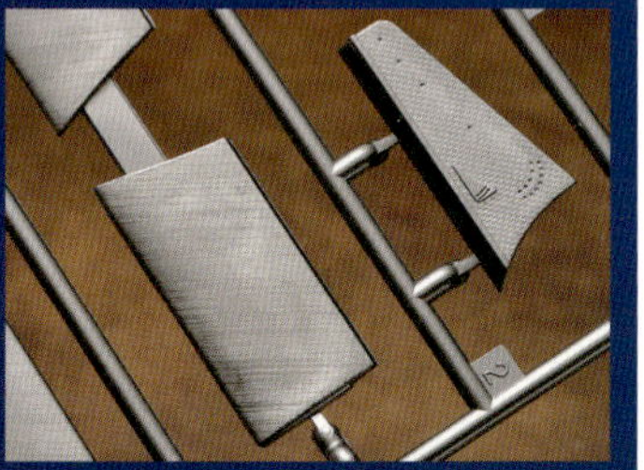

▶CFRPの部分のパーツには表面にモールドがつけられていて雰囲気もよいが、今回は全体のイメージを優先してあえて全部削り落とした

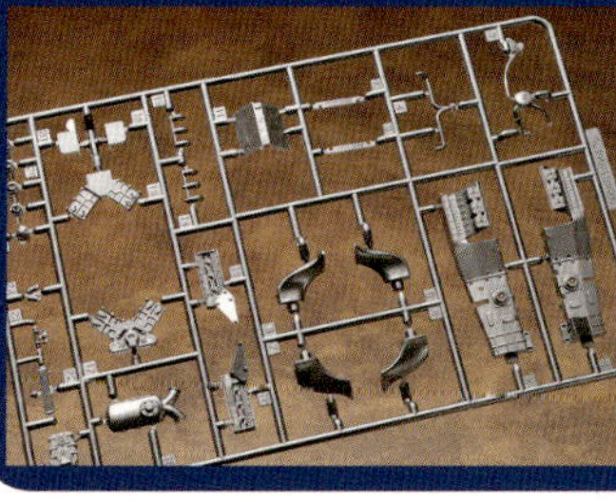

◀内部パーツもカッチリとして非常に組み立てやすい……が、今回はあえてその「カッチリ感」を下げて、手作り感が前面に出るようにした

FERRARI F187/88C

FERRARI F187/88C Italy GP 1988
FUJIMI 1/20 Injection-plastic kit
[F1 87/88C Italian GP 1988]
Modeled and described by Masahiko KATO.

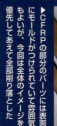

▲メキシコGPからターボチャンバーの形状が変更。キットはそれ以前の形状でパーツ化しているため手を加えている。ポップオフバルブはカウル開閉時用に2種用意した

▲ギアボックスは後方に長過ぎるので改修。リアウイング取り付け位置はそのままでエンド部のみ短縮。またアンダーパネルの形状も変更するのに合わせ下部もアレンジ

▲フロントウイングエンドプレートはキットのパーツを加工。パーツの外側のモールドや内側の段差は実車では見られないので削った。結果薄々攻撃に。その後、擦り板を追加している

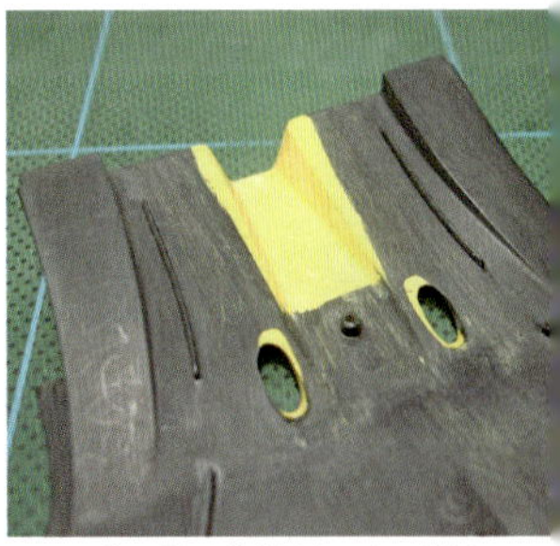

▲アンダーパネル後部はセンター部付近を改修。ギアボックスや排気管の位置とも関わってくるので、最終決定するのに意外と時間がかかる部分だ

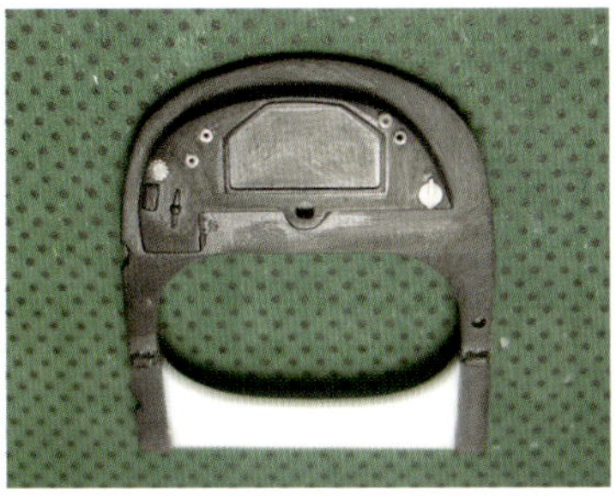

▲計器パネルは純正エッチングパーツを使ってディテールアップ。シンプルな部分に表情を与えてくれる。下部は実車では繋がっているので、シート前端の形状に合わせてプラ板を追加

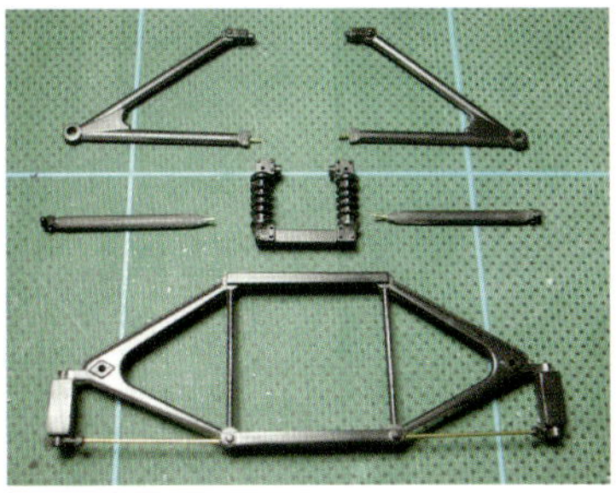

▲サスペンションアームは後ハメできるように加工。一度キットの指定どおり組み立て、自分なりの基準点を決めてから作業すれば車高も決めやすい。リアは一部アームの太さも調整した

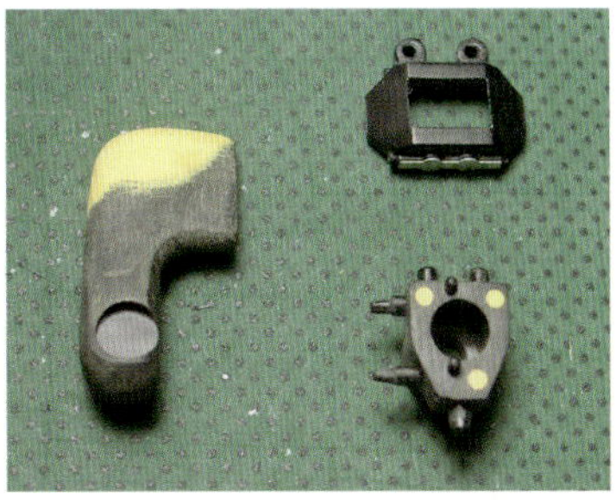

▲リアブレーキダクトは実車写真を参考に形状変更。あまり資料がない部分でもあるので、完成したときによりそれらしく見えることを重視。プッシュピンの跡もこまかく修正

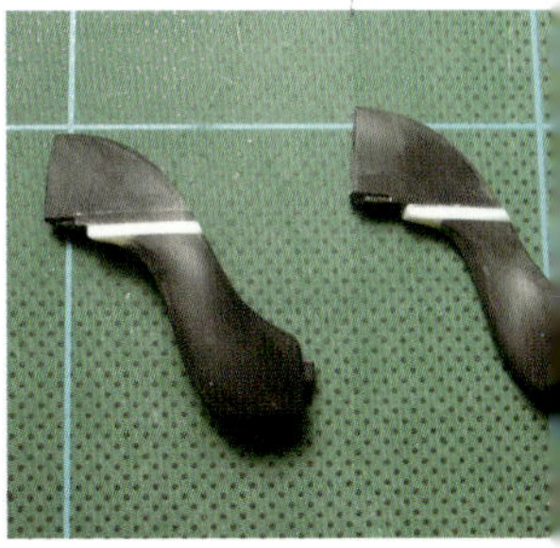

▲上下に分割されたシュノーケル型のダクトは、案外簡単に繋ぐことができた。ただしダクトの高さ調整やカウルの切り欠きに時間が取られるだろう

▲タイヤは前後ともキットのものを使用。実車のプロファイルに近づくようにサンドペーパーがけ。リアはラジコン用のスポンジとGSIクレオスの接着剤のキャップをインナーにしている

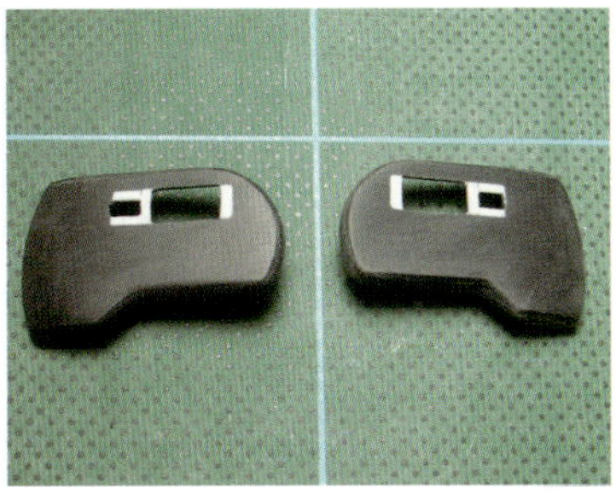

▲フロントブレーキダクトのサスペンションアーム用開口部は実車同様分割してみた。この時点でステアリング機構も諦めていれば開口部をもっとタイトにできたかもしれない

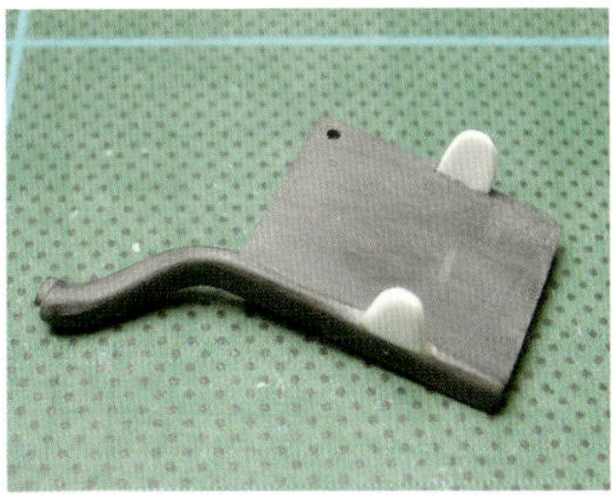

▲シーズン途中で投入されたインタークーラーのバイパス部を追加。バイパスバルブは外されていることが多かったためイタリアGPでもそうだったと推測。作例もその状態で仕上げた

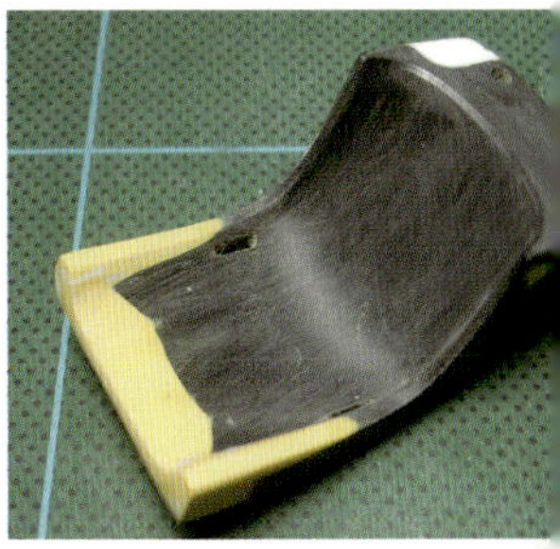

▲シートは取り付け位置を後方にずらしたため、そのぶん前方を延長。長身のベルガーが収まっていたことを考えると、形状的にも実車に近くなったのでは？

'88年のイタリアGPといえば、ベルガーファン、フェラーリファンにとっては決して忘れることのできない一戦です。長いF1の歴史のなかでも、ここまでドラマチックな勝利はそうはないのではないでしょうか。ただし、'88年当時に1／20スケールで、つまり「タミヤがこのマシンをモデル化する可能性があったか」と言ったら、正直難しかったでしょうし、実際にされることもありませんでした。それゆえに時を経てリリースを決めたフジミの決断に驚き、喜んだ方も多いと思います。

　そのフジミの1／20ですが、キットの内容は作りやすさに重点を置いたものとなっています。そのためにアレンジされた部分もあるわけで、モデラーとしてはそのあたりに手を加えたくなることもあるでしょう。どんなキットでも作り方の自由はモデラーに与えられていますからね。ベルガー好きとして、このマシンをフェイバリットな1台に挙げることもある私は、どうしても今回「自分自身で納得のいく1台」に仕上げたくて、このフジミのF187／88Cをいろいろといじってみることにしました。

◆製作準備

　さて、いざ製作しようと当時の雑誌などを再確認すると、思った以上に資料になる写真がありません。'88年当時は日本国内では最強マクラーレン・ホンダが取り上げられることが多かったですし。イタリアGPのようすを伝える専門誌はフェラーリ優勝に沸く大勢のティフォシの写真ばかり。マシンを写した写真はほとんどないのです。仕方ないのでほかのレースや最近撮影された画像も含め、とにかくF187／88Cが写っているものをかたっぱしから集め、そこからイタリアGP仕様を推測していくことにしました。マーキングなど、テレビ放送された映像で確認した部分もあります。

◆製作

　作例は、まずボディ関係の加工から作業をはじめました。ここでは各サスペンションアームを後差しするための下準備や、自分の思うイメージに近付けるための形状変更などを行なっています。簡単に言うと自分流デフォルメですね。最近、モノの見え方とか捉え方って、人によって違うんじゃないかな、とか思うんですよ。そりゃ、実物＝正確な寸法はあるわけですが、たとえばカッコよく見える角度が人によって違ったりみたいな。なので自分のラインの出し方は、まったく正確じゃないかもしれません。でもそれはそれでいいかな、と。今回、ノーズのラインやサイドポンツーン各部のアール、コクピット周りなどは自分なりにけっこうイジってみました。もちろん失敗もしてます。ノーズのダンパー用のパネルラインは少し後方に彫り直したいところなんですが、それに気が付いたのが塗装後だったり、サイドポンツーンのエアアウトレット部もイタリアGP決勝では全開状態なのに、カバーの付いた状態で整形、塗装しちゃったり……（両方とも涙をこらえて直しましたよ、自分が悪いんですから）。

　エンジン周りはディテールアップの作業が多かった箇所。このキットはカウルとの干渉を避けるためにエンジン自体が小さめにパーツ化されているので、追加するパーツが不自然に見えないようバランスに気をつけるとよいでしょう。

　サスペンションアームは前述したとおり後ハメできるように加工しました。そのためか、フロントのネガティブキャンバーがキツくなってしまったので、ステアリング機構はあきらめて車高やタイヤの位置に違和感が出ないように固定しています。

　タイヤは、タミヤのキットと比較するととくにフロントが大きく感じられると思いますが、数値的にはこちらのほうが実車に近いようです。外形だけ、よりそれらしく見えるように削ってみました。ベタベタするけど最後に歯磨き粉を付けて削ったらほぼ解消されました。ホイールは、ごめんなさい、タミヤのF189から流用してます。

　そのほか、各部の工作については上の途中写真の解説を参照してください。

　というわけでどうにか完成。現時点では自分なりの解釈ができたかなと。■

'92年を席巻した「異次元のスピード」を1/20スケールで机上に再現する。

「あなたにとっての最速／最強のF1マシンは？」という問いに
このウィリアムズFW14Bルノーを挙げるファンは多いだろう。
もちろん、これを上回る成績を残しているマシンもあるが、
FW14Bを駆ったナイジェル・マンセルの手の付けられないあの速さは
それを目の当たりにした世界中の多くのF1ファンに強烈なインパクトを与えた。
マクラーレンMP4/6やフェラーリ641/2同様、永らく1/20キットに
恵まれなかったFW14Bを、ついに発売を果たしたフジミ1/20で製作する。

All those model kits on this book does not include Tabacco sponsor decals.
Those were created and used on completed model by the modelers.

ms FW14B RENAULT

▲ステップドボトム規定以前の、ロー＆ワイドなフォルムが美しい。下品なほどにぶっといスリックタイヤも迫力満点だ。空力の奇才、エイドリアン・ニューウィーの描く妖艶なボディラインが1/20スケールでうまく再現されている

ウィリアムズFW14B ルノー
'92年 フランスGP仕様
フジミ　1/20
インジェクションプラスチックキット
「FW14Bルノーイギリス GP 1992」
'10年発売　税込5400円
製作・文／**西澤 浩**

Williams FW14B RENAULT French GP 1992
FUJIMI 1/20 Injection-plastic kit
[Williams FW14B 1992 BRITISH GP WINNER]
Modeled and described by Hiroshi NISHIZAWA.

Model Graphix
2010年10月号
掲載

RENAULT

GOODYEAR
Canon
Grand Prix
CAMEL
RACING SERVICE
Mansell
RENAULT
Bull
Labatt's

Williams FW14

Diana Burnett

s FW14B RENAULT

1 2 キットパーツでもアクティブサスペンションの制御機器が再現されているが、カバーとの干渉を避けるために少々のっぺりした印象。ここはこのマシンの特徴となる箇所なので、キットパーツを活かしつつパイピングを追加した
3 タイヤロゴはエッチング製テンプレートを使い塗装で再現。サイドポンツーン後部のエアアウトレットは、フランスGPでは全閉状態なのでイギリスGP仕様のキットのまま
4 5 サイドポンツーン内部、エアボックス側面の補器類はキットのパーツをふたつ用意し、切り離して別パーツにすることで立体感を出した。補器はご覧のとおりけっこうな数にのぼるうえ、配線を追加しすぎるとカウルが閉まらなくなってしまうので、入念な仮組みと調整作業をしている

◆ウィリアムズFW14Bの製作

いつものように仮組みを行ないつつ、組めるところは先に組み立ててしまいます。

まずはモノコック部分。シートを挟み込む組み立て方なので、塗装後にシートを組み込めるように片方のガイドの長い方を削り落としておきます。

モノコック部分を貼りあわせたらフロントのアクティブサスペンションのパーツ（C6）を仮にはめ込み、1㎜の角棒を置いて（理由は後述）カバーパーツ（B2）を置き、浮き具合を確認します。やはりそのままでは閉まらないのでB2の裏側をモーターツールとサンドペーパーで削りました。次にC6の制御部分ですが、カバーパーツとのクリアランスをとるために薄く成型されていて実感を損ねています。ここはがんばって厚くしてなんとか立体感を出したいところ。まずパーツの補器類の部分の上に厚さ1㎜×幅1・5㎜の角棒を接着します。接着後、向かって右側にモールドされているコネクターは適宜別パーツに置き換えます。自作部品や別売アフターパーツを組み合わせてコネクターを作り、配線のための穴を開けておきます。

ここは'92年当時は隠されていた部分で、なかなか詳細がわからなかったものです。しかし現在は詳細な細部写真も見ることができるようになりました（いくつか電子機器が取り外されているとはいえ）。なかなかいい時代になったものです。

さて、各部の塗装完了後、この補器類に配線を施していきます。パイピングがカバーと干渉しないことを確認したら、カバーのフチの部分にエポキシパテを盛り、カバーを押し付けて硬化を待ちます。こうして隙間を埋めてから、パテとカバーをサンドペーパーで均します。

フロントの次はリア部分の工作に取りかかります。ギアボックス上面とサスペンションのアッパーアームが一体となったパーツ（E7）に配線／配管を追加してみます。

まず、アクチュエーターロッドからの配管用の基部を後方タンク2基に0・5㎜で開口し、0・8㎜の六角プラ棒と0・5㎜

Williar

6モノコック内部のストッパーパーツを小加工することにより、塗装をしたあとにシートを組み込むことが可能になる（これは必須工作）。また、シートベルトを追加している
7ウイング後端やスプリッタープレートは、F1モデル製作の定番工作として、キットパーツを削り込んだり金属板に置き換えることでフチを薄くしたが、このキットの場合、カウルやアンダーパネルはフチが薄く成型されているので無加工でもよいだろう
8実車ではかなりゴチャゴチャした印象のエンジン周りなので、黒や金属色の質感やトーンを意識的に使い分けるようにして雰囲気を出すようにしている。エキゾーストパイプの焼け色表現も効果的なテクニック。なお、本キットのエキゾーストパイプは片側2パーツ構成で各パイプのあいだが若干埋まり気味。削り込んで1本1本別パーツのように見せるとリアリティーが増すだろう

◀ウィリアムズFW14BイギリスGP'92専用カルトグラフ製デカール（フジミ 税込1944円）。多数ある濃い色の上のロゴは、透けないシルクスクリーン製デカールが重宝する
▶ウィリアムズFW14BイギリスGP専用エッチングパーツ（フジミ 発売中 2592円）。リアウイングのスプリッタープレートやパドルシフトのレバーなど、あれば便利なパーツが満載だ

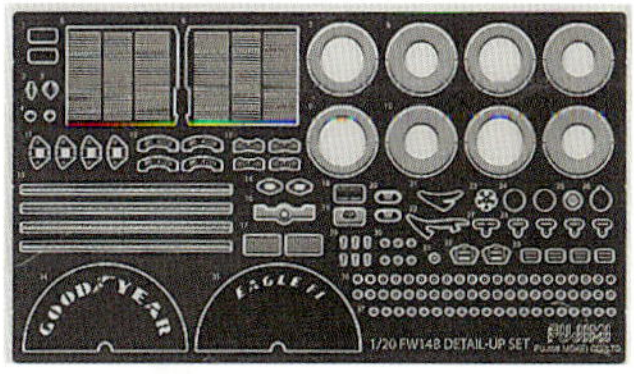

の洋白線で4カ所作ります。次に前方の大きいタンクの上部と下部に配線基部を0・3㎜の洋白線と0・5㎜の六角プラ棒で作り、タンク両端のパーツにも同サイズで基部を製作、アクチュエーターロッドにもコネクターと配管基部を追加します。

次はサイドポンツーン脇の各補器類の改修に入ります。さすがにこの部分はそぎ取ることはできませんので、キットをもうひとつ用意して、補器類のパーツ取り用とサイドポンツーン内部のエアボックス用とします。まず補器類を「D1、2」パーツから切り離します。次にエアボックス用パーツの加工をします。こちらは、本体を生かすわけですから補器類を金やすりで大まかに削り取ってから、開いてしまった穴をポリエステルパテで埋めました。その後、厚みを調整してコネクターを再現した補器類を再び取り付けていきます。

◆**艶やかな青にこだわる**

今回の塗装は、ブルーをどうするかが悩みどころです。組み立て説明書の指示では「H15インディブルー」となっていますが、これは私のFW14Bに対するイメージと若干異なります。圧倒的な速さを感じさせる深く艶やかな青。しかも暗く沈み込まない鮮やかさも同時に出したくていろいろ試行錯誤を重ねてみました。最終的な調整も、キャメルのロゴの色に合わせるか、もしくは若干明るめにするか悩ましい……。結局使用した塗料はフィニッシャーズ製。ブルツブルーとブライトブルー、ピュアブルーを使用し、ブライトブルーの赤味をなるべく殺さぬように、かといってブルツブルーにより暗くならないよう混合しました。

まずボディパーツにファンデーションホワイトを吹き付けます。このホワイトの上にクリアーを吹き、乾燥後にマスキングをして先に混色したブルーを吹き付けます。マスキングを剥がし、2度目のクリアーを吹いたら、乾燥後にイエローを吹き付けます。使用したのはミディアムイエローです。

ボディ塗装の次に足まわりやサイドポンツーン内部、フロントウイングの塗装です。ここは、塗装でCFRP調にしてみました。実車写真を見てもサイドポンツーン以外はあまりCFRP地が目立たないのでセミグロスブラックを強めに吹き、主張しすぎないようにしました。

◆**組み立て／配線／配管**

塗装、デカール、研ぎ出しが終了したら、組み立てと配線、配管を行ないます。

まずはモノコックにシートとパネルを取り付けます。パネルのほうは押し込むかたちではめ込みました。ちょっと強引でしたが問題なく取り付けられました。

次にシートの取り付けです。ここは加工していないほうを先にはめ込み、ガイドを削り落としたほうはスライドさせながらあとで取り付けます。

続いてサイドポンツーン内部の補器類の配線です。各補器からすべて線を出して仮に配線を行なってみます。カウルに当たらないよう横に並べるかたちで配線してみましたが、案の定カウルが浮いてしまいました。ここからは根気よく調整を繰り返すことに……。勢いよく全コネクターに線を付けたのはやはり無理があったようです。何本か目立つものを残し、あとは下側に潜り込ませたり外したりして調整しています。

次はアクティブサスペンションの配管。ナイロンチューブにアクリル系塗料のツヤ消しブルーを塗ったものを取り付けます。同じ青の配管でも、短いところはこのチューブではなくビニール線の青い被覆を使用しています。フロント部の配線類は、カバーとの干渉を避けるために伸ばしランナーや0・45㎜のビニールコード等、細いものを選んで使用しました。

◆**作り終えて**

今回のFW14Bの作例では、補記類の立体感を出すために手を加えた以外は、ほぼキットのパーツを活かして作りました。フォルムやウイング等の仕様の部分にはまったく手を加えていません。自分がこだわるべき箇所を絞り込みやすいし、組み立てもしやすい、いいキットだと思いました。■

ならない。

'91年といえば、セナとマンセルの熾烈な争いが盛り上がり日本での第二次F1ブームも最高潮となった年だが、F1にいろいろな面で世代交代や革新の予兆が現れた年でもある。この年新たなF1チームとして発足したのがジョーダン・グランプリ。エアロダイナミクスのトレンドを取り入れて生み出された流麗なラインと鮮やかなグリーンのカラーリングを纏った処女作ジョーダン191 フォードは、F1参戦一年目とは思えぬ快走を見せファンに鮮烈な印象を残した。ここでは、そんなジョーダン191をタミヤの往年の1/20キットを題材に製作。製作する仕様はもちろん、ベルギーGPでF1参戦を果たしたのちの「皇帝」、ミハエル・シューマッハーのデビュー車だ。

ジョーダン191 フォード
タミヤ　1/20
インジェクションプラスチックキット
「ジョーダン191 」
'92年発売　税込4725円
製作・文／**小田俊也**

本書新規
作り起こし
作例

●今回製作したベルギーGP仕様ミハエル・シューマッハー車は、当時無名の新人だったミハエルが、レギュラードライバーだったベルトラン・ガショーの傷害事件による離脱により急遽F1デビューを果たすこととなったマシン。なお、ミハエルに関しては、この後ベネトンとジョーダンの間で契約問題が発生しジョーダンでの参戦はこの１戦のみ。この問題によりFIAが新たに契約承認委員会を発足することとなったいわくつきのレースだ。このベルギーGP仕様では、フロントウイングのフラップ形状やリアブレーキのダクト形状がキット状態と異なるので改造している。製作にあたっては、カウルパーツの反りやズレなどを徹底的に修整し、美しいグロス塗装を施すことで、ジョーダン199の流麗なラインを再現している

JORDAN 191 FORD

F1マシンは美しくなくては

忍び寄る新しい世代の沓音——。ジョーダン・グランプリ処女作にして
ミハエル・シューマッハーF1デビューマシン、ジョーダン191 フォード。

1/2

●イギリスF3、国際F3000からステップアップして、'91年にF1チームとしてスタートしたジョーダン・グランプリの処女作マシンがこのジョーダン191 フォード。ゲイリー・アンダーソンとマーク・スミスによって設計されたジョーダン191は、シャシーを保守的なテクノロジーで固めるいっぽうで、ティレル019のハイノーズ／アンヘドラルウイング（下反角翼）、マクラーレンやレイトンハウスで採用されたトンネルディフューザーといった最新のエアロダイナミクスを採用。その流麗なボディーワークと7upのキーカラーおよびアイルランドのナショナルカラーである鮮やかなグリーンとがあいまって、長いF1の歴史のなかでもとくに記憶に残る美しいマシンだ。参戦一年目とは思えぬ快走を見せ、マクラーレン、ウィリアムズ、フェラーリ、ベネトンの4強には及ばなかったものの、デビューイヤーでコンストラクターズ5位につけるという快挙を成し遂げた。

1/20 JORDAN 191 FORD

流麗でスタイリッシュかつ鮮烈な"グリーン"
ジョーダン・グランプリ新人F1デザイナー
ゲイリー・アンダーソンの意欲作、ジョーダン191

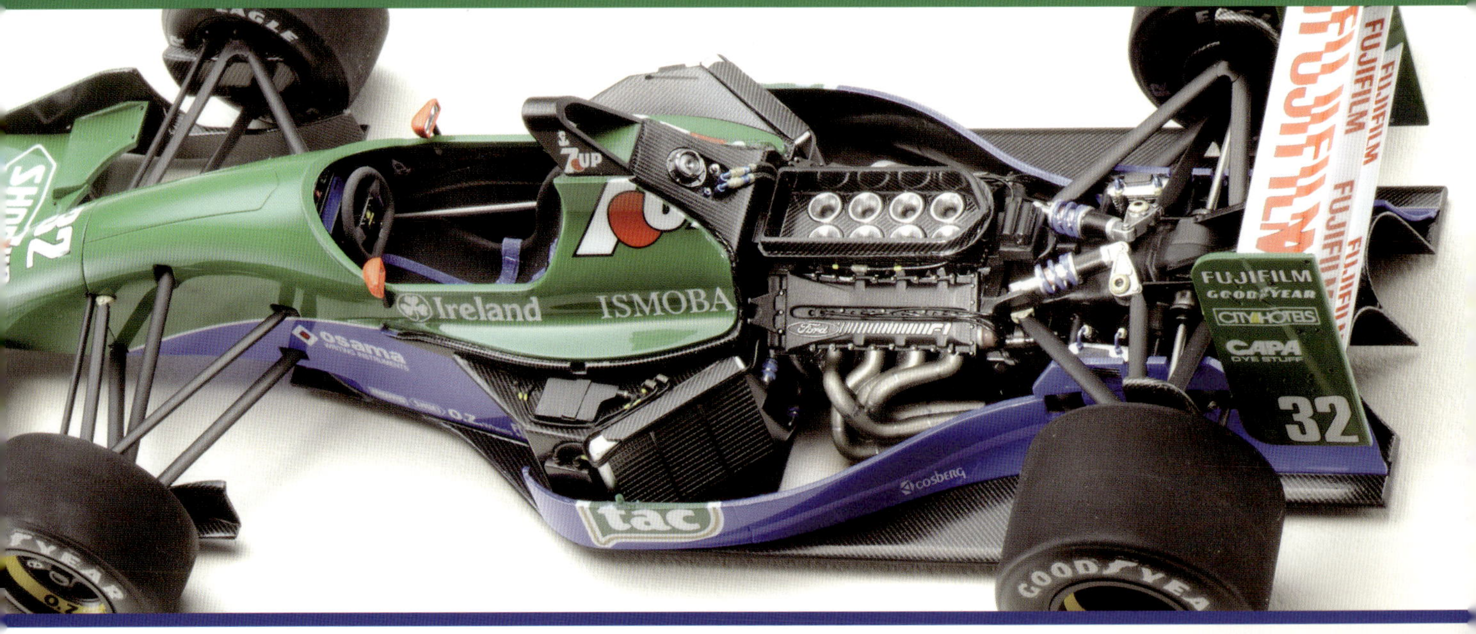

Jordan 191 Ford Belgian GP 1991
TAMIYA 1/20 Injection-plastic kit
[JORDAN 191]
Modeled and described by Toshiya ODA

●使用したのキットはタミヤの'92年発売のもの。同社1/20スタンダードなパーツ数少なめのあっさりとした構成だが、形状や考証はしっかりしていて組みやすい。今回はキットを活かしほどほどのディテールアップであっさりめに製作しているが、ボディーカウルの歪み修整や塗り分けなどの基本工作をしっかりと行なうことで非常に見映えのする仕上がりとなった
●ヘッドカバーなどエンジン周辺のパイピングやオイルクーラーの配管、給油口付近の配管を追加。コネクタをきちんと再現しつつも最小限の配線であえてゴチャゴチャにしないことにより、精密感と作例全体の清潔感を両立している。
●シートベルトはパーツのモールドを削り市販のベルトセットで再現。ベルトに使う布テープはリキッドデカールフィルム（劣化デカールの補修剤）を塗っておくと切り口がほつれにくい

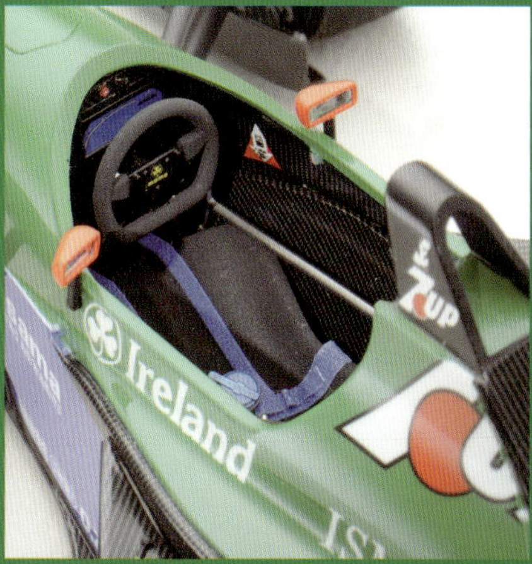

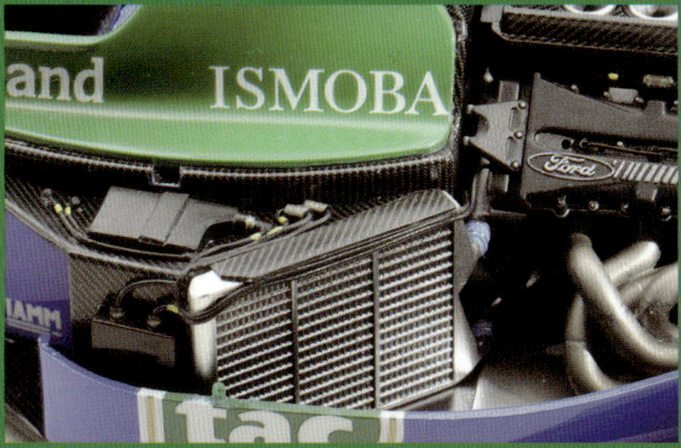

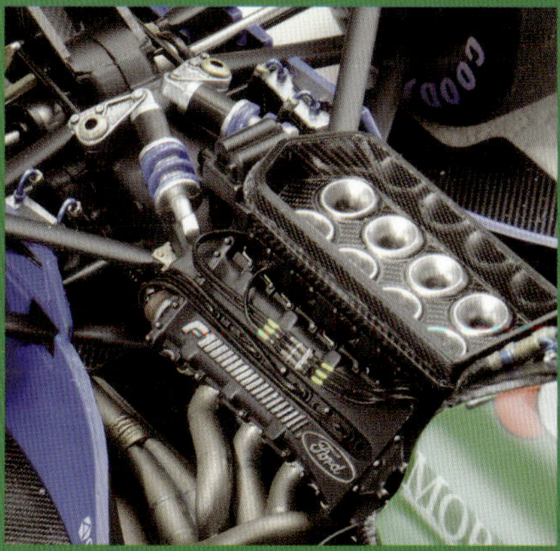

●給油口下に追加したホースは、釣り具のヒモ（用途は不明）を使用。ジョイント部分は0.6㎜径の金属線とアルミパイプを組み合わせて製作
●カーボン地は市販デカールで再現
●リアブレーキのダクトはベルギーGPではシュノーケルタイプになっているので、ダクトを2㎜厚の発泡塩ビ板からの削り出しで製作
●塗装は、白で下塗りした上に、マスキングしてMr.カラーのコバルトブルー→デイトナグリーンの順で塗り重ねている。白いストライプは、マスキングの際に0.5㎜幅で下地の白を残すようにし塗装で再現した
●エキゾーストパイプはシルバーの上に黄色っぽいメタリックグレーを重ね、溶接部分にクリアー青紫を軽くのせて素材感を再現。全体にマットなチタンシルバーで、溶接部分は青黒く二重のラインになっており、その間に下地の銀がキラリと光る

◆キットについて

カッコいいなあ、ジョーダン191。当時のタミヤのF1は部品点数が少なく強度もあり初心者にも作りやすいです。プロポーションの良さはもちろんのこと、エンジン部分の再現度も必要にして充分。省略している部分はあっても、全体的な密度感のバランスが絶妙です。そして考証の不備がないというのがなんと心地よいことか……。

◆第11戦ベルギーGP

ジョーダン191の話題として外せないのがシューマッハーのF1デビューマシンだったということ。タミヤのキットとは若干仕様の違いがあるので改造します。

フロントウイングはフラップのアールを大きくしました。「削る改造」なので作業的には楽です。ただし、取付け部の接着面が小さくなるので、事前に位置決めを兼ねて軸打ちをしてからはじめるとよいでしょう。アールを削ったあとはフチにプラ板を貼るなどして形を整えておきます。

ブレーキダクトはキットのダクトをたいらに埋めて、後方に潜望鏡状のダクトをつけます。新規のダクトは2㎜厚の発泡塩ビ板から削り出しました。この素材はDIYショップのアクリル板などのコーナーで見つけたもの。木材のようにサクサク削れて、接着は瞬間接着剤が使えます。塗装もプラカラーで普通に行なえます。

マーキングは市販デカールを利用しました。そのほか実車のリアウイングには張り線なんかもあったりするのですが、カウル着脱の都合もあり今回は見送っています。

◆キットの工作

まずは外装関係を仮組みしてみます。アクリルなど平板の上で、アンダートレイやエンジンも組み込み、なるべく正確にカウルの合いなどをチェックします。今回使用したキットはやや古いものを用いたので、経年変化もあったのか、少し隙間や段差が見られました。ここは塗装や組立ての前に手当てをしておくようにします。

手当てと言っても、常温で部材を手で曲げて形状を直すというもの。もともと設計ではピタッと合っているハズなので、1㎜程度の変形ならばこれで充分直せます（一部バキッと割れたりもしましたが……／汗）。さらに、修正後はテープなどでガッチリ固定して乾燥器で加熱するようにすれば、ストレスが緩和して形状が安定するようです。

カウルの塗装は下地に白色を全面に塗装したあと、GSIクレオスのデイトナグリーンとコバルトブルーで塗り分けています。境目の白ラインは0・5㎜幅に切り出したマスキングテープで塗り残しました。

今回、デカールはほとどすべて市販品を使用していますが、本キットに使えるカーボン地デカールがあったのでこちらも使用してみました。若干硬めの使用感でしたが、エンジンやコックピットなど、これを貼るだけでグッと精密な雰囲気になります。

◆ディテールアップ

エンジンには若干のパイピングなど加えてみました。このクルマの場合、セミオートマチックミッションやアクティブサスペンション等のハイテク機構がないので、比較的アッサリとしています。プラグコードやカムカバー付近の配線はエナメル線を黒く塗装して使用。サイドポンツーン内の電装は外径0・4㎜の市販コードを使いました。モノコック後部の燃料パイプやオイルクーラーのメッシュの配管は携帯ストラップの紐などを利用しています。

なお、補器を追加したり改造する際には、よく仮組みをして周囲のパーツと干渉しないようにしましょう。コード1本のためにカウルが閉まらないなんてこともありますから……。本キットの場合、サイドポンツーンのダボ穴周辺が要注意です。

◆最後に

F1模型完成品というと繊細なものばかりが目に付き、そのプレッシャーから「F1恐怖症」や「完成しない病」を患ってしまう人もいらっしゃるようです。でも作り方なんて人それぞれ。肩の力を抜いてお気楽に楽しんでみてはいかがでしょう? ■

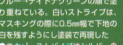

All those model kits on this book does not include Tabacco sponsor decals.
Those were created and used on completed model by the modelers.

Model Graphix
2010年6月号
掲載

Williams FW16

アイルトン・セナ最後のF1マシン——
“あの衝撃”から16年、悲劇のマシンFW16を1/20で。

'94年サンマリノGPであの"悪夢"は起こった。突然のクラッシュによるアイルトン・セナの死——そう、セナ最後のF1マシンとなったのがこのウィリアムズFW16 ルノーだ。ついに果たされたFW16の1/20でのキット化に複雑な思いを抱く者も多いことだろう……短くも鮮烈だったその記憶に想いを馳せつつ、セナへの深い追悼の意を込めて製作する。

ウィリアムズFW16 ルノー
フジミ　1/20　インジェクションプラスチックキット
「ウィリアムズFW16 1994 サンマリノGP」
'10年発売　税込5400円
製作・文／**小田俊也**

SENNA Forever...
Ayrton Senna da Silva, March 21, 1960 – May 1, 1994

Williams FW16

Williams FW16
FUJIMI 1/20 Injection-plastic kit
[Williams FW16 San Marino Grand Prix 1994]
Modeled and described by Toshiya ODA.

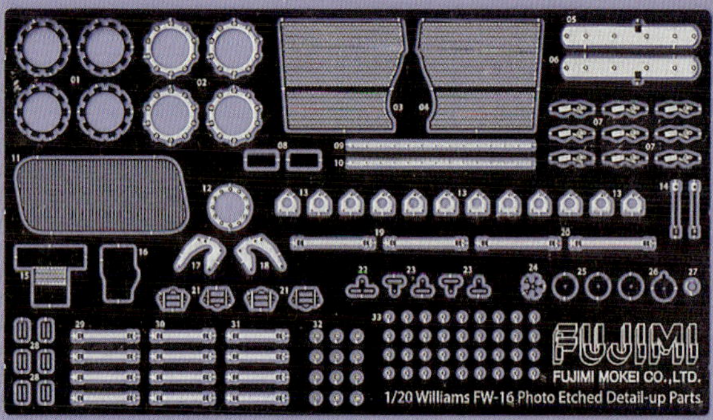

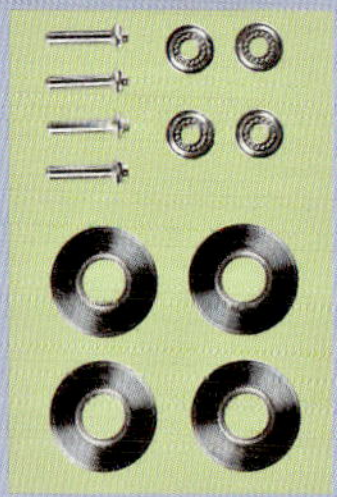

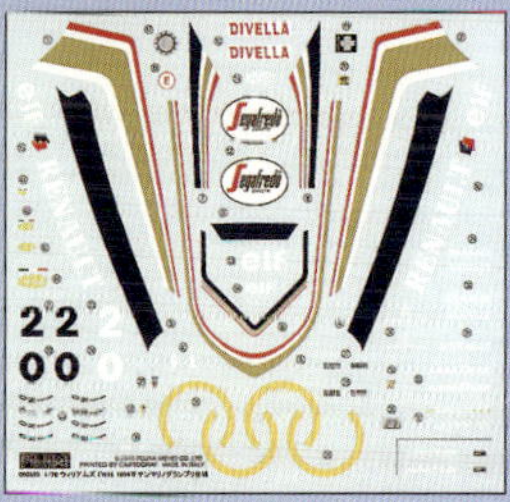

製作するならもはやマストアイテム、フジミ純正デカール＆エッチングパーツセット

◀1/20 ディテールアップシリーズ FW16 サンマリノGP 専用カルトグラフデカール（税込1944円）、1/20 ディテールアップシリーズ FW16 サンマリノGP 専用エッチングパーツ（税込2592円）。FW16は、濃い青の　上に白いロゴがあるなど、隠蔽力が高いカルトグラフ製デカールの威力がもっとも大きく発揮されるマシンだろう。エッチングパーツセットには、金属挽き物のブレーキディスクとハブ、ホイールのロックナットのパーツも付属し足周りをビシッと決められる。とくに給油口はキットではデカールで再現なので、ぜひエッチングパーツを使いたい。

4

1 2 モノコック前面や上面にはサスペンションや操舵系のメカニック部分のこまかいモールドが施されており、実車資料をもとに各部をこまかく塗り分けるだけでかなり見映えがする。カーボンファイバーコンポジットの部分は、本作ではメッシュをあてて金属色をエアブラシで軽く吹くことで再現。ディテールが入り組んでいる部分なので、全体にこの処理を施すのは難しいが、広い面積のたいらな部分にのみ軽く編み目模様を入れることで、あたかも全体がCFRP地であるかのように見せているのに注目（目の錯覚を利用した表現方法だ）。仕上がりも上品になるのでオススメのテクニックである

3 カウルに干渉しないように気を付けながら、サイドポンツーンのインナーポッド内のインナーダクト上面の配線を追加している

4 5 流麗なボディラインを崩してしまわないように、モノコックとカウルのすり合わせは最大限の注意を払いつつていねいな作業を心がけた。なおサイドポンツーンの下側が絞り込まれているため、カウルの脱着にはプラスチックの弾性を利用しつつグイっと開きながら行なう

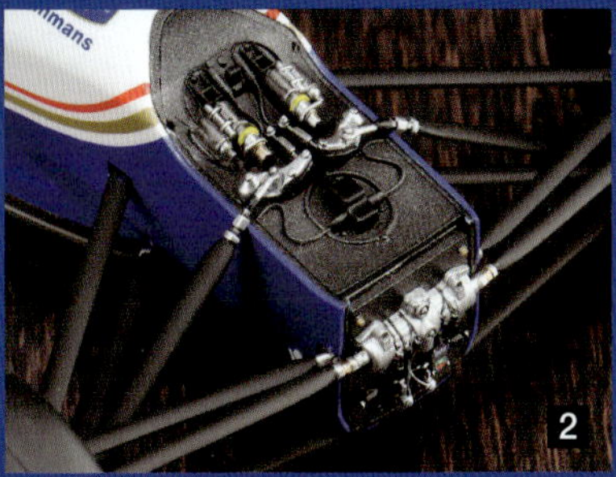
2

1

3

5

◆あの日のあの車

近年、稀に見るハイペースで拡充されているフジミの1／20GPシリーズにウィリアムズFW16が追加されました。F1史を語る上で欠くことのできない1台としてキット化を喜ぶ気持ちと、悲劇の車であるがゆえの感情が入り混じり、複雑な心境で製作をすることになりました。

これまでにもさまざまな表現手法を見せてくれた同シリーズのキットですが、FW16は、部品点数を抑えた、どちらかというと作りやすさを重視したような内容であると思います。ショックユニットや補器類、配管などはレリーフ状に表現されているので、当時のF1のゴチャゴチャしたメカニズムの雰囲気を感じることもできます。

◆下ごしらえ

まずは主要な構成部品を仮組みして全体のバランスや問題点がないかチェック。とりあえず部品の合いや位置関係にはおおむね問題はなさそうです。

大きく気になった部分としては、モノコックとエンジンとの間に2㎜ほどの隙間ができること。今回はモノコック側を延長することで対処することにします。この工作に伴いカウルの裏側が少し干渉するようだったので、その部分を薄く削って対処しました。モノコックは、左右を接着する前にコックピット部品の取付リブを一部削除しておくと、部品を後付けできるようになり塗装などが楽に行なえます。

フロントサスペンションのロワアーム取付部がモノコックより前方に出てしまっているのも気になるところ。修正するにはAアームの開き角度を小さくする加工が必要なのですが、この作業には強度や精度の面で注意が必要。作例ではアライメントが狂わぬよう治具を作って慎重に行ないましたが、あるいはアームそのものを作り直してしまったほうが早かったかもしれません。

カウルを開けることを考えると車体側面にある張り線のようなパーツの扱いも気になるところ。実車ではこの部品が取付けられている部分はシャシーに残るパネルの一

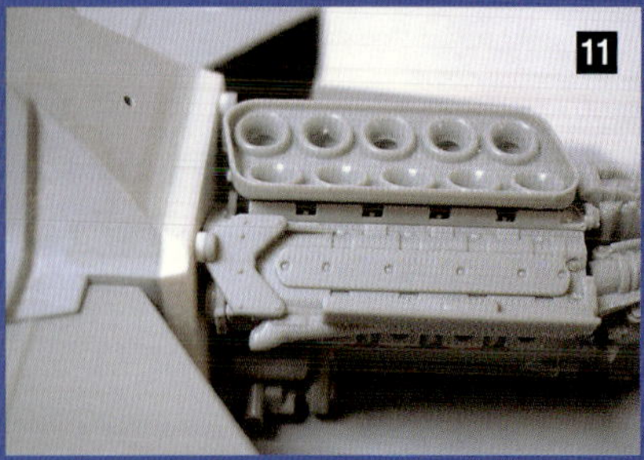

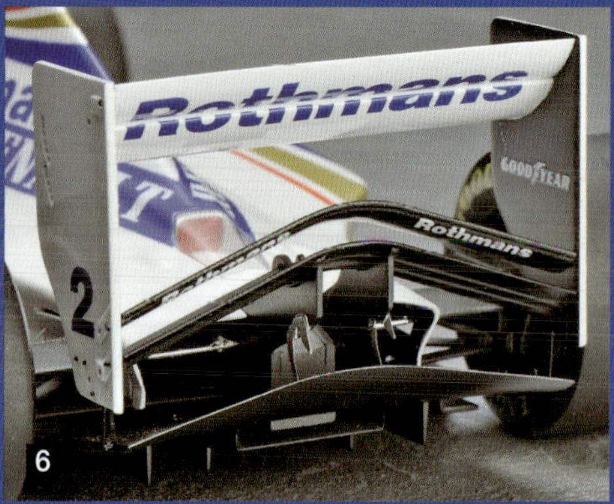

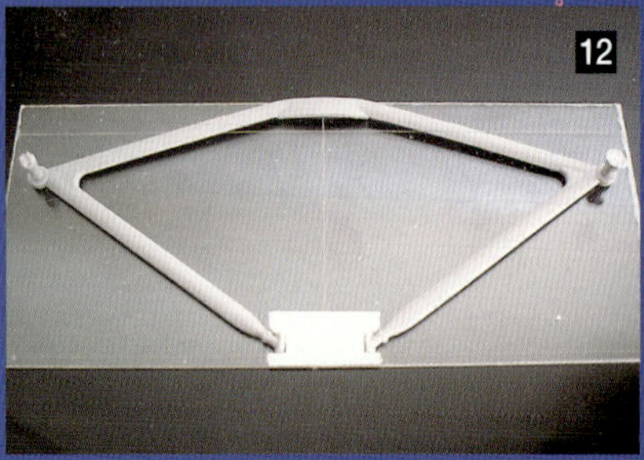

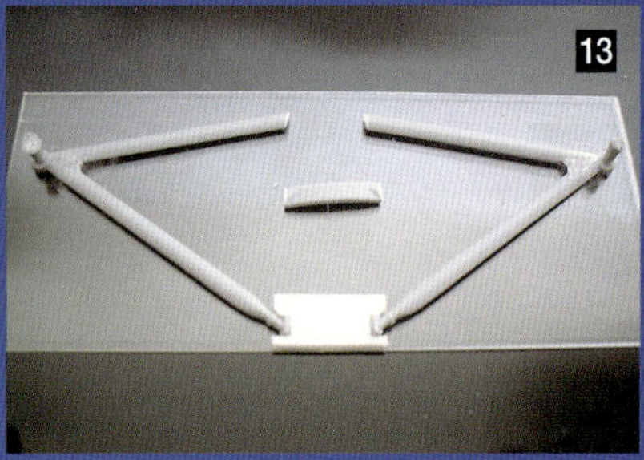

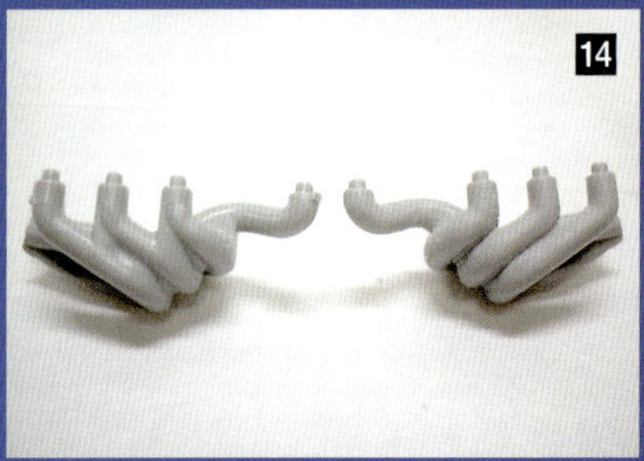

6湾曲したリアウイングや特徴的な形状のディフューザー、下側が絞り込まれたボディ形状など、デザイナーであるニューウィーのこだわりを立体で体感することができる
789キットでのエンジンなどカウルの内部の再現度はほどほどだが、パイピングなど一体で彫刻されているモールドをきちんと塗り分けるとよいだろう。作例ではキットを活かしつつ少々パイピング類を追加している
10タイヤ＆ホイールはアップライトに仕込んだポリキャップにセンターピンを押し込んで固定する方式。センターロックナット、ブレーキディスクやキャリパーの再現製は高い
11そのまま組むとエンジンブロックとモノコックに2㎜ほどの隙間ができるので、この隙間はプラ材で埋めている
1213このキットのいちばんの改修ポイント。フロントサスペンションのロワアーム前側基部を実車どおりモノコック側へと移設する。やみくもに切って改修しようとするとアライメントがガタガタになるので、治具を作ってから慎重に位置合わせを行なっている
14意外と目立つエキゾーストパイプのパイプ間を彫り込んでいる（右が加工後）

部であるようです。というわけでこの張り線の基部のあたりを切り取りシャシー側に移植することにしました。なお、カウル後端に取付けられるくの字型の小片もシャシー側に残るのが正解のようです。

◆塗装

外装パーツの加工と下地処理がひととおり終わったら、まずは全面白塗装をします。

青い部分の塗分けはマスキングシートが用意されているのでこれを使用して位置を決めます。ロスマンズブルーといえば一般に紺色というイメージがありますが、当時の実車写真を見ると意外に明るく鮮やかな印象。紺色というより瑠璃色という感じです。というわけで青はGSIクレオスのコバルトブルーをベースに原色青で少し深みを出したものを使用してみました。

製品付属の標準のデカールは貼付けにややコツを要します。金色の部分のコシが強すぎで馴染みがあまりよくありません。ここはできれば別売のカルトグラフ製のものを使用したいところ。タバコロゴデカールは例のごとく別途用意しました。

デカールがしっかり乾いたら、保護とツヤ出しのためクリアー塗装をします。作例はラッカー系塗料のクリアーを使用し、デカールの段差がなくなるまで塗り／研ぎを数回繰り返しています。

モノコック後部やラジエーターダクトなどのカーボンファイバーコンポジットの部分は、メッシュを使った塗装とすることでやや控えめな表現としました。

◆エンジン／足周り

メカニカルな部分は、グロス塗装のカウルと並んでF1模型の大きな見せ場となりますので、たとえウソでも（!?）それなりに作り込めば説得力も出るというものです。

このFW16は、サスペンションや電装品等がこまかい彫刻で表現されているうえ、電装部品に貼るデカールまで用意されています。今回はこれらを極力活かすべく、こまかく塗り分ける方向で仕上げてみました。

とくに金属表現ですが、ツヤあり黒の下地を磨いたあと、ガイアノーツのEXシルバーを吹きつけ、その上からアルマイト色やエキパイの焼き色をのせています。

成型上の都合かラジエーターダクト上面の配線が省略されていたので、伸ばしランナーでそれらしく追加。ラジエーターからオイルタンクへの細い配管はハンダ線で再現しました。また、同社純正のディテールアップパーツも発売されており、これらを使用することでラジエーターやブレーキ周りが引き締まります。

ステアリングギアボックスはデフォルメが過ぎるので少し削って引込めました。

◆外装

ミラーの鏡面にはハセガワ トライツールの曲面追従シート、ミラーフィニッシュを貼ってみました。金属板を切り出して磨いたミラーよりも断然お手軽です。

リアウイングは翼板の一枚が翼端板と一体となっていて、組みやすくなっています。最上段の一枚は取り付け時に湾曲しないように注意しましょう。

テールランプはカバーだけだったのでなかのランプ部分も自作して入れています。

作例はノーズコーンやタイヤも脱着可能としました。ノーズコーンはサスペンションのカウルの前端裏側にピンを立てて、上から差し込むことで固定できる仕掛けにしてみました。タイヤ脱着はサスペンションアームに無理な力が加わらぬよう車軸をやや緩めに削っています。なお、フジミ純正ディテールアップパーツに含まれるアルミ製の軸は逆に緩すぎるようなので使用しませんでした。タイヤを外す際にブレーキディスクが引っかかることがあるので、ディスクはアップライトに固定としました。

◆最後に

ウィリアムズFW16のサンマリノGP仕様には特別な感情をお持ちの方も多いことでしょうが、皆様の想いには応えることができたでしょうか。正直まだまだツッコミどころが満載の作例ではありますが、皆様の製作の参考になれば幸いです。■

SENNA Forever...

Ayrton Senna da Silva, March 21,1960 − May 1,1994

1/12伝説。

History makers;
The LEGEND OF TAMIYA 1/12 F1

お蔵出し！ あの"伝説の1/12三部作"をもう一度!!

TAMIYA 1/12 Injection-plastic kit
McLaren MP4/6 HONDA

'91年から'93年にかけてほぼ年1作のペースで『月刊モデルグラフィックス』に掲載されたのが、ここで再掲載する「タミヤ1/12作例３部作」(製作／若島あさひ）だ。

このタミヤの第二期1/12 F1モデル、フェラーリ641/2、マクラーレンMP4/6 ホンダ、ウィリアムズFW14B ルノーは、まさに"究極のカーモデル"を体現したキットだ。驚くべき再現度と組みやすさの傑作キットなわけだが、それを完全なワンオフモデルとして作り込むことで、「単に大スケールモデルだから迫力がある」といったレベルをはるかに凌駕する、いまだかつてなかった異次元の"リアルさ"を僕たちに見せてくれたのが、この３部作作例だった。

マシンの特徴とツボを押さえたディテールアップ工作、表情豊かな質感表と現戦車模型もかくやという汚し表現、スケールなりに間引きしながらも実車の雰囲気を見事に再現したパイピングの追加工作……そのあまりのリアルさ、存在感ゆえにこの３部作はＦ１モデルファンの間でいまだに語り草となっている。カーモデル、とくにF1モデルは、「模型としての清潔感」や「グロス塗装の様式美」に軸足を置いた完成品がほとんどだ。もちろんこうしたカーモデルとしての様式美にも魅力があるが、「ホントにリアルなＦ１モデルがほしい！」という欲求に真正面から応えてくれた希有な例と言えよう。

その後のＦ１モデル製作テクニックに多大な影響を与えたことは言うまでもなく、さらに現在の目で見てもその模型としての"魅せる力"には驚くべきものがあるこの３部作。そのパッションをじっくりとご堪能いただきたい。

■雄型成型で初のフルカーボンコンポジットモノコックを実現したセンターモノコック（およびそこに取り付けられたフロントセクション）と、エンジン＋ミッションケースを合体させることで車体の基本構造ができあがる

TAMIYA 1/12 McRALEN MP4/6 Honda

■ここにアンダートレイを装着するといよいよいわゆる"シャシー"らしい段階に。このキットでは、アンダートレイはモノコックとエンジン／ミッションケースを繋ぐストレスメンバーにはなっていない。実車どおり、エンジンとミッションケースがフレームの一部としてストレスメンバーになっているので、タイヤを装着すればアンダーカウルを取り付けない"ストリップシャシー"の状態で飾ることも可能だ。

F1マシンを「体験」できる3Dメディア、それがタミヤ 1/12 F1シリーズ。

タミヤの第２期1/12F1モデルは、実存のマシンが組み上がっていく工程をほぼ完全にトレースするかたちで組み上げることができる。マシンの構造を知りながらF1メカニックになった気分で組み上げられる全長約40cmのビックモデルだ。作例をご覧いただく前に、まずはストレート組み完成品を例に、そのワクワクするキットの構造をおさらいしてみることにしよう。

■インダクションポッド吸気口からエンジンファンネルに繋がる吸気ダクトをのせ、モノコック先端にフロントウイング、ミッションケースにリアウイングを取り付けり。ウイングは取り付け部の形状も実車に即したものとなっている

■実車と同じ分割のノーズカウル、アッパーカウルをのせれば、ついに完全なるＭＰ4/6の完成だ。なお、本キットはこのように実車さながらの構造を再現しながら、驚くほどのパーツ一体化がなされている。一体成型のモノコックやエンジン／ミッションケースであっという間に組み上がる

1/12 FERRARI 641/2

Ferrari 641/2
TAMIYA 1/12 Injection-plastic kit
[FERRARI 641/2(F190)]
Modeled and described by Asahi WAKASHIMA.

圧倒的存在感。

単に大きいから迫力があるんじゃない。
1/12という大きさが可能にするF1模型技法の"幅"——、
「あたかも実車がそこにあるような佇まい」を生み出す
若島あさひの1/12ワンオフF1モデリング。

Model Graphix
1991年7月号
掲載

▶右写真はキットの構造を見せるために組み立て説明書どおりストレートに組み立てたもの。実車同様のパーツ構成、サスペンションアームパーツにダイキャストを採用することで実車同様の動きを再現、パーツ表面にカーボンファイバーのモールドが施されている、アンダーパネル内の遮熱材（銀色の部分）を再現するためののり付きアルミ箔やシートのバックスキン再現用シートもあらかじめ付属しているなど、まさに"スーパーキット"だ。このスーパーキットを元にさらに徹底的な作り込みを施したのが、ここで紹介する作例である

フェラーリ641/2
'92年 フランスGP仕様
タミヤ　1/12
インジェクションプラスチックキット
「フェラーリ641/2(F190)」
'91年発売　税込1万5984円
製作・文／**若島あさひ**

多大なる情熱を注いでこそ成し得る究極のミニチュアF1オーナー

「うわぁ、こりゃ凄いや……」

思わず絶句、であった。なんの飾り気もない単なる段ボール箱のなかから現れたフェラーリ641/2。

より実感を高めるために、壊れんばかりに薄く削り込まれたリアアンダーウイング、ボディカウルのエッジ。そして金属板によって完全に作り直されたボーテックスジェネレーター。キットで再現された可動を見せるよりもリアリティーを見せるために、完全な作り起こしとなってしまったサスペンションのダンパー&スプリング。縦横無尽に、エンジンを、ミッションケースを、モノコックを、そしてブラックボックスを這い回るパイピング類。タイヤには、タグはおろか、メカニックによるなぐり書きまでもが、限りなく"完璧"に近く再現されていた。ここまでやってしまうモデラーが、存在するのである。

「F1って、タイヤが4つ付いているバイクですね。作ってるときの感覚は、もう完全にバイクモデルですよ」。作者である若島あさひは、バイクモデルを得意とするモデラーであり、F1モデルを製作するのはこれが初めてだった。しかし、ここまで作れば、これはもうほとんど芸術の域。究極のミニチュアF1オーナーと言っても差し支えないだろう。

ここまで作り込むために注ぎ込まれた情熱の量、それは数字では計り知れないものがある。

IN THE BLOOD

アジップの血が騒ぎ、ティーポ037がソプラノを奏でる。

●"生神"エンツォ・フェラーリが最後に選択した手段。それは、実質的なメイド・イン・イングランド——GTO産バーナード's フェラーリ、"639"だった。神はその「手段」のみを残して他界した。そして残されたイングランド産の"639"はマラネロで熟し、ランブルスコの深い真紅の後継機"641/2"が、ついに神へと100個目の杯を捧げることとなる。神の残留思念が為した頂点。「最も美しいF1マシン」とも称される641/2の、柔らかく緩やかな曲線、艶やかな曲面美を1/12で堪能しよう

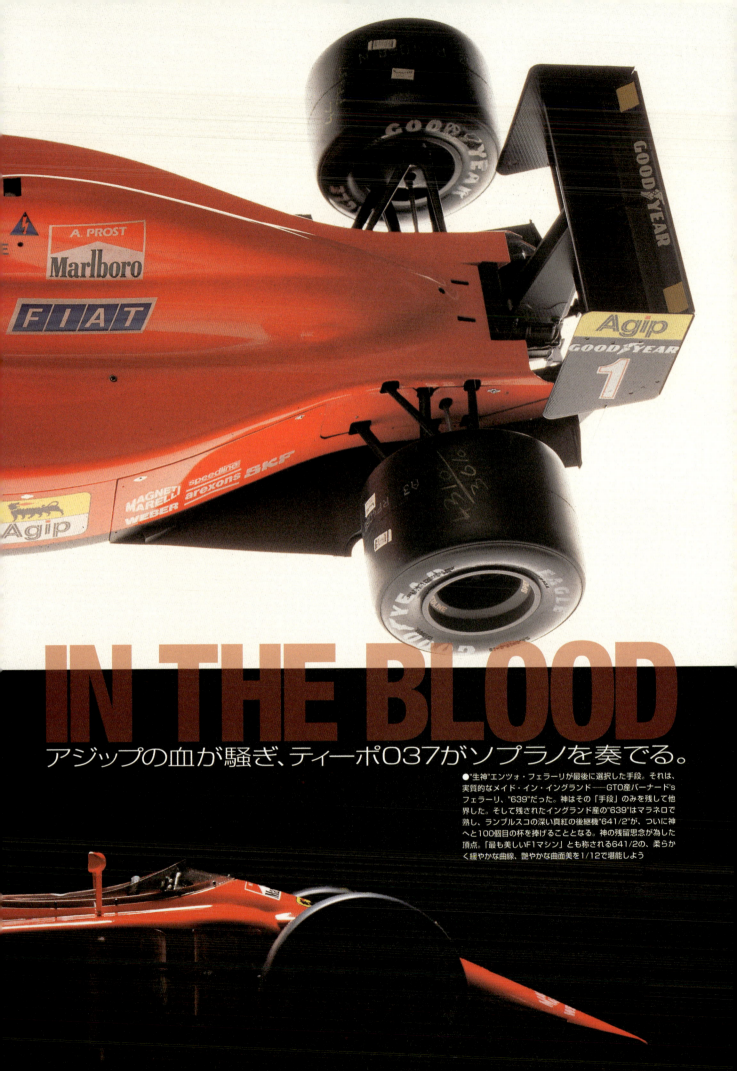

GOODYEAR
GOODYEAR
EAGLE
EAGLE
Agip
Marlboro
SPEEDLINE
digital

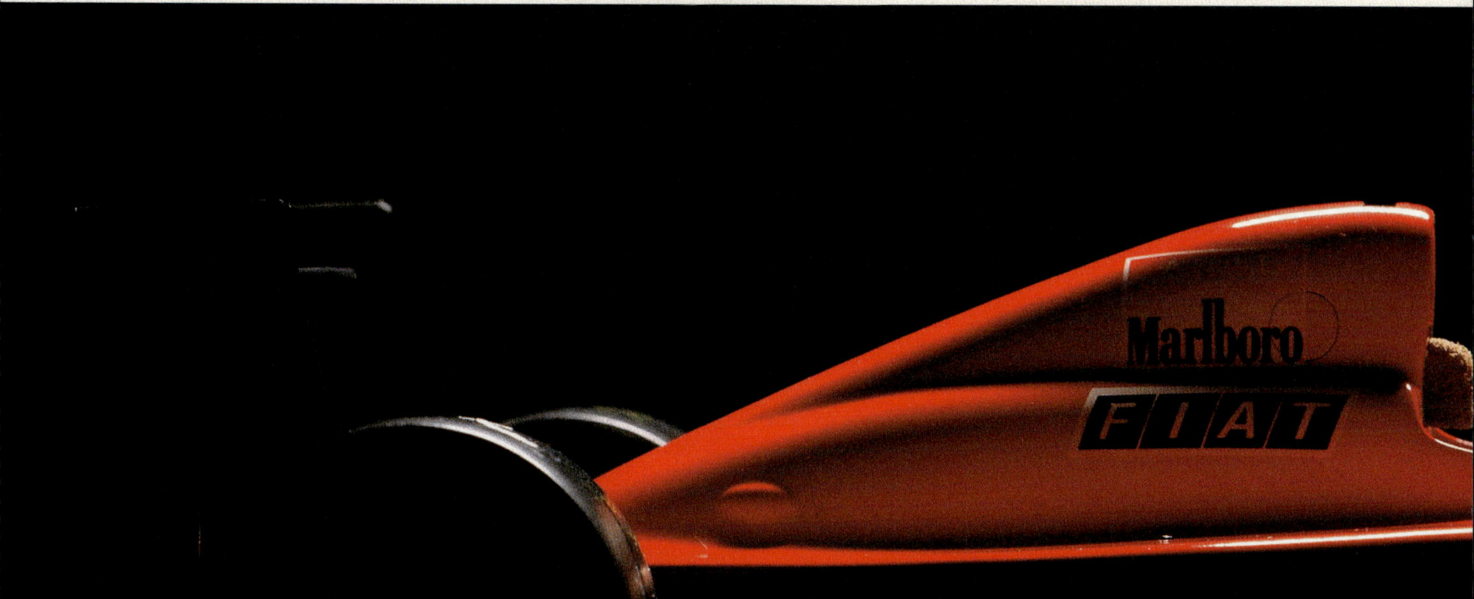
Marlboro
FIAT

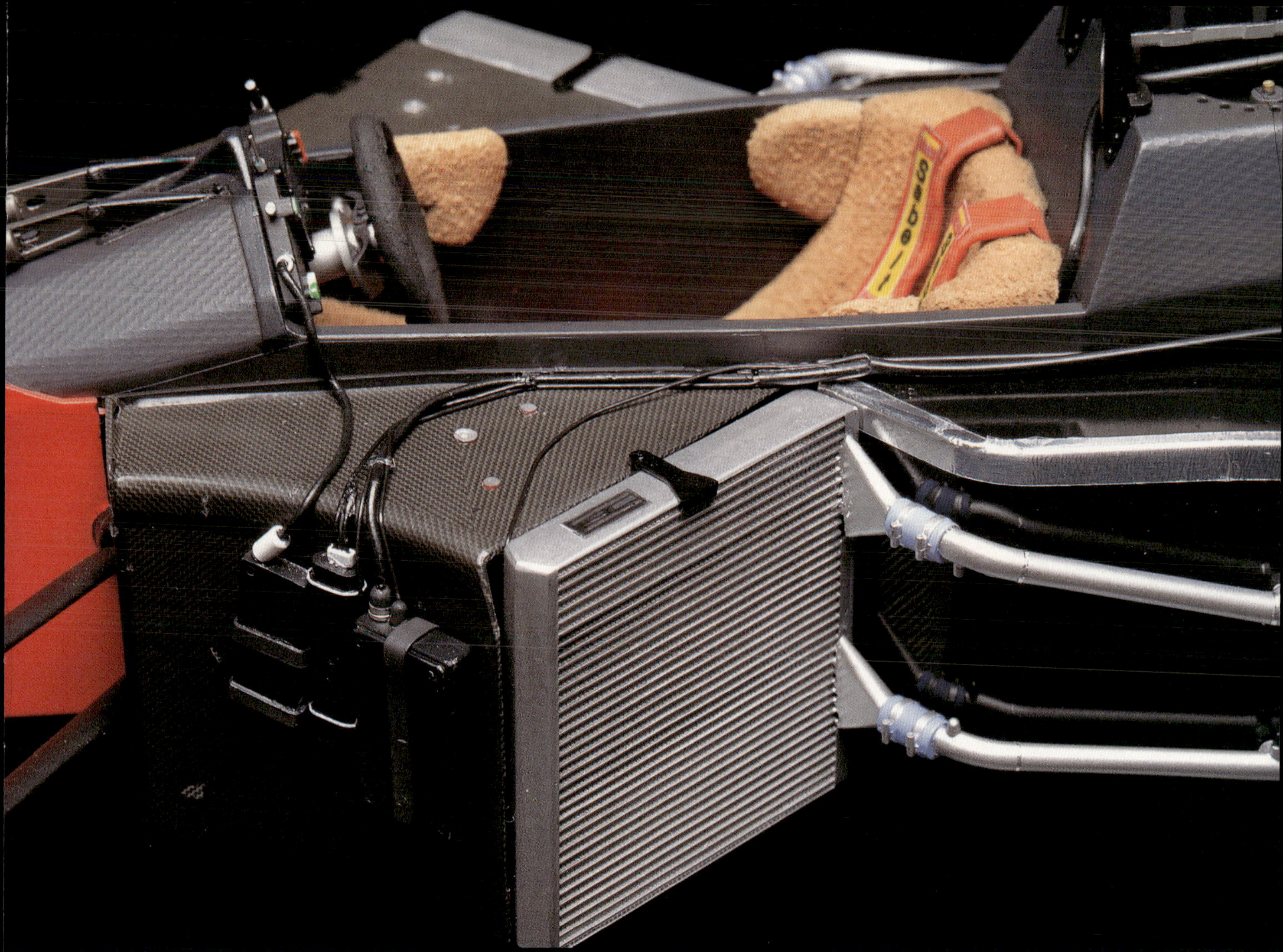

ed by Asahi WAKASHIMA in 1991

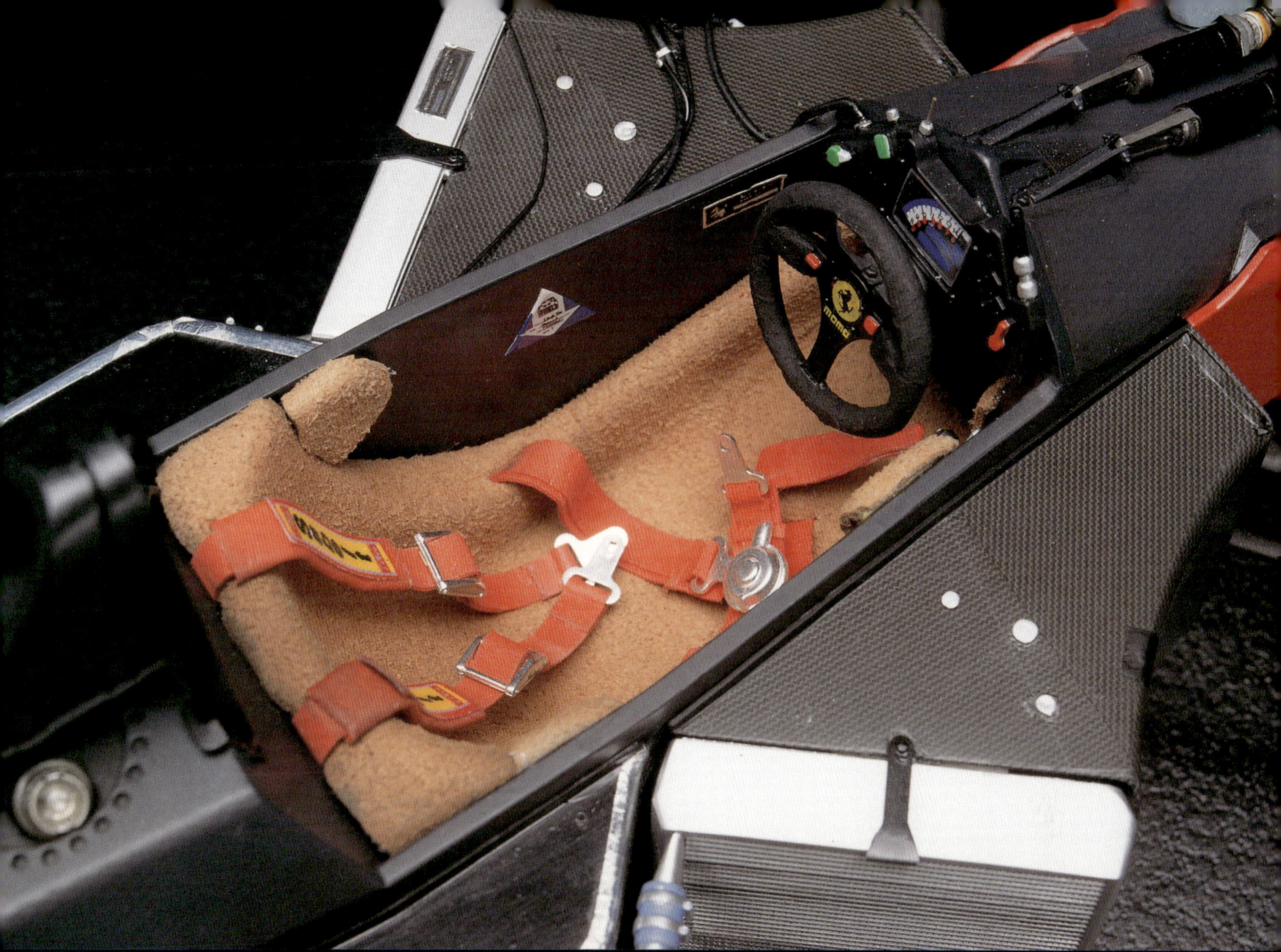

TAMIYA 1/12 FERRARI 641/2 Mo

◆手を入れた部分（フロント）

まずはフロントのダンパー周り。ダンパーの筒を細く作り直します。段差はプラ板とプラペーパーで再現。ごくごく小さい段差はのり付きアルミ箔を巻くとよいでしょう。ここに限らず段差表現が必要な箇所（エキゾーストパイプの接合部、ウォーターパイプなど）に多用しました。プラ材に比べて弾力がなくなじむので扱いやすいです。

ベルクランクもごついので、表裏から薄く削り、ボルトをモデルカステンのボルト&ナットセットで植え直します。

余談ですが、ダンパーの部分にスプリングが入っちゃうのってイヤじゃありません？ そもそもスプリングとダンパーは別物です。スプリングってのは、まあ、文字どおりバネ。車の重さを支えショックを和らげるものです。で、ダンパーはバネが「びょーん、びょーん」と揺れ戻し続けるのを「ぴよ」と止めるためのもの。で、普通はこのふたつが同心でまとめられてショックユニットになっているわけです。ところが639系のノーズの筒は後者のダンパーのみ。油が入っているだけでバネは入っておりません。じゃあバネは？ となりますが、じつはベルクランクの回転軸がねじりバネなんですね。AFVの人にはおなじみの「トーションバー」というメカニズム。これのおかげで、639系のフロントからはつる巻きバネ（いわゆるスプリング）が姿を消し、それにより細いノーズを実現しているというわけです。もちろんこのサイズの模型でトーションバーはつらいので、キットではスプリングを入れるのはしょうがないと思いますが、このマシンの特徴である構造を誤解しちゃわないかな……とか。いや、私自身が誤解しちゃったので……情けないけど、本当の話です。

◆手を入れた部分（リア）

リアのベルクランクも、削り込んでボルトを再生。リアショックユニットのスプリングは、可動のために細いので作り直しています。モデラーズの太いほうの単芯コードで巻き直すのが、硬さ／径／色ともにベ

いるレギュレーターユニットのソレノイド（両脇に出ている8本の棒）は太めに作り直して配線を追加しています。

エキゾーストパイプはメッキがきれいで、「う〜、活かすほうが大人だよな」とつぶやきつつ、アンダーパネルを真っぷたつにした時点でそんな道は閉ざされているのだ！ 甘えは捨てろ‼ 鬼になれ、模型の鬼に‼（あーうるさい／笑）で、エッチング液でメッキを落とし、継ぎ目の目立つ前から2、3、6本めを集合部に先に接着して整形。接合部の段差にはアルミ箔をひと巻きし、溶接跡はペーパーボンドを薄く塗りつけて再現。3本まとまったやつとそれ以外をバラバラに塗装してから接着しています。色は、メタルカラーのアルミを下地に、混色したクリアーブラウン（クリアーの赤／黄／青／スモークを混ぜたもの。3原色を入れないと茶色にならないので注意）をグラデーションをつけてエアブラシで塗っています。

◆パイピング

パイピングと言っても、水／油が通るパイプに関してはキットでほぼ再現されています。電気系をちまちまと追加するだけなので「ワイヤリング」と言うべきかもしれませんね、そのほうがカッコいいし♪ ミッション横やレギュレーターあたりは写真があったのでそれを見ながら追加。ロールバー下のコンピューターなども、ウソでもいいから電線を増やしておくと見映えがします。サイドポンツーン左前端の電装品は資料がなかったので、マクラーレンとかF3000のマシンを見ながら作ります。まあ、なにもしないよりはいいでしょう。

◆タイヤ

今回の目玉。「タイヤ出荷時に印刷されている文字とタグを再現せよ‼」という担当の指示です。資料からそれらしい文字を拾い、普通のラッカー系塗料で書き込みます。タグは、カセットテープのラベルに同じくラッカー系塗料で。それだけでやめときゃいいのに、よくある

して力のこもった殴り書きになってしまい、実車のタイヤに見られるような「無心の殴り書き」の再現とはあいなりませんでした。定食屋の黒板の「今日の日替わり定食」のお品書きのムードが漂う⁉

◆シートベルト／ステアリング

肩あてに厚みがほしいので、芯となるベルトの上に紙を数回巻いて、その上から文字のシールを巻いています。

ステアリングホイールの握り部分は、実車ではバックスキンで「もけもけ」しているので、ポリエステルパテの粉を塗料に混ぜ込んで「もけつかせて（？）」います。

◆資料のこととか

——とまあ、ここはこーしてとかを文字にしていくと妙にまどろっこしいなあ。作っている最中は意識していませんが、なにせこういう作業をしているときのモデラーっていうのは、「写真資料を模型に置き換えるマシーン」と化していますから。私なんかは、マシーンと化すことのなんか「受動的な快感」に酔っちゃうタイプなんで（スケールモデラーなら多かれ少なかれわかっていただけると思うんですが……）、今回のような場合はなおさら……。

そう、今回の作例は641／2写真集（『フェラーリ641／2 クローズアップ&ヒストリー』／絶版）用のスペシャルな実車写真を見ながら作っているのだあ！ この写真が見えるの見えないのって。この写真集が発売された暁には「この写真見て、写真」で製作記事を片付けられるし、皆様もこの作例と同等、いやそれ以上のものを作れる！ と断言しておきましょう。でも、こういう資料って本当は諸刃の剣ですよね、ほかのジャンルを引き合いに出すまでもなく。

◆ストレート組みにも役立つポイント

こんな資料見たら一生完成しなくなるっ！ えーい、それなら見ないで作ってやるっ‼ っていう「わかってる」方のために、

まず「皮」を再現するシート。伸び、触り心地、貼りやすさは良好ですが、切り心地（？）はいまひとつです。貼り付けてからはみ出したところを切るのですが、裏ののりがネバついてうまく切れません。そこで、はみ出しは巻き込んで処理することにしました。ただし、シートは巻き込むとモノコックに収まらなくなるので、シートをぐるりと皮の厚さぶんだけ削っておきます。

ヘッドレストの「跳ね馬」マークのデカールは皮シートには直に貼れないので、一度皮の色に塗った紙に貼り、切り抜いてから皮シートに貼ります。このあたりはかなり役立つぞぉ。昔の模型雑誌みたい（笑）。

◆赤

フェラーリレッドは、まあ赤く見えればなんでもいいということにしましょう（ていうか、私が言わなくても、もっと詳しい誰かが言うでしょうから）。ちなみに今回使った色は、シャインレッドと蛍光レッドを半々に混ぜて、赤味をクリアーレッド、ピンク味を蛍光ピンクで調整したものです。言ってるそばから凝ってたりして……。

◆黒

サスペンションアーム、ボディー下半分は、赤を殺さないようにプレーンな半光沢の黒にしています。ウィング類は青灰色に振った黒で、デカールの上からクリアーを重ねてセミセミグロス（？）くらいに。ディフューザー裏、モノコック上面の黒には茶と白を、コクピット内装の黒には青を混ぜて、無理矢理変化をつけてみました。

例のカーボンファイバーのモールドは、結局普通に塗りました。ドライブラシとかをうまくやれば目を惹くポイントになると思うので、腕に覚えのある方は試してみてはいかがでしょうか。あとは、モノコックの貼り重ねられたフチとかのトーンを変えてやると効果的です。

前後しますが、ダイキャストパーツの下地には、タミヤスーパーサーフェイサーを

サーフェイサーは「カリッ」と乾いて塗膜も強くて気に入っています。

◆金属色

シリンダーブロックは「テロッ」っていうペイント然とした銀。そこでシルバーにクリアーブルーと黒を混ぜます。ミッションケースは、サーフェイサーで少し荒らして鋳造肌っぽく。色はツヤ消しの黒茶メタリックで塗っています。補記類はマグネシウムマグネシウムした（？）色で。シリンダーヘッドは実車はかなり黒いのですが、黒鉄色に。逆に中央のイグニッションカバーはプラっぽく（本当は違うけど）セミグロスブラックに。全体にトーンの差を大げさすぎるくらいにつけておいても、エナメル系塗料でスミ入れをして軽くドライブラシをかけるとちょうどよくなります。しかるのち、メタルカラーの金、銀、エナメル系塗料のクロームシルバーを要所に置きました。

あと、塗装後に接着するときはチューブ入りの接着剤を使っています。流れず曇らず、塗装面を侵さないうえに強力！

最後にコクピット左壁面にあるプレート（銘板）を、アルミシールに黒で書き込み（デカールでも用意されていますが、白地に黒でいまひとつなので。あ、こいつがエッチングパーツとかだと嵐のよーにカッコよくない？ いま思いついたけど）、貼ってフィニッシュ‼ これであなたの机上にも1000分の1病のヒーローが！

◆何はともあれ

1／12のF1と言えば、一生完成しないキットリストのナンバーワン。誰もがそう思っていたはずですが、わりとできちゃいました。担当氏なんかは「あれ、間に合ったんだあ？ これ言っちゃおしまいだけどあえて言っちゃうと、間に合わなかったら若島が謝ってる写真載っけて完成品は写真集にって思ってた」って、あんたねー。すると、私が土下座してる写真が今月の表紙だったと⁉ もっとも、間に合っていちば

1/12 FERRARI 641/2

TAMIYA 1/12 FERRARI 641/2

Modeled by Asahi WAKASHIMA in 1991

●本作は、とにかく質感の使い分けの仕方が半端ない。カーボンファイバー地、金属地、プラスチックのところなど、実車では同じ素材であっても、すべての箇所で質感と色のトーンを変えてコントロールしていると言っても過言ではないほど。この質感とトーンの幅が、驚くべき密度感とリアリティーの源となっていると言えよう

●カウル類とディフューザーは実車の雰囲気を再現するためにフチをカリッカリに薄く削り込んでいる。ディフューザーの仕切り板はプラ板で新造。リアタイヤの前にくるくぼんだところは削り込めないのでアルミ板から作っているという、やりすぎ攻撃。普通に置くと見えないが、アンダートレイ下面のリアルな汚しにも注目

●1/12ならではの見せ場として、GOODYEARロゴを塗装再現とするだけに留まらず、タグや文字までをも追加したタイヤ。この模型手法はこの後のF1模型では定番テクニックのひとつとなった

Sabelt
PROST

brembo

Agip
Agip
Agip
GOOD YEAR
1
FIAT

1/12 MP4/6

前作"フェラーリ641/2"からの更なる進化、究極のカーモデル、マクラーレンMP4/6ホンダ。

McLaren MP4/6 Honda
TAMIYA 1/12 Injection-plastic kit
[McLaren MP4/6 Honda]
Modeled and described by Asahi WAKASHIMA.

フェラーリ641/2に続いて若島あさひが挑戦する、新製タミヤ1/12 F1モデリング、フェイズ2。ついに完成を見た1/12マクラーレンMP4/6ホンダは、研ぎ澄まされたパーツ群、追加工作された無数のパイピング……それは前作1/12フェラーリ641/2をはるかに凌駕するものとなった。ワンオフだからこそできること、そして驚くべき熱量を傾けたからこそできること……まさに究極の1/12ミニチュアF1モデルの面目躍如、さあ、ここからじっくりとご覧いただくことにしよう。

Model Graphix
1992年3月号
掲載

圧倒的な情報量。1/12ならここまで極められる。

「うわぁ、大人気ないなぁー（笑）」ととことんディテールアップされたワンオフモデルを見たときの我々の愛言葉は決まってコレである。「あ〜、サスペンションの可動潰してスプリングまき直してやがるの、ヤダなー、そーいうのって！」「ひゃー、イグニッションカバーを開状態にして生木まで作ってるよ。マゾなんじゃないの（苦笑）」しかし、そんな引いた振りが長く続かないのもこれまた定番。「モノコックの黒、これ何色混ぜたの？ たしかに青っぽく見えるよね」「ていうかライドハイトのコントロールレバーってきちんと作りたいよね」。これぞワンオフ作り込みの醍醐味である。

McLaren
POWERED by
HONDA
McLaren
COURTAULDS
1
SHOWA
HONDA
Shell
Marlboro
GOODYEAR
EAGLE
Snap-on
Snap-on

AREN's DEFENDING
AMPION MACHINE
OWERED BY HONDA

マクラーレンMP4/6 ホンダ
タミヤ　1/12
「マクラーレン MP4/6 Honda」
インジェクションプラスチックキット
'91年発売　税込2万304円
製作・文／**若島あさひ**

AREN MP4/6 HONDA in 1991

常勝を運命づけられ、時代の変化に抗いアイルトンに三度の杯を授ける。

F1シーンにおいて"天才"と称される数少ないデザイナーのひとり、ジョン・バーナードが"80年代初頭にもたらした革新、それは"フルカーボンコンポジットモノコック"のフォーミュラマシン MP4シリーズ。それまで「銀色」だったモノコックを、無機質で単調な「黒」一色に変えてしまったこの革新の流れは、デザイナーを変えたその後のMPシリーズにも受け継がれていく。そんな流れのなかで生まれ、'91年のチャンピオンマシンとなったこのマクラーレンMP4/6ホンダは、革新とともにスタートしたMP4シリーズのなかでは相当に保守的で堅実な作りのマシンだった。

ティレルやウィリアムズ、レイトンハウスらが、空力性能を徹底的に考慮したマシンを登場させ、フェラーリとウィリアムズはセミ・オートマチックトランスミッションなどの電子デバイスを投入したのに対し、リスクを冒すことを厭い、従来どおりのマニュアルミッションを搭載、前年のフェラーリ641/2のコンセプトを踏襲した空力パッケージとなった。エンジンは、ホンダが第一期以来23年振りとなるV12エンジンRA121Eを投入するものの、出力、とくに低回転域でのトルク不足が指摘されていた。

結果的には、ライバルの信頼性の低さやセナの走り、ホンダのシーズン中の新スペックエンジン投入などにより、MP4/6は辛くもドライバー／コンストラクターのダブルタイトルを獲得することとなる。しかし、まさにここが時代の曲がり角、時代は空力性能と電子デバイスへの時代へと急激に加速していくこととなる。

●前作の1/12フェラーリ641/2と同じようにストリップ状態で飾ることができるこのMP4/6のワンオフモデルだが、カウルを剥いたときの情報量は桁違い。実車の持つ"複雑怪奇"とも言えるディテール、テクスチャーを驚くべき密度で再現することに成功している。

1/12MP4/6

速さだけを追求する"モンスター"マシン
その"油の匂い"までをも感じさせる
究極のミニチュアをいまここに。

odeled by Asahi WAKASHIMA in 1992

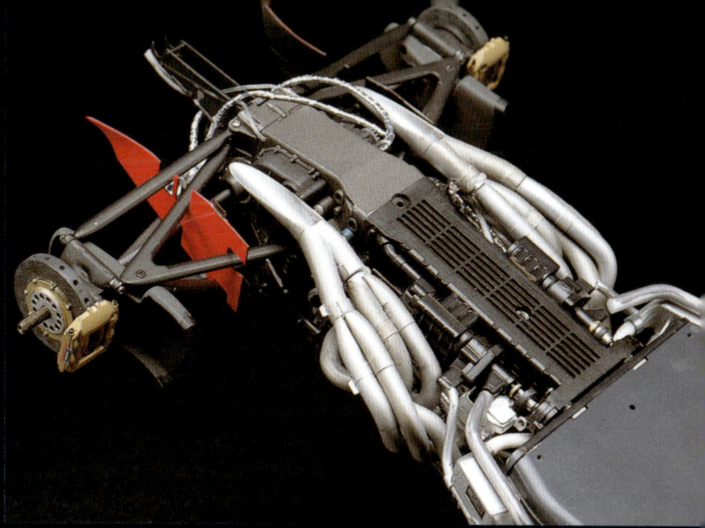

TAMIYA 1/12 McLAREN MP4/6 HONDA

●キットのフロントウイングは、巧みな分割でパーツ数を削減しているが、実車とは校正が違うのでバラして改造している。翼端板とボーテックスジェネレーターは薄く見えるように削ったり作り直したりし支柱も追加
●前後のサスペンションのショックユニットは、641/2と同様の手法で作り直している。スプリングはモデラーズのプラグコード太を筆の柄に巻いて製作。ダンパーユニットはカナダGPから車高調整機能が付くので、そのパイプを追加。正確にはスタビライザーも直さないとドイツGP仕様にはならないが、キットのタイプがカッコいいのであえてそのまま。細部は、とくに「●●GP」仕様ということには拘らず、見映え優先で製作。カッコイイタイプを積極的にちゃんぽんにしている。そういうポイントがいくつか隠れているので、詳しい人は探ってみてね
●カウルのアウトレットダクトは見映え優先で全開から半開に改造している

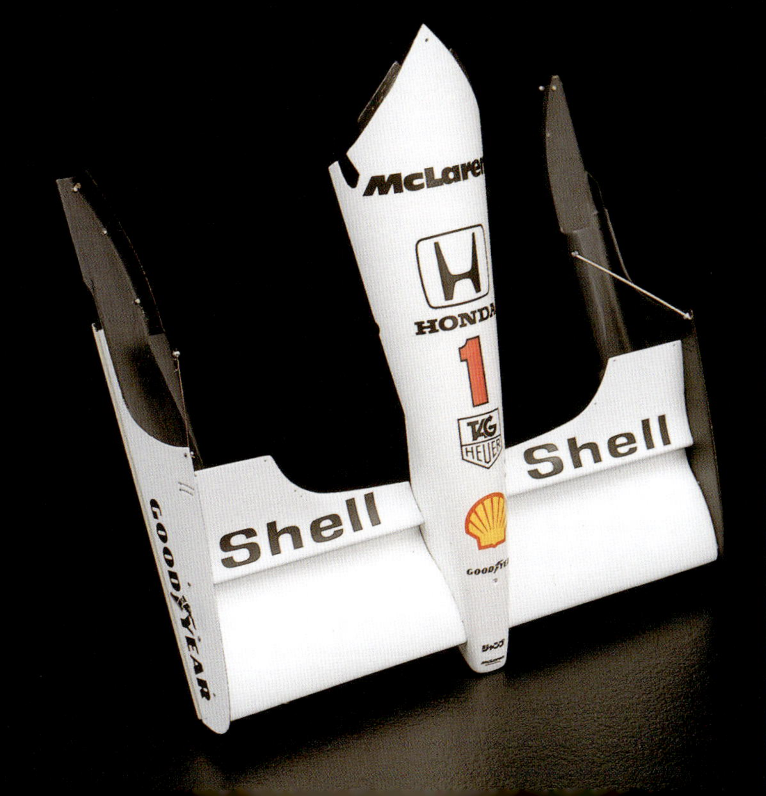

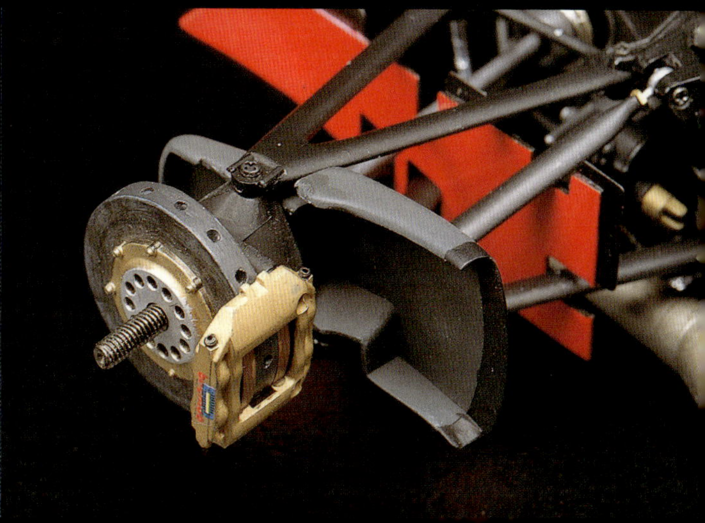

◆サイボーグ！　MP4／6!!

マクラーレンMP4／6とフェラーリ641／2の似ているポイントを挙げるのは簡単ですよね、ひと目見て。では、相違点を挙げるのはどうでしょ？

一般的には「重戦闘機」のようなイメージってのがまず目に付きますよね。しかし、そこへ「モデラーの視点」を導入するとですね、実車の、とくにカウルを取り去ったストリップ状態でのディテールが見せる表情があまりに異質なことに気がつきませんか？　作ろうとして実車写真を眺めてはじめて気がつくとんでもない量の配線類は、「機能美」を超えちゃって、グロテスクですらあります。しかも、その配線や各部のディテールが一戦ごとに増殖して、どんどん複雑怪奇さを増していくという……。マクラーレンの「とにかく勝ちたい」という姿勢、美しさをかなぐり捨ててなりふりかまわない様が、このマシンのディテールからはうかがえる気がします。なんかドーピングしてでも勝つ！　っていうか、フェラーリが生身のF1マシン（なんだそりゃ？）だとすると、マクラーレンは「サイボーグ」なんじゃないかと（「ローボ、マクラーレン。ウィーンバスッ、ウィーンバスッ！」みたいな（笑）。関係ないけどマツダ787Bの可変インレットって作動音がロボコップ）。

◆タミヤ1／12 MP4／6

つーこって、長きにわたって作ってきました、タミヤ1／12F1復活第二弾のマクラーレンMP4／6。私の学業と引き換えにようやく完成しました。製作上のポイントと追加工作について書いていきます。

◆エンジン

まずはシリンダーヘッド。キットでは中央のカバーが別パーツとして用意されていますが、今回これは使用せずにイグニッションコイルへの配線とそのキャップ（？）をプラ板のかけらから切り出して追加しています。カバーを付けないと、この周りの銀色が露出してグッと見映えがするんですよね。ヘッド周りのボルトはヘキサゴンボルト（六角レンチで締める、外周が丸くて中央に穴が開いたボルト）なので、0・4㎜くらいのドリルで開口しましょう。あと、ヘッド後端からミッションケース上のオイルタンクへの配管をガラスチューブで追加。エアファンネルは、可変にするだの白色無発泡ウレタンの硬化不良を利用して半透明樹脂を再現するだのといった企みはあったものの結局素組みに。エアボックスの皿にカーボン地デカールを貼るに留めています。

◆モノコック

ノーズ側面あたりのリベットかなにかを、0・8㎜ドリルで再現。塗装は白と茶を少量加えた黒を吹き、グレーで派手めにドライブラシをしてカーボン地の繊維のパターンを立て、しかるのち黒＋青＋フラットクリアーでトーンを整えています。また、ロールバー右側基部に針金を丸めて潰したキルスイッチを生やしました。カウル越しにちらっと覗くのがうれしいです。

◆コクピット

黒一色ですが、ツヤを変えたり、黒に白、青、茶を混ぜたりして塗装のトーンで変化をつけます。カーボン地デカールを使うのもいいかもしれません。ステアリングとシートは、塗料を糸をひくギリギリまで濃いめに溶いてエアブラシで何度も吹きつけ、その上からフラットクリアーを同様に濃く重ねて質感を出しました。

◆サスペンション

アーム類はダイキャスト製。成型品なため押しピン跡があるので紙ヤスリで気長に整形します。前後のロワアームのビス穴は裏面の穴を少し彫っておくとビスの頭が埋まってちょっと幸せ。

タミヤのサーフェイサーを吹いてから半ツヤの黒を塗りますが、ぶつけるとさすがに塗料が剥がれるので取り扱いに注意。取り付け直前に塗るのがいいかもね。今回もサスペンションは固定にして、ベルクランクなどにも手を入れます。スプリングは太くして巻き数も増しています。

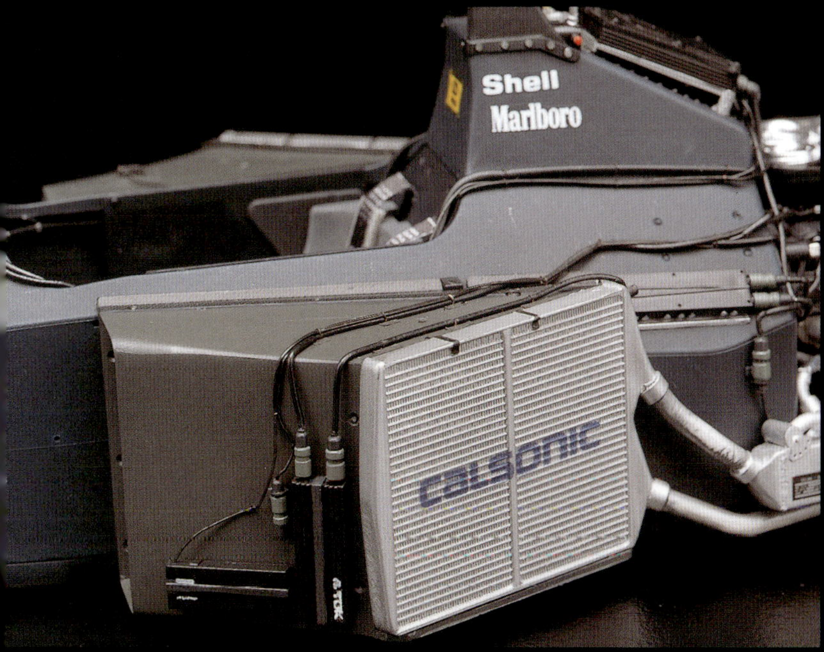

TAMIYA 1/12 McLAREN MP4/6 HONDA

Modeled by Asahi WAKASHIMA in 1993

●驚くべき密度感で完成したエンジンブロック。単に配線／コネクター類を追加するだけでなく、実車を参考にして質感や配置の仕方にとことんこだわり、適切な変化やメリハリを付けることでここまでのリアリティーを出すことに成功している
●補器類やエキゾーストパイプのの溶接跡にも注目。汚さずきれいに仕上げているパーツと、実感たっぷりに汚す箇所のメリハリのバランスもリアリティーの演出にひと役買っている
●カーボンコンポジットモノコックは黒一色で塗らず、青っぽい黒やニュートラルなグレーなどを使い分けている

◆ブレーキ

ブレーキディスクを装着したら、断面の穴を一個おきに埋めます。ディスク面にはカーボンの結晶粒（?）を描き込んでみましたが、いまひとつ……。ホイールナットは、キットのパーツはあまりにナットすぎるので、中央の穴をドリルで彫りました。ここんとこ、どうにかしてラジコンみたく袋ナットとかになりませんかね？　ヒートエクスチェンジャー（水冷オイルクーラー）にはタミヤパテで溶接跡を追加しています。

◆配線

先述したように、もう全身電線だらけ。それも信号が走るヤツばっかし。19ピンとかのごっついコネクターが、追加したぶんだけでも11個もあるんだから恐ろしいほどの情報量でしょうねえ。で、配線をモノコック表面に這わせるわけですが、浮き防止にモノコックに0・6㎜くらいの穴を開けて、電線をばらした0・2㎜の銅線を通して裏側で留めています。そのため、モノコックの底板は最後まで接着しませんでした。

◆カウル

カウルはビス留め。受け側にも小さな金具が入り何回も着脱してもネジ穴がバカにならない！　のですが、前方がちょっと浮きぎみだったので、金具を1セット余分にもらって前方にもう一組追加しました。

外形もいじっちゃってます。プラの厚みぶんくらい、心持ちですが。ノーズ上面のライン、サイドポンツーン前部の平面形、インダクションポッドの頂部です。どれもキットが間違っているとかじゃなくて、「MP4／6とはこーゆーもんだろ！」という主張というか、主観なので、客観的にはキットのほうが似ているかもしれない（笑）。あと、大人げない話ですが、ミラーのステーについて。赤いミラーのは黒くて円断面、白いミラーでは白くて翼断面なんで、こだわる人はこだわってみてください。

◆塗装

普通のソリッド色では無敵のクリアーコート＋研ぎ出し法の唯一の弱点が蛍光色。上にクリアーを重ねると蛍光色が溶け出しちゃうんですよねー。で、いままでだまってたケドも、フェラーリをも溶かした男！

若島あさひはこう考えたわけです。

「今回も溶かしたらウケるかなあ……」

→ダメだろーよ！　で、結局、白を塗ってデカールを貼り、クリアーコート＋研ぎ出しのあとに、上から薄く蛍光レッド（Mrカラー201番）を塗りっぱなしでフィニッシュ。段差が気にならないと言えばウソになるけど、溶け出すよりはマシかなと。

あと、マクラーレンのすべてのロゴは、テカって広告効果が落ちないように、実車では文字のところだけ完全なツヤ消し仕上げになっています。キットのデカールはツヤ消しになっていますが、今回は上からクリアーコートして研ぎ出しました。光のリフレクションがツーと走ってきて、文字のところでザラッと切れてまたツーと走る……これがアップで見るとすっごくカッコいいんですが、模型で再現しても手抜きにしか見えないしねえ……（デカールのニスをきれいに切れなかった、というかめんどうだからコーティングしちゃった）。

◆おしまい

フェラーリ641／2のときに「ちょろいちょろい」みたいなことを言ってたんで、そのつもりで進めたら、なんだかしんないけどいつまで経ってもできあがらないんですよ。で、「おかしい。一所懸命やってるのに、サボってないのに、作っても作ってもおわんないよー」状態に。原因を探るうちに辿りついた結論、それが冒頭で述べたMP4／6の異形なテクスチャーの複雑怪奇さ。要はMP4／6自体に原因があったんだと。つうこって、基部だけ作ってくっついてない配線があるのも、仕上げが荒いところがあるのも、タイヤの文字を担当氏に書かせちゃったのも、最後の最後に慌ててタイヤレンチを忘れて編集部員をパシらせちゃったのも、すべてマクラーレンMP4／6が悪い！　私はぜんぜん悪くない、ったら悪くないの!!（↑悪いよ、オマエが）■

Williams FW14B Renault
TAMIYA 1/12 Injection-plastic kit
[Williams FW14B Renault]
Modeled and described by Asahi WAKASHIMA.

Model Graphix
1993年4月号
掲載

1/12の特異点。

異次元のコーナリングを実現したアクティブサス搭載マシンを
異次元の質感表現／パイピングで作り込む──。
若島あさひ作、"究極の1/12F1作例"の到達点にして特異点。

開幕戦である南アフリカGP／キャラミの時点ですでに勝負はついていた。完全に異次元の走り――別格である。'90年後半2戦のマクラーレンの速さはいったいなんだったのか？　ドライバーの負担やミスを一気に減らすことができるセミオートマチックミッション、F1マシンの強大なパワーをより効率的に推進力に変換できるトラクションコントロール、ソフトなサスペンション特性でも車体姿勢や車高を最適に維持できたりストレートだけドラッグを減らすこともできるアクティブサスペンション……ハイテクを満載したウィリアムズFW14Bルノーの走りは「異次元のコーナリング」と称された。これぞマスターピース。あの"速さ"は歴史に刻まれ、色褪せることなく人々の記憶に残るだろう。

◆美人も3日見れば飽きる？

つーこって、タミヤ新生1／12F1シリーズもアレよアレよという間に3作目となりました。待望久しいFW14Bであります。当初第3弾はFW15に決まっていてそれを待っているなんて噂もありましたが……ああ、模型フォークロア。さて、キットは例によってエンジンブロックやらモノコックタブの一体化などなど、見る人をほえーっと言わせる系のキットですが、さすがにフェラーリ641／2のときのインパクトはないというか、むしろモデラーの留まるところのない欲求に業を感じずにはいられません。コレはまあ、実車がレギュレーションのなかでバラエティーに欠けてきているのが原因なので、どうにもならないっちゃあならないのですが、この先しばらくはいまの延長線上でマシンが地味に進化していくとすると、ちょっとエポックな模型は望めないのかもしれません。もちろんコレクター的に1／12のベネトンがほしい、ロータスが見てみたい、というのはあるのですが、1／12の価値はそこにはないような気がするので、ブームが終わったうんぬんは抜きにしても、ちょっと転機がきているのかもしれませんね。

◆雌型モノコックとは？

モノコックタブの「雄型」「雌型」という言い方ですが、「滑らかなラインで女性的＝雌型」「ゴツゴツ無骨で男らしい＝雌型」というわけではもちろんありません。これはモノコックの製造工程からきている呼称です。では「雌型」モノコックはどうやって作るかというと、まず樹脂などからモノコック原型を正確に削り出し、その周りにCFRP製の布を貼り付けることで凹型＝雌型を作ります（上下分割だったりします）。その雌型の内面に本番のCFRPの布やハニカム材を貼り込んで硬化させたものがモノコックになります。対して雄型モノコックは、ひと回り小さく作った凸型＝雄型の上にCFRPを貼り込んで作っていきます。まあ、厳密に言うと両者ともそんなに簡単な話じゃすまないんですが、参